Ignazio Benenati
Neuronale Netze im Portfoliomanagement

Ignazio Benenati

Neuronale Netze im Portfoliomanagement

Mit einem Geleitwort von
Prof. Dr. Roland Fahrion

 Springer Fachmedien Wiesbaden GmbH

Die Deutsche Bibliothek – CIP-Einheitsaufnahme

Benenati, Ignazio:
Neuronale Netze im Portfoliomanagement / Ignazio Benenati. Mit einem Geleitw. von
Roland Fahrion. – Wiesbaden : Dt. Univ.-Verl., 1998
 (DUV : Wirtschaftsinformatik)
 Zugl.: Heidelberg, Univ., Diss., 1998
 ISBN 978-3-8244-2117-6   ISBN 978-3-663-08788-5 (eBook)
 DOI 10.1007/978-3-663-08788-5

Alle Rechte vorbehalten
© Springer Fachmedien Wiesbaden 1998
Ursprünglich erschienen bei Deutscher Universitäts-Verlag GmbH, Wiesbaden 1998.
Lektorat: Monika Mülhausen

Das Werk einschließlich aller seiner Teile ist urheberrechtlich
geschützt. Jede Verwertung außerhalb der engen Grenzen des
Urheberrechtsgesetzes ist ohne Zustimmung des Verlages unzulässig und strafbar. Das gilt insbesondere für Vervielfältigungen,
Übersetzungen, Mikroverfilmungen und die Einspeicherung und
Verarbeitung in elektronischen Systemen.

http://www.duv.de

Gedruckt auf säurefreiem Papier

... dedicato a mia mamma
Vita Scibilia
per avermi creato porte
dove c'erano muri.

Geleitwort

Dieses Buch unterscheidet sich von üblichen Abhandlungen zur Prognose von Aktienkursen mit künstlich neuronalen Netzen (KNN) durch deren Einbindung in die Simulation von Portfoliomanagement-Entscheidungen. Eine solche Entscheidung zerfällt dabei in eine Selektions- und in eine Trading-Komponente. Die Selektionskomponente wird mit einem 'Relative Stärke'-Indikator nach Levy (RSL) operationalisiert, während die Trading-Zeitpunkte aus einer KNN-Generalisierung resultieren. Eine RSL-Erweiterung erfolgt durch die Führung einer zusätzlichen Transaktionsliste von selektierten Titeln, die als Datengrundlage für Trading-Signale aus dem KNN dient. Es wird die Idee umgesetzt, das KNN für die Selektion aus der Transaktionsliste zu verwenden, indem Verweildauern in der Transaktionsliste im Hinblick auf das Portfolio-Upgrading berücksichtigt werden. Die Ergebnisse werden für drei Modellvarianten ausführlich diskutiert.

Für die Berechnungen wird der Stuttgarter Neuronale Netz Simulator (SNNS) verwendet. Für die SNNS-adäquate Datenaufbereitung werden zwei C++-Projekte entwickelt, ein Shell-Script für die Steuerung der Auswertungen, sowie ein mit der Skriptsprache TCL erstelltes Rahmenprogramm 'Portfolio' für das Pre-, Main- und Postprocessing mit SNNS-Funktionalität.

Die wissenschaftliche Diskussion über den Einsatz künstlich neuronaler Netze (KNN) für Anlagestrategien auf dem Aktienmarkt ist in den letzten Jahren ziemlich kontrovers geführt worden. Der Verfasser selbst kommt zu dem Schluß, daß die EMH in ihrer schwachen Form abzulehnen ist, da Tradingstrategien möglich sind, die eine B&H-Strategie übertreffen. Anhand verschiedener Modellvarianten wird allerdings deutlich, daß eine ähnliche empirische Ergebnisqualität sich durchaus auch mit traditionellen Auswertungsverfahren erzielen läßt. Das Buch ist daher für den methodisch und empirisch orientierten Wissenschaftler auf dem Gebiet der Kapitalmarktforschung wie auch für den Praktiker in Research-Abteilungen von Interesse, die weitergehende Untersuchungen über die Verwendbarkeit traditioneller statistisch-ökonometrischer Methodik und künstlich neuronaler Netze anstreben.

Prof. Dr. Roland Fahrion

Vorwort

Künstliche neuronale Netze gehören zu den wenigen Themengebiete, die sich größter interdisziplinärer Popularität erfreuen. Die Zielsetzungen in den einzelnen Disziplinen sind zwar sehr unterschiedlich, sie basieren jedoch alle auf der Faszination, die aus der Vision entspringt, das menschliche Gehirn künstlich nachzubilden und seine enorme Stärken auf Maschinen zu übertragen. Dieser Faszination folgend wurde die vorliegende Arbeit verfaßt, die als Dissertation an der Wirtschaftswissenschaftlichen Fakultät der Universität Heidelberg angenommen wurde.

Ich danke Frau Andrea Bauer für das Lesen des Manuskripts und Frau Giovanna Baumann für die Unterstützung beim Eintippen. Mein besonderer Dank gilt auch Frau cand. rer. pol. Kerstin Pittig für die mehrfache, akribische Durchsicht des Manuskripts. Herrn Dipl.-Volksw. Harald Kern danke ich für die zahlreichen Diskussionen und Anregungen.

Mein Dank gilt an dieser Stelle auch meinem Doktorvater Herrn Prof. Dr. Roland Fahrion, der es stets verstanden hat mich für Arbeit zu motivieren und Herrn Prof. Dr. Otwin Becker für die Übernahme des Koreferats.

Schließlich danke ich meiner Mutter, die mich unermüdlich während meines gesamten Studiums unterstützt hat.

Dr. Ignazio Benenati

Inhaltsverzeichnis

I Das Wesen der künstlichen neuronalen Netze — 1

1 Künstliche neuronale Netze — 3
- 1.1 Bestandteile neuronaler Netze und Definitionen — 3
  - 1.1.1 "On"-Neuron — 9
  - 1.1.2 Arbeitsweise neuronaler Netze — 10
- 1.2 Überblick der Trainingsmethoden für KNN — 11
  - 1.2.1 Gradientenabstiegsverfahren — 12
  - 1.2.2 Delta-Regel — 13
  - 1.2.3 Backpropagation — 14
    - 1.2.3.1 Probleme im Zusammenhang mit Backpropagation — 17
    - 1.2.3.2 Konjugierter Gradientenabstieg — 18
    - 1.2.3.3 Quickprop — 19
    - 1.2.3.4 Rprop — 21
  - 1.2.4 Backpercolation — 23
  - 1.2.5 Cascade-Correlation — 24
    - 1.2.5.1 Schrittweitenproblem — 25
    - 1.2.5.2 Mobiles Ziel — 25
  - 1.2.6 Die Bedeutung der Fehlerfunktion für neuronale Netze — 26
  - 1.2.7 Differenzierung der Parameter neuronaler Netze — 27
    - 1.2.7.1 Allgemeine bzw. globale Parameter — 27
    - 1.2.7.2 Spezifische Parameter — 29
- 1.3 Verallgemeinerungsfähigkeit — 31
  - 1.3.1 Schätzer für das Prediction Risk — 33
    - 1.3.1.1 Test-Set Validation — 33
    - 1.3.1.2 Cross-Validation — 34
- 1.4 KNN als mehrfache lineare Regression — 35
- 1.5 Kritik an KNN — 41
- 1.6 Zusammenfassung — 42

2 Entwurf des KNN-Designs 43
- 2.1 Bestimmung des Netzwerkdesigns ... 43
- 2.2 Architektur von KNN ... 44
  - 2.2.1 Analytische Schätzverfahren ... 46
  - 2.2.2 Konstruktive Verfahren ... 47
    - 2.2.2.1 Der Cascade-Correlation-Algorithmus ... 47
      - 2.2.2.1.1 Formale Betrachtung des CC-Algorithmus ... 48
    - 2.2.2.2 Sequential Network Constructing (SNC) ... 50
  - 2.2.3 Pruning-Verfahren ... 51
    - 2.2.3.1 Additive Komplexitätsterme ... 52
    - 2.2.3.2 Gewichtspruning ... 54
    - 2.2.3.3 Inputpruning ... 55
    - 2.2.3.4 'Mergen' von Neuronen der verdeckten Schichten ... 56
    - 2.2.3.5 Optimal Brain Damage ... 56
    - 2.2.3.6 Optimal Brain Surgeon ... 57
- 2.3 Evolutionsstrategien zur Optimierung ... 58
- 2.4 Alternative Methoden der stochastischen Optimierung ... 63
- 2.5 Evolutionsstrategie ... 64
  - 2.5.1 Funktionsweise des Programms ... 64

II Eingesetzte Werkzeuge zur Simulation von KNN 67

3 Simulationsinstrumente für KNN 69
- 3.1 Software-Simulatoren neuronaler Netze ... 69
  - 3.1.1 VieNet2 ... 70
- 3.2 Der Stuttgarter Neuronale Netze Simulator ... 71
  - 3.2.1 Simulatorkern ... 72
  - 3.2.2 Graphikoberfläche ... 73
  - 3.2.3 Schnittstellen des SNNS-Kernels ... 75
  - 3.2.4 Batch-Simulator ... 77
  - 3.2.5 Netzwerk-Compiler ... 78
- 3.3 Die Schale um SNNS ... 78
  - 3.3.1 Aufbau und Struktur von PreProcess und PostProcess ... 79
- 3.4 Selbstentwickeltes Programm ... 81
  - 3.4.1 Tool Command Language ... 82
  - 3.4.2 Programmbeschreibung ... 83
  - 3.4.3 Organisation des Programms ... 86

INHALTSVERZEICHNIS

3.5 Zusammenfassung 88

III Der Einsatz von KNN auf dem Kapitalmarkt 91

4 KNN in der modernen Portfoliotheorie 93
4.1 Normative Portfolioselektion 94
    4.1.1 Das Portfolio-Selektionsproblem 94
        4.1.1.1 Bestimmung der effizienten Portefeuilles 98
        4.1.1.2 Die Bildung des optimalen Portfolios 101
        4.1.1.3 Kritische Anmerkungen zum Portfolio-Selektionsmodell . . 101
    4.1.2 Kritische Betrachtung des Single-Index-Modell 105
    4.1.3 Multi-Index-Modell 107
    4.1.4 Stochastische Dominanz für die Portfolioselektion 108
        4.1.4.1 SD erster Ordnung 108
        4.1.4.2 SD zweiter Ordnung 111
        4.1.4.3 Kritische Anmerkungen zur stochastischen Dominanz . . . 112
    4.1.5 Formelanlageplanung im aktiven Portfoliomanagement 113
        4.1.5.1 Umschichtungen 114
        4.1.5.2 Portfolioselektion nach Levy 115
        4.1.5.3 Das Konzept der relativen Stärke nach Levy 115
4.2 Positive Portfolioselektion 120
    4.2.1 Das Capital Asset Pricing Model 120
    4.2.2 Arbitrage Pricing Theory 122
4.3 Zusammenfassung 123

5 Performancemessung im Asset Allocation 125
5.1 Performance im Asset Allocation 126
5.2 Aufgaben der Performancemessung 127
5.3 Anforderungen an eine Performancemessung 128
5.4 Performancemaße 130
    5.4.1 Renditedefinitionen in Asset Allocation 130
        5.4.1.1 Einfache Rendite 131
        5.4.1.2 Interne Rendite 132
        5.4.1.3 Zeitgewichtete Rendite 133
    5.4.2 Risikounterscheidung im Portfoliomanagement 135
        5.4.2.1 Basisrisiken beim Asset Allocation 135
        5.4.2.2 Spezielle Risiken 137
    5.4.3 Risikomessung 137

		5.4.3.1	β-Faktor 137
		5.4.3.2	Tracking Error 138
		5.4.3.3	Semivarianz 139
		5.4.3.4	Mean-Gini 140
	5.4.4	Information für das Timing und die Selektion 141
	5.4.5	Differenzierte Performancemessung 143
		5.4.5.1	Risikoadjustierung nach Sharpe 143
		5.4.5.2	Risikoadjustierung nach Treynor 145
		5.4.5.3	Jensen's Alpha als Performancemaß 147
		5.4.5.4	Jensen's Alpha versus R/V-Ratio von Treynor 147
		5.4.5.5	Performancemessung nach Fama 148
		5.4.5.6	Das Konzept der potentiellen Performance 151
		5.4.5.7	Performancemessung nach Bower und Wippern 152
		5.4.5.8	Performancemessung nach Cornell 153
5.5	Vorabselektion von KNN 156
	5.5.1	Statistische Meßgrößen 156
	5.5.2	Ökonomische Meßgrößen 157
		5.5.2.1	Ertragsentwicklung 158
		5.5.2.2	Gini-Koeffizienten 160
5.6	Zusammenfassung 160

IV Empirischer Teil   163

6 Einsatz von KNN   165

6.1	Aktueller Stand der Forschung 166
	6.1.1	Modell von Kimoto 169
	6.1.2	Das Modell der SGZ-Bank 170
	6.1.3	SENN von SNI 172
	6.1.4	Modell von Ruggiero 174
6.2	Eigene Untersuchungen 175
	6.2.1	Pre-Processing 177
		6.2.1.1	Hauptkomponentenanalyse 178
		6.2.1.2	Normalisierung 181
		6.2.1.3	Eliminierung korrelierter Inputwerte 183
		6.2.1.4	Bestimmung der Inputvariablen 183
		6.2.1.5	Einteilung der Daten in Teilmengen 186
		6.2.1.6	Abbruchbedingung für das Lernen 188

		6.2.1.7	Bestimmung des Netzwerkdesigns 189
	6.2.2	Lernprozeß des Netzes 190
		6.2.2.1	Präsentation der Daten an das Netz 191
		6.2.2.2	Performancemessung der KNN 192
		6.2.2.3	Bestimmung der Parameter für die einzelnen Lernregeln . 192
	6.2.3	Post-Processing 195
		6.2.3.1	Rückskalierung der Daten 195
		6.2.3.2	Auswertung 195
	6.2.4	Ergebnisse der Aktienkursprognosen 196
		6.2.4.1	Resilient Propagation 197
		6.2.4.2	Backpercolation 200
		6.2.4.3	Backpropagation mit und ohne Momentum 200
		6.2.4.4	Quickprop 201
		6.2.4.5	Cascade Correlation 202
	6.2.5	Implikationen aus den gewonnenen Erkenntnissen und Zusammenfassung 203

7 Empirische Evidenz der Untersuchung 205
7.1 Ziel der vorliegenden empirischen Untersuchung 205
7.2 Bisherige Untersuchungen zur RSL 206
7.2.1 Untersuchung von Levy 206
7.2.2 Untersuchungen von Benischek 207
7.2.3 Untersuchungen von Nagler 207
7.2.4 Untersuchungen von Benenati und Fahrion 208
7.3 Eigene Untersuchungen 210
7.3.1 Die Wahl des Untersuchungszeitraums 210
7.3.2 Auswahl und Aufbereitung der Daten 212
7.3.3 KNN in Verbindung mit RSL 213
7.3.4 Ablauf der Untersuchung 215
7.3.5 Ergebnisse der Buy&Hold-Strategie 216
7.3.6 Ergebnisse der isolierten KNN 217
7.3.7 Ergebnisse der Untersuchung mit der RSL 218
7.3.7.1 Ergebnisse der Portefeuilles A, B und C ohne KNN 218
7.3.7.2 Ergebnisse der Portefeuilles A, B und C mit KNN 224
7.4 Implikation für die EMH 226
7.4.1 Probleme des Buy&Hold-Portfolios 228
7.5 Implikation für die Praxis 229
7.6 Zusammenfassung 229

A	Datenbasis	231
B	Ergebnisse der Untersuchung zur KNN-Selektion	233
C	Shell-Skripte für die Untersuchungen	237
D	TCL-Hauptskript: Portfolio	241
Literaturverzeichnis		251

Abbildungsverzeichnis

1.1 Biologisches Neuron 5
1.2 Aktivierungs- und Ausgabefunktionen 7
1.3 KNN-Modell 10
1.4 Schema eines biologischen Neurons 11
1.5 XOR-Fehlergebirge 28
1.6 Polynomiale und Lineare Approximierung 32
1.7 Anpassung der Sigmoiden an Trainingspunkte 38
1.8 Sigmoide im transformierten Raum 39

2.1 Cascade-Correlation-Architektur 49
2.2 KNN-Parametrisierung in Gen-Schreibweise 62

3.1 Graphische Benutzeroberfläche von SNNS 73
3.2 Schale um SNNS 79
3.3 Selbstentwickeltes TCL-Programm 83
3.4 Meldungen an den Benutzer 83
3.5 Anzeige der aktuellen Lags 84
3.6 Meldungen an den Benutzer 84
3.7 Meldungen an den Benutzer 85
3.8 Hierarchieebenen des Menüpunkts KNN 86
3.9 Checkbuttons 87
3.10 Struktur des TCL-Hauptskripts Portfolio 88

4.1 Portfoliomenge 96
4.2 Indifferenzkurven 97
4.3 Portfoliomenge 97
4.4 SD erster Ordnung als Selektionskriterium 110
4.5 SD zweiter Ordnung als Selektionskriterium 111

5.1 Investionsziele 126
5.2 Risikomaß nach Sharpe 144

5.3	Wertpapiermarktlinie	145
5.4	Jensen's Alpha	148
5.5	Selektions- und Risikokomponente	149
5.6	Selektion und Diversifikation	150
5.7	Ertragsentwicklung	159
6.1	Entwicklung des DAX zwischen 02.01.1980 und 03.03.1990	177
6.2	Dateneinteilung	187
6.3	Fehler der Trainings- und Validierungsmenge	188
6.4	Windowing	191
6.5	Kursentwicklung und Prognose	196
7.1	Dateneinteilung	210
7.2	Dateneinteilung	212
7.3	Wertentwicklung Modell A und Buy&Hold	222
7.4	Wertentwicklung Modell C und Buy&Hold	222
C.1	Sub-Shell für empirische Untersuchung	238
C.2	Shell-Script für empirische Untersuchung	239

Tabellenverzeichnis

2.1	Genotyp eines KNN	61
3.1	Module der Projekte PreProcess und PostProcess	81
4.1	Anzahl Variablen beim Portfolio-Selektionsmodell	110
4.2	Renditewahrscheinlichkeiten und kumulierte Wahrscheinlichkeiten zwischen Portfolio A und B	110
6.1	Ergebnisse von Hillmer und Graf	172
6.2	Netzwerkreduktion	174
6.3	Bekanntheitsgrad von technischen Indikatoren	185
6.4	Backpropagation	193
6.5	Backpropagation Weight Decay	193
6.6	Backpropagation Momentum	193
6.7	Quickprop	194
6.8	Backpercolation	194
6.9	Resilient Propagation	194
6.10	Cascade Correlation	194
6.11	Höchste und durchschnittliche Trefferquoten bei Rprop	197
6.12	Anzahl von Trefferquoten bei Rprop	197
6.13	Nettoerträge RProp. Generalisierungsmenge = 100	198
6.14	Nettoerträge RProp. Generalisierungsmenge = 50	198
6.15	Nettoerträge durch die Buy&Hold-Strategie. Generalisierungsmenge = 50	199
6.16	Nettoerträge durch die Buy&Hold-Strategie. Generalisierungsmenge = 50	199
6.17	Anzahl von Trefferquoten Bperc	200
6.18	Nettoerträge Backpercolation. Generalisierungsmenge = 100	200
6.19	Nettoerträge Backpercolation. Generalisierungsmenge = 50	201
6.20	Nettoerträge BpM. Generalisierungsmenge = 100	201
6.21	Nettoerträge BpM. Generalisierungsmenge = 50	202
7.1	Ergebnisse der Untersuchung von Levy	207

7.2	Ergebnisse der Untersuchung von Benischek	207
7.3	Ergebnisse der Untersuchung von Nagler	208
7.4	Ergebnisse der Untersuchung von Benenati und Fahrion	209
7.5	Ergebnisse der empirischen Untersuchung mit der modifizierten RSL	209
7.6	Untersuchungszeiträume und Aktien	211
7.7	DAX-Stand zu Beginn und Ende der Untersuchungsperiode	211
7.8	Ergebnisse der Buy&Hold-Strategie in der Periode B_{DAX}	217
7.9	Ergebnisse der Modelle A und B in der Subperiode B_{DAX}	219
7.10	Ergebnisse des Modells C in der Subperiode B_{DAX}	219
7.11	R/V-Ratio in der Subperiode B_{DAX}	221
7.12	R/V der Buy&Hold-Strategie in der Periode B_{DAX}	221
7.13	Ergebnisse der Modelle A, B und C in der Periode A_{DAX}	223
7.14	Ergebnisse der Modelle A, B und C in der Periode A_{MDAX}	223
7.15	Renditen und R/V-Ratio der Portefeuilles A, B und C über die A_{DAX}-Periode	224
7.16	Renditen und R/V-Ratio der Portefeuilles A, B und C über die B_{DAX}	225
7.17	Renditen der Portefeuilles A, B und C im ersten Drittel der Periode B_{DAX}	226
A.1	Untersuchte Aktien des DAX	231
A.2	Untersuchte Aktien des MDAX	232
B.1	Resilient Propagation 20→10→1	234
B.2	Backpercolation 20→10→1	235
B.3	Backpropagation Momentum 20→10→1	236

Teil I
Das Wesen der künstlichen neuronalen Netze

Kapitel 1

Künstliche neuronale Netze

In diesem Kapitel werden die begrifflichen Festlegungen vorgestellt, die in der Informatik für künstliche neuronale Netze (KNN), oft auch als *Artificial Neural Networks* (ANN) bezeichnet, Verwendung finden. KNN werden im Bereich der Künstlichen Intelligenz den sogenannten KI-Methoden zugeordnet. Die Forschungsrichtung wird als Konnektionistischer Ansatz bezeichnet und gehört zu dem wohl am stärksten expandierenden Teilgebiet der Informatik. Ziel dieses Forschungsgebietes ist es die menschliche Intelligenz sowie die biologische Informationsverarbeitung mit Hilfe der Computertechnologie nachzuahmen. Dieses einleitende Kapitel bildet somit die Grundlage für das Verständnis der nachfolgenden Ausführungen. Desweiteren werden Aufbau und Architektur von KNN vorgestellt und ihre Funktionsweise beschrieben. Besonderes Augenmerk richtet sich dabei auf die unterschiedlichen Lernalgorithmen. In einer theoretischen Ausleuchtung werden diese in die bestehenden mathematischen Verfahren eingeordnet. Abschließend werden Verfahren vorgestellt, um die KNN-Architektur zu optimieren.

1.1 Bestandteile neuronaler Netze und Definitionen

KNN basieren auf dem biologischen Vorbild des menschlichen Gehirns. Mit ihnen soll es gelingen, Denkprozesse des Menschen auf Computern zu simulieren und sein Entscheidungsverhalten zu modellieren. Mit diesen Modellen menschlichen Verhaltens versucht man, klassische Ziele der Finanzwissenschaft zu erreichen. Hauptanwendungsgebiete der KNN sind dabei nach FÜSER (1995), S.9 ff.

- Anlegerklassifizierung,

- Aktienkurs-, Zins- und Währungsprognosen,

- Einsatz in automatischen Tradingsysteme,

- Klassifikation von Unternehmen bezüglich Insolvenzen und
- Bonitätsprüfung von Privatkunden im Kreditgeschäft.

Allgemeiner formuliert AZOFF (1994) S. 2, daß sich KNN zur Lösung von Aufgabenstellungen eignen, die

- assoziierenden,
- beurteilenden,
- klassifizierenden oder
- prognostizierenden

Charakter haben.
Die KNN reduzieren sich auf die wesentlichen Aspekte des biologischen Vorbilds. Dazu zählen:

- die Informationsübermittlung über gerichtete Verbindungen und
- die Impulsübertragung

zwischen den Neuronen als Grad ihre Aktivierung, sowie ihre

- Einfachheit und
- parallele Arbeitsweise.

Um die Grundlagen von KNN besser verstehen zu können, ist es vorteilhaft, das biologische Vorbild, Nervenzellen und Zellverbände bei Mensch und Tier, zu betrachten und in seinen Grundzügen zu kennen. Deshalb wird hier kurz darauf eingegangen, so weit dies für das Verständnis von KNN nötig ist[1].

Biologisches Vorbild
Das menschliche Gehirn besteht unter anderem aus 10^{10} Nervenzellen[2], den Neuronen. Diese sind miteinander verbunden. Dabei geht man davon aus, daß jedes Neuron mit ca. 1000 bis 10000 anderen Neuronen verbunden ist. Die Arbeitsweise des Gehirns ist aufgrund der Vernetzung hochgradig parallel. Daraus resultiert eine hohe Leistung und Schnelligkeit. Es wird geschätzt, daß das Gehirn eine Geschwindigkeit von 10^{16} Verbindungen pro Sekunde erreicht[3].
Den Aufbau eines biologischen Neurons kann man in drei Komponenten aufteilen:

---

[1] Eine detaillierte Darstellung von biologischen Neuronen findet man in KANDEL et al. (1993).
[2] In der Literatur schwankt diese Zahl, siehe ZELL (1994), S. 35, im Gegensatz zu FÜSER (1995), S. 12 und KINNEBROCK (1994), S. 13.
[3] Einen Geschwindigkeitsvergleich zwischen Gehirn und Rechner findet man bei ZELL (1994), S.25 ff.

1.1. BESTANDTEILE NEURONALER NETZE UND DEFINITIONEN

1. Informationsempfangende Einheit (*Dentritenbaum*)
2. Informationsverarbeitende Einheit (*Soma*) und
3. Informationsausgabe (*Axon*).

Der schematische Aufbau eines biologischen Neurons wird in Abbildung 1.1 dargestellt.

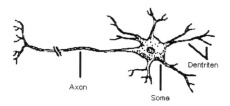

Abbildung 1.1: Biologisches Neuron

Ein ankommender Reiz wird von dem Dentritenbaum aufgenommen und an den Zellkern (*Soma*) weitergeleitet. Dieser leitet die Information je nach Relevanz über das Axon an die Synapsen der benachbarten Nervenzellen weiter. Das Axon ist eine lange, dünne Nervenfaser, die sich zu mehreren Dentriten hin verästelt. Ob das Soma eine Information als relevant einstuft oder nicht, hängt von der Summe der Impulse ab, die den Zellkern erreicht. Überschreitet diese einen gewissen Schwellwert, wird der Impuls weitergeleitet. Man spricht davon, daß das Neuron 'feuert'[4]. Die Synapsen fungieren nicht nur als Schnittstelle zwischen den einzelnen Nervenzellen. Vielmehr können sie erregend oder hemmend auf den Zellkern wirken und agieren daher als Analogschalter, die die Kommunikation zwischen den Neuronen dirigieren. Beim Lernen kommt diesem Kommunikationsverhalten eine große Bedeutung zu. Information wird an den synaptischen Kontaktstellen gespeichert[5]. Die Informationsspeicherung erfolgt, indem die synaptischen Übertragungsfaktoren, die die Eingangsinformationen einer Nervenzelle gewichten, angepaßt werden[6]. Die Synapsen sind also adaptiv und lernen durch Modifikation.

---

[4]Im biologischen Vorbild erfolgt der Informationstransport über elektrische Impulse, die durch chemische Prozesse ausgelöst werden. Siehe dazu ROJAS (1993). S. 12 ff. oder ZELL (1994), S. 39 ff.

[5]ROJAS (1993), S. 20 hält andere Formen der Informationsspeicherung für wahrscheinlich, aber die Möglichkeiten sind entweder noch unbekannt oder wenig verstanden. Andere Arten des Lernens findet man in ZELL (1994), S. 84.

[6]Vgl. HINTON (1992).

Es ist festzuhalten, daß KNN kein Modell des menschlichen Gehirns sind, vielmehr benutzen sie die dem Gehirn zugeordneten und bereits erwähnten Prinzipien[7].

In der Literatur werden viele Netzwerktypen unterschieden, die von sehr unterschiedlichen Ansatzpunkten ausgehen. Die Einteilung dieser Netze läßt sich nach verschiedenen Gesichtspunkten vornehmen, beispielsweise ob Rückkopplungsprozesse erlaubt sind oder ob ein durch Lehrer überwachtes Lernen simuliert wird. Im folgenden wird zunächst die allgemeine Struktur neuronaler Netze vorgestellt, und grundlegende Begriffe werden erläutert.

Ein neuronales Netz kann als gerichteter, gewichteter Graph angesehen werden, wobei die Kanten (weighted links) durch die Gewichte w_{ij} dargestellt werden. Die Subskripte kennzeichnen die Verbindung von Zelle i nach Zelle j. Die aus den w_{ij} zusammengesetzte Matrix ist die sog. Gewichtsmatrix[8]. Ein KNN besteht aus einer beliebigen Anzahl einfacher Verarbeitungselemente, den Zellen (Neuronen, units), die die Knoten des Graphen darstellen. Diese Zellen sind mit einer gewissen Anzahl anderer Zellen über Informationskanäle verbunden.

Jede Zelle besitzt eine **Propagierungsfunktion**[9], die bestimmt, wie die Eingangsinformation eines Neurons aus den Outputs und den Verbindungsgewichten der Vorgängerneuronen berechnet wird. Der Eingang net_j bei der Zelle j berechnet sich aus der Summe der Ausgaben $o_i(t)$[10] der Vorgängerzellen multipliziert mit dem dazugehörigen Gewicht w_{ij}.

$$net_j(t) = \sum_i o_i(t) w_{ij}.$$

Der Propagierungsfunktion unmittelbar nachgelagert ist die **Aktivierungsfunktion** F_{act}, die aus dem Ergebnis der Propagierungsfunktion den Aktivierungszustand ermittelt. Sie bestimmt, wie das Eingangssignal und der aktuelle Aktivierungswert verknüpft werden, um den neuen Aktivierungswert a_{t+1} zu berechnen. Der **Aktivierungszustand** $a_i(t)$ gibt den Grad der Aktivierung an. Die Menge der möglichen Aktivierungswerte kann sowohl diskrete als auch stetige Werte annehmen.

$$a_{j(t+1)} = F_{act}\left(a_j(t), net_j(t), \Theta_j\right), \tag{1.1}$$

---

[7]Vgl. HRUSHKA (1991), S. 217.
[8]Zur Schreibweise der Indizes gibt es zwei unterschiedliche Konventionen. So findet man in der Literatur oft die Schreibweise w_{ji} für die Verbindung von Zelle i nach Zelle j. Die Festlegung für eine Schreibweise ist für die späteren Matrizenoperationen von Bedeutung. Vgl. ZELL (1994), S. 80.
[9]Die Hauptbestandteile eines KNN werden durch Fettschrift hervorgehoben.
[10]t bezeichnet die Zeit.

1.1. BESTANDTEILE NEURONALER NETZE UND DEFINITIONEN

wobei $\Theta_j(t)$ der Schwellwert des Neurons j und net_j seine Eingabe (net input) ist. Der Schwellwert (*bias*) gibt die Schwelle an, ab der ein Neuron aktiv ist. Im biologischen Vorbild entspricht er der Reizschwelle, die erreicht werden muß, damit das Neuron feuert.

Aus der Aktivierung einer Zelle j wird mit der **Ausgabefunktion** F_{out} die Ausgabe der Zelle o_j bestimmt

$$o_j = F_{out}(a_j). \qquad (1.2)$$

In den meisten neuronalen Netzen wird eine nichtlineare Funktion verwendet, um aus der Netzeingabe die Ausgabe zu berechnen. In der Regel ist die Aktivierungsfunktion diese nichtlineare Funktion und als Ausgabefunktion wird dann die Identitätsfunktion gewählt. Es ist aber auch möglich, die Ausgabefunktion ebenfalls als nichtlineare Funktion zu modellieren. Oft wird in der Literatur nicht zwischen Ausgabe- und Aktivierungsfunktion unterschieden. Somit wird implizit immer eine der beiden Funktionen als Identitätsfunktion verwendet. Ebenso häufig werden auch die Propagierungsfunktion und die Aktivierungsfunktion als eine Funktion betrachtet.

Die am meisten verwendeten Aktivierungs- bzw. Ausgabefunktionen sind in Abbildung 1.2 dargestellt[11]. Die Funktionalität der units beschränkt sich also auf das Empfangen

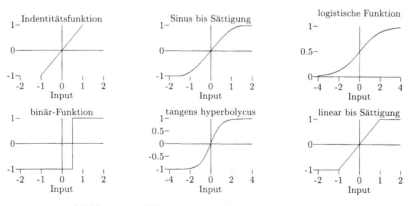

Abbildung 1.2: Aktivierungs- und Ausgabefunktionen

einkommender Signale, das Berechnen einer gewichteten Summe und das Senden von Signalen. Die units arbeiten zwar parallel, aber sie entscheiden lokal über ihre Aktion.

---
[11]Vgl. dazu auch ZELL (1994), S. 77.

Für die Modellierung eines KNN ist weiterhin eine **Lernregel** erforderlich. Damit ist der Algorithmus gemeint, mit dem das Netz dazu veranlaßt wird, eine vorgegebene Eingabe der gewünschten Ausgabe anzupassen. Das Lernen ist auf mehrere verschiedene Arten möglich (siehe dazu ZELL (1994)). Die klassische und wohl am häufigsten verwendete Variante ist die Modifikation der Stärke der Kanten. Neuere Lernverfahren lernen durch die Hinzu- oder Wegnahme von Kanten oder Knoten. Auf diese Varianten wird an späterer Stelle eingegangen[12]. Als Grundlage für die meisten Grundregeln dient die nach Donald O. Hebb[13] benannte **Hebbsche Regel**. Seine Idee war, daß Neuronen, deren Aktivität stark korreliert ist, auch eine stärkere Verbindung eingehen als Neuronen, die selten gleichzeitig aktiv sind. Das Gewicht w_{ij} muß also um $\triangle w_{ij}$ erhöht werden, wenn die Eingabe von Neuron i den Wert o_i, und gleichzeitig die Ausgabe von Neuron j den Wert a_j hat. Formal läßt sich die Hebbsche Regel wie folgt formulieren[14]:

$$\triangle w_{ij} = \eta o_i a_j, \quad (1.3)$$

wobei η die Lernrate bezeichnet. Eine etwas allgemeinere Form findet man in RUMELHART & MCCLELLAND (1986)

$$\triangle w_{ij} = \eta H\left(o_i, w_{ij}\right) G\left(a_j, t_j\right). \quad (1.4)$$

Im Gegensatz zur Gleichung (1.3) wird in Gleichung (1.4) die Gewichtsänderung $\triangle w_{ij}$ als das Produkt zweier Funktionen H und G berechnet. H hat als Argument die Ausgabe o_i der Vorgängerzelle und das Gewicht w_{ij} von der Vorgängerzelle i zur Zelle j. Die Funktionsargumente von G sind die Aktivierung der Zelle a_j und die gewünschte (zu lernende) Aktivierung t_j.

Aus der Hebbschen Lernregel wurde die Delta-Regel abgeleitet, die zur Backpropagation-Regel weiterentwickelt wurde. Da diese Lernregeln zu den klassischen KNN gehören, werden sie an späterer Stelle detailliert erläutert[15].

Ein KNN besteht aus mehreren Schichten mit Neuronen, die je nach Position im Netzwerk als Eingabe-, Ausgabeneuronen und verdeckte Neuronen bezeichnet werden. Die Eingangsneuronen in der Eingabeschicht bilden die Schnittstelle des KNN zur Umwelt und leiten die Eingabe an das Netz weiter. Auch die Ausgabeschicht kann als Schnittstelle nach außen betrachtet werden, da sie den Netzausgang anzeigt. Die Neuronen in

---

[12]Der Abschnitt 2.2.3 beschäftigt sich mit Pruning-Verfahren.

[13]HEBB (1949).

[14]Die Hebbsche Lernregel ist zwar biologisch plausibel aber eine bisher noch nicht nachgewiesene Art des Lernens. Der tatsächlich verwendete Lernalgorithmus in biologischen Neuronen ist unbekannt. Vgl. hierzu BERNS & KOLB (1994), S.3 oder ROJAS (1993), S. 21.

[15]Siehe Abschnitt 1.2.2 und 1.2.3.

1.1. BESTANDTEILE NEURONALER NETZE UND DEFINITIONEN

den Schichten zwischen der Eingabe- und der Ausgabeschicht werden als verdeckte Neuronen bezeichnet, weil sie für den außenstehenden Betrachter nicht zu sehen sind.

1.1.1 "On"-Neuron

Der Schwellwert eines Neurons gibt an, ab welcher Reizung das Neuron aktiv werden soll. Die Realisierung dieser Schwelle kann in zwei unterschiedlichen Arten erfolgen. Man unterscheidet Netze mit Schwellwerten, die in den einzelnen Neuronen enthalten sind, und Netze mit sog. "On"-Neuronen. Die letztgenannte Variante ist einfacher zu programmieren und wird deshalb häufig verwendet. Die Implementierung der Aktivierungsfunktion aus Gleichung (1.1) erfordert, daß sowohl die Schwellwerte Θ_j als auch die Netzgewichte w_{ij} trainiert werden müssen. Verwendet man hingegen ein zusätzliches "On"-Neuron, dessen Ausgabe immer den Wert 1 hat, und verbindet man dieses Neuron mit allen Neuronen, die einen Schwellwert besitzen sollen, dann werden dessen Gewichte w_{0j} beim Training ebenfalls angepaßt. Der negative Wert des Gewichtes w_{0j} von Neuron 0 zum Neuron j entspricht dann dem Schwellwert. Diese Implementierung hat den Vorteil, daß die Lernregeln die Schwellwerte nicht mehr explizit berücksichtigen müssen. Zudem bietet diese Technik den Vorteil einer einfacheren formalen Handhabung der Schwellwerte.

Die Ersetzung des Schwellwertes mit einem Gewicht ist relativ einfach. Sei **w** der Gewichtungsvektor und net_j der Eingabevektor eines Neurons, dann feuert das Neuron immer dann, wenn $w \cdot net_j \geq \Theta$ ist. Durch $w \cdot net_j = \Theta$ wird eine Hyperebene im $\mathcal{R}^n$ definiert, die den ganzen Raum in zwei Halbräume teilt. Einer dieser Räume enthält die Hyperebene selbst. Das Neuron klassifiziert die Eingaben genau nach der Zugehörigkeit zu den Halbräumen. Erweitert man die Vektoren um 1, ergeben sich die folgenden erweiterten Vektoren:

$$l = (x_1, x_2, \ldots, x_n, 1)$$

und

$$m = (w_1, w_2, \ldots, w_n, -\Theta).$$

Die Hyperebene ist dann durch $l \cdot m = 0$ definiert.

Betrachtet man zwei Mengen $\mathcal{A}$ und $\mathcal{B}$ von erweiterten Vektoren, dann trennt w diese beiden Mengen, wenn gilt

$$w \cdot l \geq 0, \quad \text{für} \quad l \in \mathcal{A}$$

und

$$w \cdot l < 0 \quad \text{für} \quad l \in \mathcal{B}.$$

Die Mengen $\mathcal{A}$ und $\mathcal{B}$ sind linear trennbar, wenn es ein **w** gibt, das beide Mengen trennt. Im allgemeinen sind zwei endliche Mengen immer dann linear trennbar, wenn ihre konvexen Hüllen disjunkt sind.

Abbildung 1.3 veranschaulicht ein vollkommen vernetztes KNN-Modell mit acht Input-Neuronen, einer verdeckten Schicht mit drei Neuronen und einem Output-Neuron. Weiterhin besitzt das Modell ein On-Neuron, das als Schwellwert fungiert.

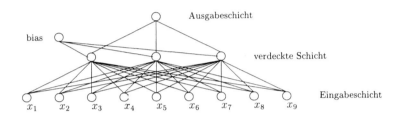

Abbildung 1.3: KNN-Modell

1.1.2 Arbeitsweise neuronaler Netze

Ein KNN kann als eine Funktion F betrachtet werden, die für eine gewisse Eingabe eine bestimmte Ausgabe erzeugen soll. Diese Funktion setzt sich aus elementaren Funktionen f_i ($i = 1, 2, ...n$) in den Knoten zusammen. Die Funktionsauswertung bestimmt die Aktivation des Neurons. Ein Netz wird durch drei Punkte charakterisiert, die die KNN untereinander abgrenzen. Es handelt sich dabei um

1. die Struktur der einzelnen Knoten,

2. das Vernetzungsmuster,

3. den Lernalgorithmus.

Der Input eines Netzes ist im allgemeinen ein n-dimensionaler reeller Vektor $X = (x_1, x_2, ..., x_n)$. Der zugehörige Output entspricht einem m-dimensionalen Vektor $Y = (y_1, y_2, ..., y_m)$. Ein Paar von X und Y bezeichnet man als Muster (Pattern). Allgemein läßt sich das Netz als Abbildungsmaschine beschreiben. Die Information fließt in eine durch

1.2. ÜBERBLICK DER TRAININGSMETHODEN FÜR KNN

die Vernetzung festgelegte Richtung. Dies wird erreicht, indem jeder einzelne Knoten mehrere unabhängige Eingänge besitzt. Jeder Eingang eines Neurons ist ein Argument für die Funktionsauswertung innerhalb des Neurons. Abbildung 1.4 zeigt den schematischen Aufbau eines Neurons und verdeutlicht die Prozedur der Informationsverarbeitung. Dieses Neuron könnte sich in einer verdeckten Schicht oder einer Ausgabeschicht befinden.

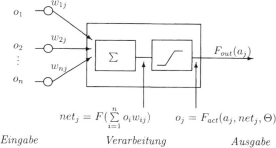

Abbildung 1.4: Schema eines biologischen Neurons

$$net_j = F(\sum_{i=1}^{n} o_i w_{ij}) \qquad o_j = F_{act}(a_j, net_j, \Theta)$$

Eingabe   Verarbeitung   Ausgabe

Die Propagierungsfunktion ermittelt aus den Eingängen o_i und den Gewichten w_{ij} die Eingangsinformation für das Neuron. Diese Eingangsinformation wird unter Berücksichtigung des Aktivations- und des Schwellwertes durch die Aktivierungsfunktion geleitet. Danach liegt der neue Aktivationswert der Zelle vor. Dieser Wert wird durch die Ausgabefunktion F_{out} an nachgelagerte Neuronen weitergeleitet.

1.2 Überblick der Trainingsmethoden für KNN

Die Lernverfahren spielen innerhalb von KNN eine zentrale Rolle. Deshalb ist es notwendig, auf ihre Funktionsweise gesondert einzugehen. Die Lernalgorithmen neuronaler Netze, die der Gewichtsanpassung dienen, können grob in zwei Klassen eingeteilt werden: globale und lokale Lernstrategien. Die globalen Anpassungstechniken bedienen sich der Zustandsinformationen des gesamten Netzes, um die Gewichtsanpassung vorzunehmen. Lokale Anpassungstechniken hingegen verwenden nur gewichtsspezifische Informationen (z.B. partielle Ableitungen). Sowohl lokale als auch globale Lernstrategien haben jedoch eines gemeinsam: ihre Gewichtsanpassung hängt von der beobachtbaren Veränderung der Fehlerfunktion ab. Dieser Abschnitt beschäftigt sich mit verschiedenen Vertretern dieser Anpassungstechniken.

1.2.1 Gradientenabstiegsverfahren

Beim Gradientenabstiegsverfahren handelt es sich um eine der ältesten bekannten Optimierungsmethode. Die Anwendung dieser Methode als Basis für die Minimierung multivariater Funktionen geht auf CAUCHY (1847) zurück und ist bereits sehr intensiv untersucht worden. Der Gradient einer Funktion ist der Vektor ihrer ersten partiellen Ableitungen. Für einen Gradientenvektor an der Stelle s gilt, daß er senkrecht auf der durch s verlaufenden Niveauhyperfläche steht und dabei die Richtung des steilsten Anstiegs angibt. Diese Eigenschaft ist für die Suche nach Extremwerten einer Funktion sehr nützlich. Ist eine Funktion f nach allen Variablen partiell differenzierbar, so läßt sich eine Folge von Punkten g_n konstruieren, die gegen den nächsten Extremwert konvergiert. Will man z.B. eine Funktion minimieren, so führt die nachstehende Folge, die von einem beliebigen Anfangspunkt g_0 startet, zum Ziel:

$$g_{n+1} = g_n + \eta \bigtriangledown f(g_n), \qquad (1.5)$$

mit η als Proportionalitätsfaktor. Die Folge konvergiert gegen das nächste lokale Minimum. Dies bedeutet zugleich, daß die Gradientenmethode nicht immer das globale Minimum findet. Da der Wert von $\bigtriangledown f$ in der Umgebung von s stark variieren kann, wird nur dann eine gute Konvergenz zum Extremwert erreicht, wenn der Wert von η sehr klein ist. Allerdings wird durch ein kleines η die Konvergenzgeschwindigkeit reduziert.

Bei KNN ist die zu minimierende Funktion die Fehlerfunktion E. Dabei ist E in der Regel der quadratische Abstand zwischen erwarteter und tatsächlicher Ausgabe. Der Netzfehler ergibt sich als Summe der Fehler über alle Pattern p, deshalb kann man

$$E = \sum_p E^p$$

schreiben als[16]

$$E^p = \frac{1}{2} \sum_j \left(t_j^p - o_j^p \right)^2. \qquad (1.6)$$

Das Erreichen dieses Minimums ist gleichzusetzen mit einer guten Approximation der Zuordnung zwischen Input- und Output-Schicht. Die Verwendung der Gradientenmethode ist dabei als eine Lösung des *credit-assignment-Problem* zu sehen. Bei diesem Problem ist die Frage zu lösen, welche Beziehung zwischen dem Wert der Fehlerfunktion und den Gewichten besteht. D.h. der am Output meßbare Fehler muß so aufgeteilt werden, daß die Gewichte entsprechend ihrem Anteil am Gesamtfehler angepaßt werden können. Zur Ermittlung dieses Minimums muß die Fehlerfunktion partiell nach allen Gewichtungen differenzierbar sein. Die Forderung nach partieller Differenzierbarkeit erfordert den Übergang von diskreten zu kontinuierlichen Aktivationswerten der units. Diese Bedingung

---

[16] Der Faktor 1/2 vereinfacht die spätere Ableitung und ist genaugenommen nicht erforderlich.

1.2. ÜBERBLICK DER TRAININGSMETHODEN FÜR KNN

wird durch die Einführung der Sigmoidalfunktion erfüllt. Die Übertragung der Gleichung (1.5) auf die KNN bedeutet, daß die Minimierung des Netzfehlers durch sukzessive Änderungen aller Gewichte um einen Bruchteil des negativen Gradienten der Fehlerfunktion vorgenommen wird. Also ist

$$\triangle W = -\eta \nabla E(W), \tag{1.7}$$

wobei η als Lernfaktor oder Schrittweite bezeichnet wird.

Das Gradientenabstiegsverfahren läßt sich sowohl im *off-line* als auch im *on-line mode* betreiben. Beim *off-line mode* müssen dem Netz alle Muster präsentiert werden, bevor die Gewichte in einem Schritt geändert werden. Beim *on-line mode* wird bereits pro Pattern eine Gewichtsanpassung vorgenommen.

1.2.2 Delta-Regel

Zur Herleitung der Backpropagation-Regel, eine der bekanntesten Lernregeln, wird auf die sog. Delta-Regel zurückgegriffen. Die Delta-Regel wurde für einstufige Netze mit linearen Aktivierungsfunktionen konzipiert. Zunächst muß man Gleichung (1.7) umschreiben, so daß für jedes Element der Gewichtsmatrix gilt:

$$\triangle w_{ij} = -\eta \frac{\partial E(W)}{\partial w_{ij}} = \sum_{p} -\eta \frac{\partial E^p}{\partial w_{ij}}. \tag{1.8}$$

Mit der Kettenregel ergibt sich

$$\frac{\partial E^p}{\partial w_{ij}} = \frac{\partial E^p}{\partial o_j^p} \frac{\partial o_j^p}{\partial w_{ij}}. \tag{1.9}$$

Aus Gleichung (1.6) folgt dann

$$\frac{\partial E^p}{\partial o_j^p} = -\left(t_j^p - o_j^p\right) = -\delta_j^p. \tag{1.10}$$

Da annahmegemäß nur lineare Einheiten vorhanden sind, ist

$$\frac{\partial o_j^p}{\partial w_{ij}} = \frac{\partial \left(\sum_i o_i^p w_{ij}\right)}{\partial w_{ij}} = o_i^p. \tag{1.11}$$

Aus Gleichung (1.9) ergibt sich unter Berücksichtigung von Gleichung (1.10) und (1.11)

$$\frac{\partial E^p}{\partial w_{ij}} = -o_i^p \delta_j^p.$$

Die Variation der Gewichte erfolgt demnach nach der Regel

$$\triangle w_{ij} = \eta \sum_{p} o_i^p \delta_j^p. \tag{1.12}$$

Gleichung (1.12) ist ein Beispiel für das sogenannte off-line-Trainingsverfahren. Alle Muster müssen dem System präsentiert werden, bevor die Gewichte in einem Schritt geändert werden. Da bei dieser Methode die Änderungen $\triangle_p w_{ij}$ für jedes Gewicht in einer Variablen gespeichert und aufsummiert werden müssen und deshalb neue Muster nicht einfach nachtrainiert werden können, wird in KNN-Simulatoren oft das folgende on-line-Trainingsverfahren verwendet:

$$\triangle w_{ij} = \eta o_i^p \delta_j^p = \eta o_i^p \left(t_j^p - o_j^p \right)$$

Diese Regel ist als Delta-Regel oder als Widrow-Hoff-Regel bekannt. Sie hat den Vorteil, daß sie weniger Speicherplatz benötigt und einen geringeren Trainingsaufwand hat.

1.2.3 Backpropagation

Der Backpropagation-Algorithmus wurde gleich mehrfach von unabhängigen Autoren: PARKER (1985), RUMELHART & MCCLELLAND (1986), LECUN (1986) entwickelt. Als erster dürfte wohl WERBOS (1974) diese Lernregel in seiner Dissertation entwickelt haben, die allerdings kaum Beachtung fand und erst mit den neueren Arbeiten an Bedeutung gewann. Die Backpropagation-Lernmethode ist eine Form des überwachten Lernens und eignet sich zum Trainieren von mehrlagigen Netzen. Diese Lernmethode sucht das Minimum der Fehlerfunktion eines bestimmten Lernproblems durch Abstieg in Gradientenrichtung. Die Lösung des Lernproblems wird durch Kombination der Gewichte eines Netzes dargestellt, die die Fehlerfunktion minimieren. Damit ein derartiges Lernproblem lösbar ist, muß der Gradient der Fehlerfunktion für alle Punkte im Gewichteraum existieren. Dies setzt voraus, daß die partiellen Ableitungen der Fehlerfunktion nach den Gewichten überall definiert sind. Um dies zu gewährleisten, verwendet man differenzierbare Aktivierungsfunktionen, z.B. Sigmoide[17]. Eine typische sigmoide Funktion ist die logistische Funktion

$$S_{(net_j)} = \frac{1}{1 + e^{-c \cdot net_j}}. \tag{1.13}$$

Die Gleichung (1.13) wird auch als Transferfunktion bezeichnet, weil sie den Nettoinput net_j auf das Intervall $[0,1]$ transformiert. Weiterhin ist $S_{(net_j)}$ nichtnegativ, monoton steigend und nähert sich für $net_j \pm \infty$ asymptotisch den Werten 0 oder 1 an. Der Parameter c bestimmt die Steilheit der Kurve. Je größer c ist, desto mehr gleicht das Diagramm der Sigmoide dem Diagramm der Treppenfunktion. Die Sigmoide in Gleichung (1.13) ist in ihrem ganzen Definitionsbereich differenzierbar. Leitet man nach net_j ab, erhält man:

---

[17]Die Verwendung sigmoider Aktivierungsfunktionen nimmt jedoch die Entstehung lokaler Minima in Kauf, in denen sich die Lernalgorithmen verfangen können.

1.2. ÜBERBLICK DER TRAININGSMETHODEN FÜR KNN

$$\frac{dS_{(net_j)}}{dnet_j} = \frac{e^{-net_j}}{(1 + e^{-net_j})^2} = S_{(net_j)}\left(1 - S_{(net_j)}\right) = o_j^p\left(1 - o_j^p\right). \tag{1.14}$$

Das Lernproblem beim Backpropagation besteht darin, n-dimensionale Inputvektoren $x_i (i = 1, 2, \ldots, m)$ in k-dimensionale Outputvektoren $t_i (i = 1, 2, \ldots, m)$ möglichst genau abzubilden. Als Maß für die Genauigkeit der Abbildung wird der quadratische Fehler des Netzes benutzt. Dieser berechnet sich wie folgt:

$$E = \frac{1}{2} \sum_{j=1}^{m} (t_j - o_j)^2, \tag{1.15}$$

wobei o_j der tatsächliche k-dimensionale Outputvektor ist. Gleichung (1.15) stellt den Gesamtfehler des Netzes dar. Das Netz selbst besteht wiederum aus mehreren Mustern. Jedes Muster hat eine eigene Fehlerfunktion, die mit

$$E = \frac{1}{2} \sum_{j=1}^{m} \left(t_j^p - o_j^p\right)^2 \tag{1.16}$$

dargestellt werden kann. Gleichung (1.15) kann man somit auch schreiben als

$$E = \sum_p E^p.$$

Ziel des Backpropagation-Algorithmus ist es, Gewichte zu finden, die E minimieren. M.a.W., es wird das globale Minimum der Fehlerfunktion gesucht. Im folgenden sei i der Index für Neuronen der vorgelagerten Schicht und j der Index der Neuronen in der betrachteten und zu berechnenden Schicht. Der Output einer Netzschicht läßt sich als

$$o_j = F_{act}\left(net_j^p\right) \tag{1.17}$$

darstellen. Dabei gilt

$$net_j^p = \sum_i o_i^p w_{ij}. \tag{1.18}$$

Das generelle Problem von KNN besteht nun darin, einen Lernalgorithmus zu bestimmen, der die Gewichte w_{ij} so wählt, daß sie die Fehlerfunktion in Gleichung (1.15) minimieren. Dieser Lernalgorithmus wird auch, nach Rumelhart, als *generalisierte Delta-Regel* bezeichnet. Die Suche nach den Gewichten wird mittels eines Gradientenabstiegsverfahrens durchgeführt. Dabei werden die Gewichte w_{ij} schrittweise in Richtung des steilsten Abstiegs der Fehlerfunktion E angepaßt, analog zur Gleichung (1.8)

$$\triangle w_{ij} = -\sum_p \eta \frac{\partial E^p}{\partial w_{ij}}. \tag{1.19}$$

Der Parameter η ist ein konstanter Proportionalitätsfaktor, der die Größe der Gewichtsanpassung bestimmt und daher auch als Lernrate bezeichnet wird. Die Ableitung von Gleichung (1.19) lautet

$$\frac{\partial E^p}{\partial w_{ij}} = \frac{\partial E^p}{\partial net_j^p} \cdot \frac{\partial net_j^p}{\partial w_{ij}}. \qquad (1.20)$$

Den linken Faktor in Gleichung (1.20) kann man als Fehlersignal definieren und vereinfachend schreiben:

$$\frac{\partial E^p}{\partial net_j^p} = -\frac{\partial E^p}{\partial o_j^p} \cdot \frac{\partial o_j^p}{\partial net_j^p} = \delta_j^p. \qquad (1.21)$$

Für den rechten Faktor in Gleichung (1.20) kann man auch schreiben:

$$\frac{\partial net_j^p}{\partial w_{ij}} = \frac{\partial \sum_i o_i^p w_{ij}}{\partial w_{ij}} = o_i^p. \qquad (1.22)$$

Setzt man Gleichung (1.22) und (1.21) in Gleichung (1.20) ein, erhält man für die Anpassungsregel der Gewichte aus Gleichung (1.19)

$$\triangle w_{ij} = \eta \sum_p o_i^p \delta_j^p. \qquad (1.23)$$

Die Gleichung (1.23) ist das Pendant zu Gleichung (1.12) und stellt das off-line-Trainingsverfahren des Backpropagation dar. Lediglich das Fehlersignal δ_j^p ist etwas komplexer als in der Delta-Regel geworden.

Das on-line-Trainingsverfahren läßt sich analog ermitteln und lautet

$$\triangle_p w_{ij} = \eta \sum_p o_i^p \delta_j^p. \qquad (1.24)$$

Beim Fehlersignal in Gleichung (1.21) ist zu beachten, daß es sich sowohl um den Fehler zwischen Eingabeschicht und innerer Schicht als auch um denselben zwischen innerer Schicht und Ausgabeschicht handeln kann. Deshalb muß für Gleichung (1.21) noch eine Fallunterscheidung vorgenommen werden. Im ersten Fall ist j der Index eines verdeckten Neurons, im zweiten ist j der Index eines Ausgabeneurons.

Für den ersten Fall ergibt sich die Ableitung für den Term $-\frac{\partial E^p}{\partial o_j^p}$ aus Gleichung (1.21) als

$$-\frac{\partial E^p}{\partial o_j^p} = -\sum_k \frac{\partial E^p}{\partial net_k^p} \cdot \frac{\partial net_k^p}{\partial o_j^p} = \sum_k \left(\delta_k^p \cdot \frac{\partial \left(\sum_i o_i^p w_{ik} \right)}{\partial o_j^p} \right). \qquad (1.25)$$

Gleichung (1.25) läßt sich mit Hilfe von Gleichung (1.21) und der Ableitung von Gleichung (1.18) vereinfachen zu

$$\frac{\partial E^p}{\partial o_j^p} = \sum_k \delta_k^p w_{jk}. \qquad (1.26)$$

Der Gesamtfehler der Ausgabezelle j für das Pattern p läßt sich also aus den gewichteten Fehlern δ_k^p aller Nachfolgezellen k und den Gewichten der Verbindungen von j zu diesem k berechnen. Setzt man Gleichung (1.26) in Gleichung (1.21) ein, und berücksichtigt

$$\frac{\partial o_j^p}{\partial net_j^p} = \frac{\partial \left(F_{act}(net_j^p) \right)}{\partial net_j^p} = F'_{act}(net_j^p)$$

1.2. ÜBERBLICK DER TRAININGSMETHODEN FÜR KNN

ergibt sich für δ_j^p

$$\delta_j^p = F'_{act}(net_j^p) \cdot \sum_k \delta_k^p w_{ik}. \tag{1.27}$$

Der zweite Fall (j ist der Index der Ausgabezelle) ist der einfachere, denn die Ableitung aus Gleichung (1.21) vereinfacht sich zu

$$\frac{\partial E^p}{\partial o_j^p} = \left(t_j^p - o_j^p\right),$$

und für δ_j^p ergibt sich hier

$$\delta_j^p = F'_{act}(net_j^p) \sum_k \delta_k^p w_{jk}. \tag{1.28}$$

Sowohl Gleichung (1.27) als auch Gleichung (1.28) lassen eine rekursive Berechnung der δ_j^p zu. Verwendet man die Sigmoide aus Gleichung (1.13) als Aktivierungsfunktion, läßt sich die Backpropagation-Regel wie folgt zusammenfassen:

$$\triangle_p w_{ij} = \eta o_i^p \delta_j^p$$

mit

$$\delta_j^p = \begin{cases} o_j^p \left(1 - o_j^p\right) \left(t_j^p - o_j^p\right) & \text{, falls j Ausgabezelle ist,} \\ o_j^p \left(1 - o_j^p\right) \sum_k \delta_k^p w_{jk} & \text{, falls j verdeckte Zelle ist.} \end{cases}$$

1.2.3.1 Probleme im Zusammenhang mit Backpropagation

Das Lernverfahren Backpropagation besitzt einige von Nachteile, die sich aus der Verwendung eines Gradientenabstiegsverfahrens ergeben. Da es sich bei Backpropagation um ein lokales Verfahren handelt, werden nicht die Eigenschaften der gesamten Fehlerfläche sondern immer nur eine kleine lokale Umgebung berücksichtigt. Auf diese Problematik wird in diesem Abschnitt eingegangen.

Ein großer Nachteil von Gradientenverfahren[18] ist das Hängenbleiben in **lokalen Minima** des Fehlergebirges. Die Wahrscheinlichkeit, daß ein globales Minimum gefunden wird, ist gering und wird mit wachsender Dimension des Netzes um so unwahrscheinlicher, da die Fehlerfläche um so stärker zerklüftet ist. Das Ausmaß der Zerklüftung der Fehleroberfläche hängt sehr stark vom Problem selbst ab und wie die Daten kodiert sind. Oft reicht eine kleine Lernrate η aus, um ein lokales Minimum zu finden, das ähnlich gut wie das globale Minimum ist.

Ein weiteres Problem, das unmittelbar mit der Zerklüftung der Fehlerfläche zusammenhängt, ist die **Oszillation** um steile Schluchten. Dieser Effekt liegt immer dann vor, wenn der Gradient am Rande einer Schlucht so groß ist, daß durch die daraus resultierende Gewichtsänderung einen Sprung auf die gegenüberliegende Seite der Schlucht zur

---
[18]Dieser Nachteil gilt für alle Hill-Climbing-Verfahren.

Folge hat. Sind die lokalen Eigenschaften auf dieser Seite die gleichen, erfolgt ein erneuter Sprung. Diese Oszillation kann nur noch mit Hilfsmittel wie dem *Momentum-Term* abgebrochen werden.

Ergänzungen wie der Momentum-Term eignen sich aber auch für ein weiteres Problem von Backpropagation, nämlich den **flachen Plateaus**. Sie sind problematisch, weil dort der Gradient sehr klein ist und damit das Lernverfahren ins Stocken gerät. Bei ganz flachen Plateaus (hier entspricht der Gradient dem Nullvektor) findet überhaupt keine Gewichtsanpassung mehr statt, und ein Lernen ist nicht mehr möglich. Zudem ist nicht zu erkennen, ob dieser Zustand durch ein lokales oder globales Minimum verursacht worden ist, oder ob es durch ein flaches Plateau hervorgerufen wird.

Ebenso möglich ist das **Verlassen guter Minima**. Dies ist dann der Fall, wenn bei sehr schmalen Tälern des Fehlergebirges der Gradient so groß ist, daß die Gewichtsänderung zu einem suboptimalen Minimum führt.

Ein Problem, das verhältnismäßig wenig Bedeutung hat, ist das sog. **symmetry breaking**. Dieses Problem ergibt sich aus der Initialisierung der Startgewichte. Sind alle Gewichte mit dem gleichen Startwert belegt, ist Backpropagation nicht in der Lage, eine Gewichtsanpassung vorzunehmen, da es keine Verursacherzelle für den Netzfehler finden kann. Dieses Problem läßt sich mit der Initialisierung der Startgewichte mit unterschiedlichen, zufälligen Werten lösen.

Aus den erwähnten Nachteilen von Backpropagation wurden Modifikationen der Lernregel vorgenommen. Die wichtigsten werden in den folgenden Abschnitten vorgestellt.

1.2.3.2 Konjugierter Gradientenabstieg

Der Konjugierte Gradientabstieg ist ein Backpropagation mit Momentum-Term. Diese Weiterentwicklung des Backpropagation von RUMELHART & MCCLELLAND (1986) ist ein einfaches Hilfsmittel, um die in Abschnitt 1.2.3.1 erläuterten Probleme im Zusammenhang mit Backpropagation zu lösen. Die Gewichtsanpassung ändert sich wie folgt:

$$\triangle_p w_{ij}(t+1) = \eta o_i^p \delta_j^p + \alpha \triangle_p w_{ij}(t).$$

D.h. die bereits vollzogene Gewichtsänderung zum Zeitpunkt t wird bei der Gewichtsanpassung im Zeitpunkt $t+1$ berücksichtigt. Diese Lernregel vertraut der bereits eingeschlagenen Richtung. Daraus resultiert eine Beschleunigung des Lernverfahrens in flachen Plateaus und eine Verlangsamung in stark zerklüfteten Fehlergebirgen. Für die Variable α werden in der Literatur Werte zwischen 0.2 und 0.99 vorgeschlagen, wobei die häufigsten Werte für α zwischen 0.6 und 0.9 liegen.

Eine von der Wirkung her gleiche Methode wurde von SEJNOWSKI & ROSENBERG

1.2. ÜBERBLICK DER TRAININGSMETHODEN FÜR KNN

(1988) eingeführt. Ihr Vorgehen basiert auf dem Verfahren der exponentiellen Glättung.

$$\triangle_p w_{ij}(t+1) = \eta \left((1-\alpha) o_j^p \delta_j^p - \alpha \triangle_p w_{ij}(t) \right), \tag{1.29}$$

mit α als Glättungskoeffizient zwischen 0 und 1. Für $\alpha = 0$ entfällt der rechte Term von Gleichung (1.29) und man erhält die modifizierte Delta-Regel. Für den Wert $\alpha = 1$ wird die alte Änderung beibehalten. Für $0 < \alpha < 1$ wird die Gewichtsänderung um einen Faktor proportional zu α geglättet.

1.2.3.3 Quickprop

Mit dem Quickprop entwickelte FAHLMAN (1989) einen Algorithmus höherer Ordnung, der auf dem Backpropagation aufbauend eine Möglichkeit bietet, die Lerngeschwindigkeit eines Netzes zu erhöhen. Dies wird erreicht, indem Informationen über die Krümmung der Fehleroberfläche im Korrekturterm zur Gewichtsanpassung berücksichtigt werden. Dies erfordert die Berechnung der zweiten Ableitungen der Fehlerfunktion nach den Gewichten[19]. Man kann die Fehlerfunktion E um den Gewichtsvektor w_t wie folgt mit einer quadratischen Approximation beschreiben:

$$E(\mathbf{w}) = \mathbf{E}(\mathbf{w_t}) + (\mathbf{w} - \mathbf{w_t}) \triangledown \mathbf{E}(\mathbf{w_t}) + \frac{1}{2}(\mathbf{w} - \mathbf{w_t})\mathbf{H}(\mathbf{w} - \mathbf{w_t})^{\mathbf{T}} + \ldots, \tag{1.30}$$

wobei $\mathbf{H}$ die Hesse-Matrix der zweiten partiellen Ableitungen der Funktion E nach den Gewichten darstellt, also

$$\mathbf{H_{ij}} = \frac{\partial^2 \mathbf{E}}{\partial \mathbf{x_i} \partial \mathbf{x_j}}.$$

Differenziert man Gleichung (1.30) erhält man

$$\triangledown E(\mathbf{w}) = \triangledown \mathbf{E}(\mathbf{w_t}) + (\mathbf{w} - \mathbf{w_t})\mathbf{H} + \ldots \tag{1.31}$$

Das Minimum von $E(\mathbf{w})$ ist gefunden, wenn $\triangledown E(\mathbf{w}) = \mathbf{0}$ ist. Durch Nullsetzen der Gleichung (1.31) und Vernachlässigung der Terme höherer Ordnung (quadratische Approximation) erhält man

$$\mathbf{w} = \mathbf{w_t} - \mathbf{H^{-1}} \triangledown \mathbf{E}(\mathbf{w_t}) \tag{1.32}$$

als Approximation des Gewichtsvektors im Minimum. Gleichung (1.32) kann iterativ benutzt werden, indem man den alten Gewichtsvektor $\mathbf{w}$ als neuen Gewichtsvektor in die Gleichung einsetzt. Diese Methode ist jedoch sehr langsam, weil die Berechnung der Hesse-Matrix sehr viele Schritte erfordert. Zudem muß für n Gewichte in jedem Iterationsschritt

---

[19]Das Verfahren ist auch als Newton-Methode zur Bestimmung von Nullstellen bekannt.

eine $n \times n$-Hesse-Matrix invertiert werden. Aus diesem Grund bedient man sich einer eleganteren Lösung, die von FAHLMAN (1989) vorgeschlagen wurde. Auch er nimmt eine quadratische Approximation der Fehlerfunktion vor, jedoch nur in Richtung des Gradienten und für jedes Gewicht einzeln. Die Richtung des Gradienten wird zunächst mit Backpropagation ermittelt. Danach wird versucht, in einem Schritt an die Nullstelle des Gradienten zu gelangen. Dies erreicht man mit

$$\triangle_t w_{ij} = \frac{S_t}{S_{t-1} - S_t} \triangle_{t-1} w_{ij}, \qquad (1.33)$$

wobei S_t die neue partielle Ableitung der Fehlerfunktion nach w_{ij} ist und S_{t-1} die Ableitung im letzten Schritt. Somit läßt sich Gleichung (1.33) wie folgt ausschreiben

$$\triangle_t w_{ij} = \frac{\frac{\partial E}{\partial w_{ij}}(t)}{\frac{\partial E}{\partial w_{ij}}(t-1) - \frac{\partial E}{\partial w_{ij}}(t)} \cdot \triangle_{t-1} w_{ij}.$$

Bei Betrachtung von Gleichung (1.33) fällt sofort auf, daß der Nenner unter Umständen gleich Null werden kann, nämlich dann, wenn die aktuelle Steigung $S(t)$ gleich der vorhergehenden Steigung $S(t-1)$ ist. Zur Lösung dieses Problems verwendet FAHLMAN (1989) einen weiteren Parameter, der das maximale Gewichtswachstum bestimmt. Die betragsmäßige Gewichtsänderung darf nicht größer sein als das μ-fache der vorhergehenden Gewichtsanpassung. Also

$$|\triangle w_{ij}(t)| \leq \mu \cdot |\triangle w_{ij}(t-1)|, \qquad (1.34)$$

wobei μ nicht zu groß gewählt werden darf und im allgemeinen zwischen 1.75 und 2.25 liegt. Die Lernregel des Quickprop setzt sich somit aus einem Gradiententeil und einem Parabelterm zusammen. Diese beiden Terme werden addiert, es sei denn, daß ein lokales Minimum übersprungen wurde. Dies ist dann der Fall, wenn die aktuelle Steigung $S(t)$ ungleich Null ist, und ein anderes Vorzeichen als die vorhergehende Steigung $S(t-1)$ hat. In diesem Fall würde die Addition des Gradienten eine Verschlechterung des Lernens bewirken. Deshalb wird in diesem Fall nur die Parabelgleichung (1.34) zur Gewichtsanpassung verwendet. Damit die Gewichte nicht zu groß werden und einen numerischen Überlauf während des Trainings produzieren, hat FAHLMAN (1989) einen *weight-decay*-Term $d \cdot w_{ij}(t)$ eingeführt. Der Gradiententerm ändert sich dann zu

$$\triangle w_{ij}(t) = \eta \sum_p o_i^p \delta_j^p - d w_{ij}(t-1).$$

Damit läßt sich die Lernregel des Quickprop zusammenfassen zu:

$$\triangle w_{ij}(t) = G(t) + P(t),$$

1.2. ÜBERBLICK DER TRAININGSMETHODEN FÜR KNN

wobei sich $G(t)$ und $P(t)$ wie folgt zusammensetzen:

$$G(t) = \begin{cases} \eta \sum_p o_i^p \delta_j^p - d \cdot w_{ij}(t-1), & \text{wenn} \begin{cases} (t=0) \vee (\triangle w_{ij}(t-1) = 0) \\ \text{oder} \\ sgn(S(t-1)) = sgn(S(t)) \end{cases} \\ 0 & , \text{wenn} \quad sgn(s(t-1)) \neq sgn(S(t)) \end{cases} \quad (1.35)$$

$$P(t) = \begin{cases} 0 & , \text{wenn} \quad (t=0) \vee (\triangle w_{ij}(t-1) = 0) \\ \frac{S(t)}{S(t-1)-S(t)} \cdot \triangle w_{ij}(t-1), & \text{wenn} \quad \left|\frac{S(t)}{S(t-1)-S(t)}\right| \leq \mu \\ \mu \cdot w_{ij}(t-1) & , \text{wenn} \quad \left|\frac{S(t)}{S(t-1)-S(t)}\right| > \mu \end{cases} \quad (1.36)$$

Der Lernfaktor η ist aus dem Intervall $]0,2[$, der Wachstumsfaktor μ aus dem Intervall $[1.75, 2.25]$. Der weight-decay-Term sollte sehr klein sein, also $d \approx 0.0001$. Die übrigen Variablen wurden bereits zuvor erläutert. FAHLMAN (1989) berichtet über eine fünf- bis zehnfache Beschleunigung des Backpropagation-Lernverfahrens. Dies macht das Verfahren in Bezug auf die Anwendung auf dem Finanzmarkt interessant. Um KNN für Prognosen einsetzen zu können, müssen die Trainingsphasen relativ kurz sein. Ein extremes Beispiel wären Intraday-Prognosen. Eine immer richtige Intraday-Prognose ist wertlos, wenn man zum Trainieren des Netzes mehrere Tage braucht und somit die Prognose nie ausgenutzt werden kann. Ein weiterer schneller Algorithmus wird im kommenden Abschnitt vorgestellt.

1.2.3.4 Rprop

Mit Rrop (resilient propagation) wurde ein Lernalgorithmus entwickelt, der die lokale Eigenschaften der Fehlerfunktion berücksichtigen BRAUN & RIEDMÜLLER (1993) RIEDMÜLLER & BRAUN (1993). Bei der Gewichtsanpassung $\triangle w_{ij}$ herkömmlicher Verfahren wie z.B. Backpropagation muß man sich vergegenwärtigen, daß die Größe der Veränderung nicht nur von der Lernrate abhängt, sondern auch von der partiellen Ableitung $\frac{\partial E}{\partial w_{ij}}$. Die alleinige Anpassung der Lernrate kann zu unerwarteten Störungen im Lernprozeß führen, die durch die partiellen Ableitungen verursacht werden. Diesem Umstand verdankt Rprop seine Entstehung. Er verändert die Gewichte $\triangle w_{ij}$ direkt nur aufgrund des Vorzeichens, d.h. ohne Berücksichtigung der Größe der partiellen Ableitungen. Dies wird erreicht, indem man zunächst für jedes einzelne Gewicht einen individuellen Wert $\triangle_{ij}$ einführt, der lediglich die Größe der Gewichtsanpassung darstellt. Diese Größe $\triangle_{ij}$ ermittelt man durch lokale Betrachtung der Fehlerfunktion E gemäß der Adaptionsregel:

$$\triangle_{ij}^{(t)} = \begin{cases} \eta^+ \triangle_{ij}^{(t-1)}, & \text{wenn } \frac{\partial E}{\partial w_{ij}}^{(t-1)} \frac{\partial E}{\partial w_{ij}}^{(t)} > 0 \\ \eta^- \triangle_{ij}^{(t-1)}, & \text{wenn } \frac{\partial E}{\partial w_{ij}}^{(t-1)} \frac{\partial E}{\partial w_{ij}}^{(t)} < 0 \\ \triangle_{ij}^{(t-1)}, & \text{sonst} \end{cases} \quad (1.37)$$

wobei $0 < \eta^- < 1 < \eta^+$.

In Worten läßt sich dies wie folgt formulieren: Bei jedem Vorzeichenwechsel der partiellen Ableitung wird der Wert $\triangle_{ij}$ um den Faktor η^- vermindert. Dies erscheint sinnvoll, da ein Vorzeichenwechsel bedeutet, daß die letzte Gewichtsanpassung zu groß ausgefallen ist und daß ein lokales Minimum übersprungen wurde. Behält die partielle Ableitung ihr Vorzeichen bei, so wird der Wert von $\triangle_{ij}$ leicht erhöht, um eine schnellere Konvergenz zu erhalten. Wurden für alle Gewichte die $\triangle_{ij}$ ermittelt, so werden die Gewichte selbst angepaßt. Dabei wird der Wert $\triangle_{ij}$ zum Gewicht $\triangle w_{ij}$ hinzuaddiert, wenn seine partielle Ableitung negativ ist (abnehmender Fehler). Ist seine partielle Ableitung hingegen positiv, so wird $\triangle w_{ij}$ um $\triangle_{ij}$ vermindert. Die Gewichtsanpassung, die auch als *Manhattan*-Lernregel bezeichnet wird, lautet formal:

$$\triangle w_{ij}^{(t)} = \begin{cases} -\triangle_{ij}^{(t)}, & \text{wenn } \frac{\partial E}{\partial w_{ij}}^{(t)} > 0 \\ +\triangle_{ij}^{(t)}, & \text{wenn } \frac{\partial E}{\partial w_{ij}}^{(t)} < 0 \\ 0, & \text{sonst} \end{cases}.$$

Es bleibt jedoch eine Ausnahme zu berücksichtigen: Wenn die partielle Ableitung ihr Vorzeichen ändert, wird die vorangegangene Gewichtsanpassung revidiert, also:

$$\triangle_{ij} = \triangle_{ij}^{(t-1)}, \text{wenn } \frac{\partial E}{\partial w_{ij}}^{(t-1)} \frac{\partial E}{\partial w_{ij}}^{(t)} < 0$$

Dies hat zur Folge, daß im nächsten Schritt die Ableitung erneut ihr Vorzeichen wechselt. Damit also keine zweifache Anpassung erfolgt, wird in der Adaptionsregel (1.37) $\frac{\partial E}{\partial w_{ij}}^{(t-1)}$ gleich Null gesetzt.

Rprop benötigt zwei Parameter: die Anfangswerte $\triangle_0$ und die maximale Schrittweite $\triangle_{max}$. Da die Anfangswerte $\triangle_0$ die erste Gewichtsanpassung beeinflussen, sollten sie in der gleichen Größenordnung wie die Gewichte selbst gewählt werden (z.B. 0.1). Der zweite Wert verhindert eine zu große Veränderung der Gewichte und bildet eine obere Grenze der Gewichtsanpassung. Die Konvergenz des Netzes ist bezüglich diesem Wert nicht besonders sensitiv, da er meist nicht zum Tragen kommt. RProp ist wegen seiner einfachen Form ein sehr schnelles Lernverfahren. RIEDMÜLLER & BRAUN (1993) haben gezeigt, daß RProp beim 10-5-10-Encoder und 12-2-12-Encoder anderen Verfahren wie Backpropagation und Quickprop bezüglich der Trainingszeiten deutlich überlegen ist.

1.2.4 Backpercolation

Beim Backpercolation handelt es sich um ein Lernverfahren, das von Mark Jurik für mehrstufige feedforward-Netze entwickelt wurde und bisher nur von ZELL (1994), S.127 ff. in der deutschen Literatur beschrieben ist. Das Verfahren soll in der Lage sein, verschiedene Minima im globalen Fehlergebirge dadurch zu finden, daß es durch einen Berg hindurch zum nächsten Minimum wandern kann. Bei diesem Verfahren wird nicht der Gesamtfehler des Netzes minimiert, sondern die Fehlerfunktion einzelner Neuronen. Dabei wird für jedes Neuron ein eigener Aktivierungsfehler berechnet, d.h jedes Neuron hat ein eigenes Fehlergebirge. Der Vorteil bei diesem Verfahren liegt in seiner Geschwindigkeit. Die Gewichte konvergieren schneller als beim Backpropagation, und die Gewichtsänderungen nehmen von der Ausgabeschicht zur Eingangsschicht nicht so stark ab wie beim Backpropagation. Dies führt nach ZELL (1994) zu einer höheren Lerngeschwindigkeit[20]. Weiterhin benötigt das Training keine globalen Berechnungen (Matrixinversionen), da es sich beim Backpercolation um ein lokales Verfahren handelt.

Das Lernverfahren des Backpercolation

Die Eingabe und Aktivierung von Neuron j läßt sich mit der folgenden gewichteten Summe darstellen:

$$net_j = a_j = \sum_1 w_{ij} o_i = <W_j|O>.$$

Die Ausgabefunktion ist die Funktion $\tanh(x)$, so daß man für die Ausgabe schreiben kann:

$$o_j = F_{out}(a_j) = \tanh\left(\frac{a_j}{2}\right) = \frac{1-e^{-a_j}}{1+e^{-a_j}}. \tag{1.38}$$

Dazu muß man sich der folgenden Identität bedienen:

$$\tanh\left(\frac{a_j}{2}\right) \equiv \frac{e^{\frac{a_j}{2}} - e^{-\frac{a_j}{2}}}{e^{\frac{a_j}{2}} + e^{-\frac{a_j}{2}}} = \frac{e^{\frac{a_j}{2}}(1 - e^{-a_j})}{e^{\frac{a_j}{2}}(1 + e^{-a_j})}.$$

In dieser Beschreibung ist die Aktivierungsfunktion linear und die Ausgabefunktion nichtlinear. Jedem Neuron j wird nun ein eigener Aktivierungsfehler $\triangle a_j$ zugewiesen mit

$$\triangle a_j = a_j(t+1) - a_j(t),$$

der angibt, wie sich die Aktivierung der Zelle ändern sollte. Das Ergebnis ist ein neuer Vektor $A(t+1)$ mit verbesserten Aktivierungen.

Das Backpercolation-Lernverfahren beruht auf der Dualität des Skalarproduktes des Vektors O, der Ausgaben der Vorgängerneuronen und des Gewichtsvektors W_j. Das Neuron j

---
[20]Der Einsatz eines Simulators im Rahmen dieser Arbeit wird Aufschluß darüber geben, ob Backpercolation wirklich schneller ist als das klassische Backpropagation.

kann eine Änderung seiner Aktivierung sowohl durch eine Modifikation der Verbindungsgewichte w_{ij} als auch durch eine Modifikation der Ausgabe der Vorgängerzelle erfahren. Dazu muß es der Zelle i mitteilen, daß ihre Ausgabe fehlerhaft ist. Wenn alle erwünschten Änderungen der Zelle j an das Netzwerk geleitet wurden, hat jedes Gewicht eine eigene Fehlerfunktion, mit deren Minimierung eine Gewichtsanpassung vorgenommen werden kann. Zur Herleitung der Lernregel werden die Gradienten der Aktivierungen der Zellen als Funktion der Eingangsgewichte der betreffenden Zellen bzw. der Aktivierung der Vorgängerzellen definiert:

$$\nabla^a_{jk} = \frac{\partial a_k}{\partial a_j} = w_{jk} = F_{out}(a_j)$$

$$\nabla^w_{jk} = \frac{\partial a_k}{\partial w_{jk}} = o_j = F'_{out}(a_j).$$

Die Komponenten δ_k des Vektors der Aktivierungsfehler müssen zunächst für die Ausgabezellen berechnet werden mit

$$\delta_k = -\frac{\partial E^p}{a_k} = -\frac{\partial \left(\sum_k \frac{1}{2}(t_k - o_k)^2 \right)}{\partial a_k} = (t_k - o_k) F'(a_k).$$

Danach muß die gleiche Berechnung auch für die verdeckten Neuronen erfolgen. Im Gegensatz zu den Ausgangsneuronen haben die verdeckten Neuronen keine gewünschten Werte. Diese ergeben sich durch die Deltas der nachfolgenden Neuronenschicht mit

$$\delta_j = \frac{\partial E^p}{a_j} = -\sum_{k \in succ(j)} \left(\frac{\partial E^p}{\partial a_k} \frac{\partial a_k}{\partial a_j} \right) = \sum_{k \in succ(j)} \left(\delta_k \frac{\partial a_k}{\partial a_j} \right).$$

Die on-line-Lernregel im Backpercolation lautet dann:

$$\triangle w_{ij} = -\eta \cdot \frac{\partial E^p}{\partial w_{ij}} = -\eta \left(\frac{\partial E^p}{\partial a_j} \cdot \frac{\partial a_j}{\partial w_{ij}} \right) = \eta_i \delta_j.$$

1.2.5 Cascade-Correlation

Die Cascade-Correlation-Architektur (CC) wurde von FAHLMAN & LEBIÈRE (1990) entwickelt und entstand bei der Lösung zweier Problembereiche bei KNN. Das sind das Schrittweitenproblem und das Problem des mobilen Ziels (*Moving-Target-Problem*). Der Cascade-Correlation-Algorithmus ist eine Weiterentwicklung des Backpropagation-Algorithmus und zeichnet sich gegenüber letzterem vor allem durch zwei Vorteile aus:

1. schnellere Konvergenz als Backpropagation [vgl. PATTERSON (1997), S. 343], da keine Rückwärtspropagierung der Fehlersignale von den Ausgaben zu den Eingaben erforderlich ist.

2. bestimmt seine Netztopologie selbst.

Einmal gelernte Strukturen, die sich in der Netztopologie widerspiegeln, werden selbst bei Änderung der Trainingsmenge beibehalten.

1.2.5.1 Schrittweitenproblem

Beim Gradientenabstiegsverfahren bewegt man sich mit einem bestimmten Proportionalitätsfaktor (Schrittweite) entlang eines Fehlergebirges talabwärts. Wählt man diesen Faktor hinreichend klein, so kann gezeigt werden, daß immer eine Talsohle erreicht wird. Die erreichte Talsohle kann sowohl ein lokales, als auch ein globales Minimum sein. Die Schrittweite beeinflußt aber die Konvergenzgeschwindigkeit des Netzes. Wählt man sie zu klein, kann das dazu führen, daß es sehr lange dauert, bis ein Minimum erreicht wird. Umgekehrt führt eine zu große Schrittweite dazu, daß Optima übersprungen werden, oder daß ein Netzfehler anfängt zu oszillieren. Dieses Problem läßt sich beispielsweise durch die Einführung eines zusätzlichen Parameters wie das Momentum lösen.

Eine effizientere Lösung erhält man aber durch Berücksichtigung der höheren Ableitungen der Fehlerfunktion, die Auskunft über die Krümmung der Fehlerfunktion an einer aktuellen Stelle angeben. Eine solche Information ist im Backpropagation nicht enthalten.

1.2.5.2 Mobiles Ziel

Beim Lernen leistet jede Hidden-Unit einen Beitrag zur Optimierung des Outputfehlers. Seine Aufgabe besteht darin, sich entsprechend seinem Anteil am Gesamtfehler des Netzes zu ändern. Dieses Ziel wird jedoch von allen anderen Units parallel verfolgt, mit der Konsequenz, daß sich auch sie alle gleichzeitig verändern. Die Units einer Schicht können nicht miteinander kommunizieren. Deshalb kennt das einzelne Neuron nur seine Eingabe und das ihm zugeordnete Fehlersignal, das sich aus der Problemlösung ergibt. Das Signal ist aber durch ständige Veränderungen geprägt, und dies führt dazu, daß das Netz sehr lange braucht, bis die Aufgabenteilung der Neuronen untereinander klar ist. Der *Herden-Effekt*[21], ist ein Beispiel für die Moving-Target-Problematik. Es wird angenommen, daß zur Lösung eines Problems zwei Teilprobleme A und B zu lösen sind. Wenn A ein größeres Fehlersignal liefert als B, werden sich die Neuronen der verdeckten Schicht vorrangig um die Lösung des Teilproblems A kümmern, während B zunächst vernachlässigt wird. Sobald A gelöst ist, wird die verbleibende Fehlerquelle B gelöst. Die Gewichte müssen somit nach der Lösung des Problems A weiter verändert werden. Dies führt dazu, daß das zuvor gelöste Problem aus A wieder auftaucht.

Mit der Lösung dieses Problems beschäftigt sich der Cascade-Correlation-Algorithmus. Bei diesem Lernverfahren wird immer nur eine Hidden-Unit trainiert, die versucht einen möglichst großen Teil des Restfehlers zu eliminieren. Nach der Minimierung dieses Restfehlers werden alle Synapsen 'eingefroren'. Damit kann sich die Zelle nicht mehr

---
[21]FAHLMAN & LEBIÈRE (1990), S. 524 ff.

verändern und somit auch nicht mehr mit anderen Zellen konkurrieren, um eine Fehlerreduktion des Gesamtnetzes herbeizuführen. Aus den bisherigen Ausführungen wird klar, daß Cascade Correlation keine reine Lernregel im Sinne der bisher beschriebenen Lernregeln ist, sondern ein Algorithmus, der zur Bestimmung des Netzwerkdesigns eingesetzt werden kann [vgl. PATTERSON (1997), S. 343]. Da sich ein eigenständiger Abschnitt mit der Ermittlung der Netzwerkstruktur beschäftigt, wird erst an späterer Stelle auf den Cascade-Correlation-Algorithmus eingegangen.

1.2.6 Die Bedeutung der Fehlerfunktion für neuronale Netze

In diesem Abschnitt wird auf die Bedeutung und die Problematik der Fehlerfunktion hingewiesen. In sehr vielen Arbeiten wird die *least mean square*-Fehlerfunktion verwendet, um das Netz zu trainieren, ohne auf die mit ihr verbundenen Probleme einzugehen. Es kann jedoch gezeigt werden, daß das Gradientenabstiegsverfahren nicht immer in der Lage ist, eine Menge von Vektoren zu trennen, obwohl eine Hyperebene existiert, die diese Menge trennt und keine lokalen Minima existieren.

Angenommen es gäbe ein Netzwerk mit zwei Ausgangsneuronen mit Aktivierungswerten im Intervall [0,1]. Dann lassen sich diese Werte in einem Koordinatensystem aufzeichnen. Für den Fall, daß der gewünschte Output (1,0) ist, können alle Aktivierungswerte rechts von der Geraden $y = x$ als richtig eingestuft werden. Nur für den Fall, daß Punkte mit gleichem Fehlerniveau auf einer Parallelen zur 45-Grad-Linie liegen und nur dann, gibt es keine Punkte, die gleichzeitig als falsch eingestuft werden können und einen geringeren Fehler haben, als Punkte, die richtig eingestuft wurden. Fehlerfunktionen, die dieser Bedingung genügen, bezeichnet HAMPSHIRE (1992) als monoton. Er macht nichtmonotone Fehlerfunktionen für den *Overlearning*-Effekt verantwortlich. Dieser liegt vor, wenn die Generalisierungsfähigkeit des Netzes abnimmt, während das Netz mit den Trainingsdaten immer kleinere Fehler erreicht[22]. Die *least mean square*-Fehlerfunktion ist ein Beispiel für eine nichtmonotone Fehlerfunktion. Die exponentiale Fehlerfunktion, die alternativ von MØLLER (1993) S.68 vorgeschlagen wurde, kommt dieser Forderung nach Monotonie sehr nahe. Sie ist asymptotisch monoton in den Grenzen bestimmter mit der Funktion verbundenen Parameter. Bei der exponentiellen Fehlerfunktion kontrollieren bestimmte Parameter den Grad der Monotonie der Fehlerfunktion.

$$E(w) = \frac{1}{2} \sum_p \sum_j e^{-\alpha\left(o_j^p - t_j^p + \beta\right)\left(t_j^p + \beta - o_j^p\right)}, \qquad (1.39)$$

---

[22] Auch bei einem Fehler von Null, ist das Problem der suboptimalen Lösungen nicht gelöst. Vielmehr existiert es in Form von lokalen Minima oder als flache Fehlerflächen.

1.2. ÜBERBLICK DER TRAININGSMETHODEN FÜR KNN

wobei α und β positive Parameter sind. Die Ableitung von Gleichung (1.39) lautet:

$$\frac{dE(w)}{do_j^p} = -\alpha \left(t_j^p - o_j^p \right) e^{-\alpha \left(o_j^p - t_j^p + \beta \right) \left(t_j^p + \beta - o_j^p \right)}. \tag{1.40}$$

Das globale Minimum in Gleichung (1.39) ist erreicht, wenn $t_j^p = o_j^p, \forall p, j$ gilt. β bestimmt das Band des akzeptablen Fehlers in den zu vermeidenden Bereichen der Fehlerfläche. Für ein kleines α ähnelt die Gleichung (1.40) der *least mean square*-Funktion. Aber je größer α wird, desto mehr werden die ungewollten Bereiche vermieden. Dies ergibt sich zwangsläufig, da ein großes α große partielle Ableitungen in den ungewollten Bereichen erzeugt, während in den anderen Bereichen die Ableitungen klein sind. Ein großer Wert für α veranlaßt also die Fehler sich in den Grenzen der bestraften Bereiche zu verteilen. Das führt zu einer gleichmäßigen Verteilung der Fehler. Im Grenzfall $\alpha \to \infty$ ist die exponentielle Fehlerfunktion monoton. Die Bestimmung der Größe von α ist nicht unproblematisch. Selbst wenn man für eine Trainingsmenge ein α findet, das die Monotonie gewährleistet, muß dieses α nicht hinreichend groß für das Problem sein. Andererseits verlangsamt ein zu großer Wert die Konvergenzgeschwindigkeit, weil die Pfadsuche zum Minimum Einschränkungen unterliegt.

Eine weitere alternative Fehlerfunktion präsentieren GORSE & SHEPARD (1993). Diese setzt jedoch eine spezielle Transformation der Outputwerte voraus. Bei dieser Transformation werden die Outputwerte zunächst komprimiert, um sie im nächsten Schritt wieder zu dekomprimieren. Dabei wird das Ziel verfolgt, die Unterschiede der Outputwerte stärker hervorzuheben. Dies soll dazu führen, daß die Zuordnung von Output- Inputpattern erleichtert und somit die Realisierung eines globalen Minimums erreicht wird. Die Methode funktioniert allerdings nur dann gut, wenn die Outputpattern sehr ähnlich sind. GORSE & SHEPARD (1993) wenden ihren Algorithmus deshalb auch nur auf das XOR-Problem an.

1.2.7 Differenzierung der Parameter neuronaler Netze

1.2.7.1 Allgemeine bzw. globale Parameter

KNN haben eine Vielzahl unterschiedlicher Parameter, die man nach deren Funktion einteilen kann [REFENES *et al.* (1993)]. Die Parameter, die die Topologie des Fehlergebirges festlegen, wie beispielsweise Netzwerkarchitektur, Fehlerfunktion, Aktivierungsfunktion kann man als primäre Netzwerkparameter bezeichnen. Sie bilden die erste Parameterklasse. Abbildung 1.5 zeigt ein Beispiel für das Fehlergebirge des XOR-Problems, das durch die Festlegung der Parameter der ersten Klasse entsteht. Die zweite Klasse wird von den sekundären Netzwerkparameter gebildet, die einen Punkt auf dem Fehlergebirge festlegen und das Bewegungsverhalten zum Optimum bestimmen. Eine wichtige Eigenschaft

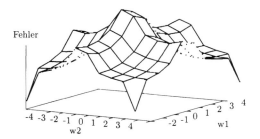

Abbildung 1.5: XOR-Fehlergebirge

von KNN ist die Verallgemeinerungsfähigkeit. Sie wird nicht allein durch die Festlegung der beschriebenen Parameter determiniert, denn eine Trainingsmenge kann durchaus eine Gewichtsmatrix hervorbringen, die auf die Testmenge angewandt nicht verallgemeinert werden kann. Die Fähigkeit eines Netzes, bei einer Trainingsmenge zu einem Minimum zu konvergieren, ist zwar eine notwendige aber keine hinreichende Bedingung für die Verallgemeinerungsfähigkeit. Nimmt man an, daß zu einem gegebenen Fehlergebirge eine eigene optimale Kombination von sekundären Parametern existiert, werden alle Probleme durch die Parameter der ersten Klasse bestimmt. Zu der erfüllten notwendigen Bedingung muß zusätzlich gelten, daß sich die Funktionsgebirgsflächen der Trainings- und der Testmenge gleichen. Jedoch ist dies wohl nicht immer gewährleistet. REFENES et al. (1993) sieht die Ursachen in den folgenden zwei Punkten:

1. Die Trainingsdaten sind teilweise verrauscht. Sind die primären Parameter optimal ausgewählt, wird dies dazu führen, daß die verrauschten Daten optimal approximiert werden. Die Verallgemeinerungsfähigkeit des Netzes wird dadurch geschwächt.

2. Eine leichte Interdependenzverschiebung von Input zu Outputdaten, wie es in ökonomischen Prozessen als typisch angesehen werden kann, verursacht ebenfalls unterschiedliche Funktionsgebirgsflächen.

Die Vielzahl der Parameter zeigt, daß KNN nicht, wie vielfach proklamiert wird, modellfrei sind. Obwohl sie keine a priori-Annahme über das zugrundeliegende Problem treffen müssen, wird mit der Bestimmung der primären Parameter bereits eine Untermenge U^* (Lösungsmenge) mit einer bestimmten Dimension spezifiziert. U^* ist eine Teil-

1.2. ÜBERBLICK DER TRAININGSMETHODEN FÜR KNN

menge der Obermenge U mit allen Lösungen aller Dimensionen. Alle Netzwerklösungen sind stets Lösungsuntermengen. Sie werden von zwei Komponenten bestimmt [REFENES et al. (1993) S. 5 ff.]:

1. **bias**: Verzerrung des Problems, die durch die Reduktion des gesamten Lösungsraums U auf U^* entsteht. Diese Verzerrung läßt sich, wenn auch nur bedingt, durch mehrfaches Ausprobieren primärer Netzwerkparameter vermindern.

2. **variance**: ergibt sich aus den Daten. Eine Datenmenge ist meist eine Untermenge des betrachteten Anwendungsbereichs. Diese Untermenge kann eine partielle Beschreibung der Input-Output-Beziehungen, aber auch eine Momentaufnahme ständig wechselnder Beziehungen sein. Im ersten Fall sollten die Basisdaten so umfangreich wie möglich sein. Im letzten Fall sollte man dagegen eine kleinere Datenmenge wählen. Für den Aktienmarkt trifft wohl eher die zweite Alternative zu.

1.2.7.2 Spezifische Parameter

Bisher wurden die neuronalen Lernarchitekturen hinsichtlich Funktionalität analysiert. Die Verwendung der jeweiligen Netzarchitekturen sind je nach Lernregel verschiedene Parameter einzustellen. Diese werden im folgenden, nach Lernregeln geordnet, beschrieben und können in ZELL et al. (1994) oder ZELL (1994) nachgeschlagen werden.

- **Backpropagation**

  Beim Backpropagation muß die Lernrate η angegeben werden, die die Schrittlänge im Gradientenabstiegsverfahren bestimmt. Typische Werte für η liegen zwischen $0.1 \ldots 1.0$.

  Die zweite zu bestimmende Größe ist d_{max}, die die Toleranz spezifiziert, mit der ein Output noch als richtig erkannt werden soll. Diese Größe bestimmt sich aus der Differenz von gewünschter und tatsächlicher Ausgabe für das jeweilige Muster, also:

  $$d_j = t_j - o_j.$$

  Sollen beispielsweise Ausgabewerte über 0.8 als 1 betrachtet werden und Werte unter 0.2 als 0, muß man d_{max} auf 0.2 setzen. Dieser Parameter trägt dazu bei, das *Overfitting*[23] zu vermeiden. Typische Größenordnungen für d_{max} sind 0.1 und 0.2.

  Bei Verwendung des Momentums ist zusätzlich der Parameter θ zu setzen, der das aktuelle Gewicht um einen Anteil der letzten Gewichtsanpassung beeinflußt. Dieser Wert wird zwischen $0 \ldots 1.0$ gewählt.

---

[23] Als Overfitting bezeichnet man die Überanpassung des Netzes an die Trainingsdaten.

Weiterhin kann zur Vermeidung von Leistungsreduktionen durch flache Täler (siehe Abschnitt 1.2.3.1) ein Parameter c gesetzt werden, der einen konstanten Wert darstellt und mit der Ableitung der Aktivierungsfunktion additiv verknüpft wird.

- **Quickprop**
  Analog zum Backpropagation muß auch beim Quickprop die Lernrate η bestimmt werden. Die Werte von η werden zwischen $0.1 \ldots 0.3$ gewählt. Der Parameter μ bestimmt die maximale Größe der Gewichtsänderung, die zur aktuellen Veränderung hinzuaddiert wird. Hierfür werden Werte zwischen $1.75 \ldots 2.25$ gewählt.

  Für das sog. *Weight Decay* ist der Parameter v erforderlich. Da Quickprop sehr sensitiv auf diesen Wert reagiert, sollte er nicht zu groß gewählt werden. Ein typischer Wert ist 0.0001.

  Auch hier kann der Parameter d_{max} gesetzt werden, dessen Funktion bereits beim Backpropagation erläutert wurde.

- **Rprop**
  Rprop erfordert die Einstellung zweier Parameter. Die erste Einstellung betrifft den Startwert aller $\triangle_{ij}$. Dieser ist standardmäßig auf 0.1 gesetzt. Unmittelbar mit $\triangle_{ij}$ verbunden, ist der Parameter $delta_{max}$, der die Obergrenze von $\triangle_{ij}$ bildet.

- **Cascade Correlation**
  Bei diesem Verfahren handelt es sich nicht um eine eigenständige Lernregel, sondern um ein Metaalgorithmus, der auf die bisher beschriebenen Lernregeln zugreift. Da die Parameter dieser Lernregeln bereits aufgezeigt worden sind, werden hier nur die Ergänzungen nachgetragen. Eine Lernregel, auf die Cascade Correlation zugreift, ist Backpropagation. Hierbei ist neben der Lernrate für das Backpropagation eine weitere Lernrate zu ergänzen. Sie spezifiziert die Schrittbreite in Gradientenrichtung für die Maximierung der Kovarianz. Bei Verwendung des Rprop mit Cascade Correlation sind Parameter zu bestimmen, die zum einen den Netzfehler und zum anderen den Wert der Kovarianz optimieren.

  1. Optimierung des Netzfehlers

     η_{minus}^1 bzw. η_{plus}^1 spezifizieren den Faktor, um den der aktualisierte Wert $\triangle_{ij}$ vermindert bzw. erhöht wird, um den Netzfehler zu minimieren. Typischer Wert für η_{minus}^1 ist 0.5 und für η_{plus}^1 1.2.

  2. Optimierung der Kovarianz

     η_{minus}^2 bzw. η_{plus}^2 spezifizieren den Faktor, um den der aktualisierte Wert $\triangle_{ij}$ vermindert bzw. erhöht wird, um die Kovarianz zu maximieren. Typischer Wert

1.3. VERALLGEMEINERUNGSFÄHIGKEIT

für η^2_{minus} ist 0.5 und für η^2_{plus} 1.2. Zu beachten ist, daß die folgende Bedingung nicht verletzt wird:

$$0 < \eta^i_{minus} < 1 < \eta^i_{plus} \quad \text{für} \quad i = 1, 2$$

Für die Verwendung von Quickprop im Cascade Correlation ist der Lernparameter, der für die Minimierung des Netzfehlers bestimmt werden muß, η_1 und hat den Wert 0.0001. Analog zur Verwendung des reinen Quickprop läßt sich ein Momentum angeben, das in der Regel mit 2.0 gesetzt wird. Für das Weight Decay sollte hier $v \leq 0.0001$ gelten. Mit dem Parameter μ_2 läßt sich die maximale Zunahme des Momentums bestimmen, die in der Regel mit 2.0 festgelegt wird.

1.3 Verallgemeinerungsfähigkeit

Ein KNN kann als eine Funktion aufgefaßt werden, die bestimmte Eingabewerte auf bestimmte Ausgabewerte abbildet. Die Problemlösung liegt darin, jene Funktion zu finden, die eine gewünschte mathematische Abbildung am besten beschreibt. Zur Ermittlung dieser Funktion gibt es eine Reihe von Parametern, die eingestellt werden können. Die wichtigsten unter ihnen sind die Netzgewichte. Sie sind es, die während der Lernphase verändert werden und durch ihre Anpassung die optimale Funktion ermitteln. In der praktischen Anwendung von KNN reicht es jedoch nicht aus, eine Funktion zu finden, die die Trainingsausgabewerte den Trainingseingabewerten zuordnet. In praxi ist man auch daran interessiert, für unbekannte Eingabewerte eine Ausgabe zu generieren. Dies entspricht der Interpolation der Eingabewerte und dient in der Regel als Prognose. Von einem Netz wird also auch erwartet, daß es verallgemeinerungsfähig ist. Es soll in der Lage sein, das durch Training erworbene Wissen auf unbekannte Daten anzuwenden.

Die genaue Abbildung von Output- zu Input-Werten und die Verallgemeinerungsfähigkeit eines Netzes sind jedoch konträre Ziele. Ziel der vorliegenden Arbeit ist es zu untersuchen, inwieweit sich diese Ziele für den Kapitalmarkt erreichen lassen. Die Abbildung (1.6) zeigt graphisch die Zielkonflikte zwischen Minimierung des Trainingsfehlers und Maximierung der Interpolationsfähigkeit. Die Punkte stellen die Trainingsmenge dar. Es wird die Funktion gesucht, die die Zuordnung von Output- zu Input-Werten berechnen kann.

Die lineare Funktion $g(x)$ in Abbildung (1.6) ist eine gute Annäherung für die Ein-und Ausgabepaare. Durch Eingabe von Werten, die nicht zur Trainingsmenge gehören, kann eine Interpolation erzeugt werden. Die Funktion f(x) hingegen beschreibt die Trainingspaare exakt.

Eine Interpolation nach $f(x)$ wird nicht die gewünschten Resultate hinsichtlich einer Prognose liefern. Die lineare Funktion hingegen wird sicherlich mit besseren Ergebnissen

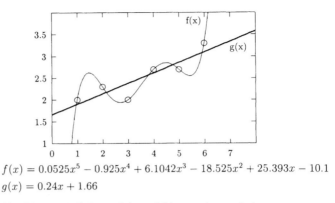

$f(x) = 0.0525x^5 - 0.925x^4 + 6.1042x^3 - 18.525x^2 + 25.393x - 10.1$
$g(x) = 0.24x + 1.66$

Abbildung 1.6: Polynomiale und Lineare Approximierung

aufwarten, wenn die Trainingsdaten experimentell ermittelte Punkte oder verrauschte ökonomische Größen sind. Wie exakt das Netz eine Funktion bestimmen soll, läßt sich durch die Anzahl der Freiheitsgrade (Gewichte) bestimmen. Eine große Anzahl von Freiheitsgraden erhöht die Plastizität des Netzes, aber gleichzeitig ist damit die Vergrößerung des Interpolationsfehlers verbunden. Mit der Bestimmung der optimalen Parameteranzahl wird sich ein eigenes Kapitel befassen und somit hier nicht weiter betrachtet.

Die bisherigen Ausführungen und Erkenntnisse sind keineswegs neu. So kennt man die beschriebenen Zielkonflikte besonders bei statistischen Methoden, die eine Abbildung von Ein- und Ausgabewerte beschreiben sollen. Die Verallgemeinerungsfähigkeit läßt sich mit Hilfe des *Prediction Risk* objektiv messen. Darunter versteht man die erwartete Performance eines Schätzers für neue Beobachtungen.

Sei **B** eine Menge von Beobachtungen mit $\{(\vec{x_j}, o_j); j = 1 \ldots N\}$, wobei $\vec{x_j}$ den Vektor mit den Eingangswerten darstellt, und o_j der jeweilige Ausgangswert ist. Weiterhin wird angenommen, daß die Ausgabewerte durch folgende Gleichung generiert werden:

$$o_j = \mu(x_j) + \epsilon_j,$$

wobei $\mu(x)$ eine unbekannte Funktion ist. x_j sind die Eingangswerte, die unabhängig gezogen werden und deren Wahrscheinlichkeitsdichtefunktion $p(x)$ ist. ϵ_j sind unabhängige Zufallsvariablen mit Mittelwert Null $\bar{\epsilon} = 0$ und einer Varianz von σ_ϵ^2. Der Lernvorgang besteht nun darin, bei gegebener Menge **B** einen Schätzer $\hat{\mu}_\lambda(x; D)$ für $\mu(x)$ aus einer Klasse von Modellen λ zu finden. Für λ gilt: $\lambda \in \Lambda = (S, A, W)$, wobei $S \subset X$ und X die Menge aller erhältlichen Eingangswerte ist. A ist eine Architektur und W stellt die veränderlichen Gewichte dar. Der Prediction Risk $P(\lambda)$ ist ein Maß für die Güte eines KNN, das mit unbekannten Daten konfrontiert wird. Formal läßt sich das wie folgt

1.3. VERALLGEMEINERUNGSFÄHIGKEIT

darstellen:

$$p(\lambda) = \int dx \; p(x) \left[\mu(x) - \hat{\mu}(x)\right]^2 + \sigma_\epsilon^2.$$

Bei Verwendung einer endlichen Testmenge läßt sich approximativ schreiben:

$$p(\lambda) \approx E\left\{\frac{1}{N}\sum_{j=1}^{N}\left(t_j^* - \hat{\mu}_\lambda\left(x_j^*\right)\right)^2\right\},$$

wobei der Subindex * die neuen Beobachtungen kennzeichnet. $P(\lambda)$ eignet sich somit als Maß für die Verallgemeinerungsfähigkeit eines KNN. Das Ziel ist es, eine Architektur λ aus dem Modellraum Λ zu finden, die einen Schätzer für das Prediction Risk minimiert.

1.3.1 Schätzer für das Prediction Risk

Wie aus dem letzten Abschnitt deutlich geworden ist, läßt sich P_λ nicht exakt berechnen, weil man stets endliche Trainingsmengen (Datenmaterial) hat. Deshalb muß P_λ geschätzt werden. Die Möglichkeiten, die dafür zur Verfügung stehen, werden in den folgenden Abschnitten beschrieben. Zur objektiveren Beurteilung sollte jedoch auf folgendes hingewiesen werden: Die Fehlerfunktionen von KNN haben in der Regel [24] mehrere lokale Minima. Jedes Minimum stellt einen Schätzer dar. Die folgenden Verfahren sind unter der Annahme zu verstehen, daß bereits ein optimales Minimum erreicht wurde und nur dieses betrachtet wird. Weiterhin spielt die Modellvarianz eine nicht zu unterschätzende Rolle bei den Betrachtungen der folgenden Abschnitte. Als Modellvarianz werden die Variationen der Fehlerfunktion und deren Minima bezeichnet, die aus der Verwendung unterschiedlicher Daten entstehen. Konkret heißt dies, daß unterschiedliche Trainingsmengen auch unterschiedliche Fehlerfunktionen erzeugen und somit die Modellvarianz auch zunimmt.

1.3.1.1 Test-Set Validation

Die wohl einfachste Art P_λ zu schätzen besteht darin, die zur Verfügung stehenden Daten in eine Trainings- und Testmenge zu teilen. Die Trainingsmenge wird ausschließlich dazu benutzt, das Netzwerk zu trainieren, während mit der zweiten Datenmenge P_λ geschätzt wird. Der Nachteil bei diesem Verfahren besteht darin, daß nicht alle Daten für das Lernen eines Problems verwendet werden können. Damit scheidet diese Variante immer dann aus, wenn die zur Verfügung stehende Datenmenge zu klein ist. Aber auch bei einer großen Datenmenge kann eine Reduktion der Lerndaten eine Verschlechterung der Ergebnisse bedeuten[25].

---
[24] Die Anzahl der lokalen Minima ist problemabhängig. Bei einfachen Problemen ist auch ein einziges lokales Minimum möglich.

[25] Eine Reduktion der Trainingsmenge impliziert auch die Zunahme der Modellvarianz.

1.3.1.2 Cross-Validation

Eine Möglichkeit P_λ zu schätzen bietet das *Cross-Validation* (CV). Mit diesem Verfahren wird das vorhandene Datenmaterial sehr effizient ausgenutzt, und es werden nur minimale statische Anforderungen an das Zahlenmaterial gestellt. Das CV geht auf Arbeiten von MOSTELLER & TUKEY (1968) zurück und wird in EUBANK (1988) beschrieben.
Sei $\hat{\mu}_\lambda(x)$ ein Schätzer, der mit allen N-Pattern trainiert wurde und $\hat{\mu}_{\lambda_{(j)}}(x)$ ein Schätzer, der mit allen Beobachtungen trainiert wurde außer (x_j, t_j), so daß $\hat{\mu}_{\lambda_{(j)}}(x)$ die Gleichung

$$ASE_j = \frac{1}{(N-1)} \sum_{k \neq j} \left(t_k - \hat{\mu}_{\lambda_{(j)}}(x_k)\right)^2 \qquad (1.41)$$

minimiert. Die j-te ausgelassene Beobachtung läßt sich für $\hat{\mu}_{\lambda_{(j)}}(x)$ als Trainingsmenge nutzen. Ein unverzerrter Schätzer für $P(\lambda)$ über alle N vorhandenen $\hat{\mu}_\lambda(x)$ ergibt sich aus dem mittleren quadratischen Fehler

$$CV(\lambda) = \frac{1}{N} \sum_{j=1}^{N} \left(t_j - \hat{\mu}_{\lambda_{(j)}}(x_j)\right)^2. \qquad (1.42)$$

Diese Variante des CV wird auch als *leave-one-out* Cross Validation bezeichnet. Man kann sich leicht vorstellen, daß die Ermittlung von $CV(\lambda)$ aus Gleichung (1.42) sehr viel Rechenzeit erfordert. Deshalb haben GEISSER (1975) und WAHBA & WOLD (1975) eine andere Alternative für $CV(\lambda)$ vorgeschlagen, das *v-fold* Cross Validation. Bei diesem Verfahren wird nicht nur ein Pattern, sondern eine Menge von Pattern ausgelassen. Dafür wird die Datenmenge D in v zufällig ausgewählten, disjunkten, etwa gleichgroßen Untermengen D_j aufgeteilt. Dabei gilt $\bigcup_{j=1}^{v} D_j = D$ und $\forall_i \neq j, \; D_i \cap D_j = \emptyset$ Sei N_j die Anzahl der Beobachtungen in der Teilmenge D_j, und sei weiterhin $\hat{\mu}_{\lambda_{(D_j)}}(x)$ ein Schätzer, der auf allen Daten mit Ausnahme von $(x,t) \in D_j$ trainiert wurde. Dann ergibt sich der mittlere quadratische Fehler für die Untermenge j aus

$$CV_{D_j}(\lambda) = \frac{1}{N_j} \sum_{(x_k, t_k) \in D_j} \left(t_k - \hat{\mu}_{\lambda_{(D_j)}}(x_k)\right)^2. \qquad (1.43)$$

Daraus wird der Mittelwert über j gebildet, um den v-fold Schätzer

$$CV(\lambda) = \frac{1}{v} \sum_{j} CV_{D_j}(\lambda) \qquad (1.44)$$

zu erhalten. Typische Größen für v sind 5 und 10. Beim Leave-One-Out Cross Validation gilt $v = N$. CV ist ein nichtparametrischer Schätzer, der nur auf den vorhandenen Daten basiert.

Bei der späteren empirischen Untersuchung kann auf eine relativ große Datenmenge zurückgegriffen werden, so daß P_λ durch ein *Test-Validation-Set* ermittelt werden kann. Darüber hinaus kann noch zusätzlich auf eine weitere Datenmenge zugegriffen werden, um den Erfolg des KNN-Modells zu testen.

1.4 KNN als mehrfache lineare Regression

In diesem Kapitel werden KNN einer theoretischen Analyse unterzogen. Diese soll Aufschluß darüber geben, inwieweit sich KNN von bisherigen Methoden, die in der Zeitreihenanalyse eingesetzt werden, unterscheiden. Als Ausprägung eines KNN wird das Backpropagation-Netz betrachtet.

Atomisiert man ein KNN, so läßt sich zeigen, daß es sich dabei um eine statistische Methode der Funktionsanpassung handelt.

Die kleinste Einheit eines Netzes ist das Neuron. Diese Berechnungseinheit läßt sich in zwei Teile zerlegen. Der erste Teil besteht aus einem linearen Assoziator, einem Modul, das ausschließlich das Skalarprodukt von Eingabe- und Gewichtsvektor berechnet. Der nachgeschaltete zweite Teil verwendet das Skalar zur Berechnung der Sigmoiden. Zunächst soll davon ausgegangen werden, daß sowohl die Aktivierungs- als auch die Ausgabefunktion Identitätsfunktionen sind. Die Ausgabefunktion eines n-dimensionalen linearen Assoziators beschreibt dann eine Hyperebene in einem $n+1$-dimensionalen Raum. Das Kernproblem des linearen Assoziators ist es, die Ausgabewerte einer Trainingsmenge möglichst exakt zu reproduzieren. Anders ausgedrückt: es muß eine Hyperebene gefunden werden, die den Abstand (Fehler) zu den Projektionen auf die Ebene minimiert. Dieses Problem kann durch einen Backpropagation-Algorithmus gelöst werden.

Die Menge $M = \{(\mathbf{e}^1, a_1), (\mathbf{e}^2, a_2), \ldots, (\mathbf{e}^m, a_m)\}$ beschreibt die Trainingsmenge eines linearen Assoziators mit n Input-Werte. Dabei sind $\mathbf{e}^j$ $(j = 1, \ldots, m)$ n-dimensionale Eingabevektoren und $a_j (j = 1 \ldots m)$ reelle Werte. Der Backpropagation-Algorithmus soll die n reellen Gewichte w_j $(j = 1 \ldots n)$ ermitteln, die den folgenden quadratischen Fehler berechnen:

$$E = \frac{1}{2}(a_1 - \sum_{j=1}^{n} w_j e_j^1)^2 + \frac{1}{2}(a_2 - \sum_{j=1}^{n} w_j e_j^2)^2 + \ldots + \frac{1}{2}(a_m - \sum_{j=1}^{n} w_j e_j^n)^2$$

oder einfacher

$$E = \frac{1}{2}\sum_{k=1}^{m}(a_k - \sum_{j=1}^{n} w_j e_j^n)^2 \qquad (1.45)$$

Um die Fehlerfunktion zu minimieren, ist der Gradient $\vec{\nabla}E = (\frac{\partial E}{\partial w_j})$ mit $j = 1 \ldots n$ gleich Null zu setzen. Die Stelle, an der $\vec{\nabla}E = \mathbf{0}$ ist, läßt sich mit dem Gradientenabstiegsverfahren ermitteln.

An dieser Stelle ist es angebracht, die gleiche Problematik mit konventionellen Methoden zu betrachten. Das Problem der Bestimmung optimaler Gewichte für eine Trainingsmenge von Ein- und Ausgabepaaren ist bekannt. In der Statistik verwendet man für die Problemlösung die mehrfache lineare Regression. Gegeben sei eine Menge $X = \{\mathbf{x}^1, \mathbf{x}^2, \ldots, \mathbf{x}^m\}$ n-dimensionaler Eingabevektoren und eine Menge $Y = \{\mathbf{y}^1, \mathbf{y}^2, \ldots, \mathbf{y}^m\}$ von dazugehörigen skalaren Werten. Gesucht sind die Parameter $\beta_0, \beta_1, \ldots, \beta_n$, die die folgende Gleichung bestimmen:

$$y_i = \beta_0 + \beta_1 x_1^i + \beta_2 x_2^i + \ldots + \beta_n x_n^i + \epsilon_i. \tag{1.46}$$

Die Parameter müssen so gewählt werden, daß die Summe der quadratischen Fehler $\sum_{i=1}^{n} \epsilon_i^2$ minimiert wird. Formal läßt sich das Problem wie folgt darstellen: Sei $\mathbf{X}$ die folgende $m\mathrm{x}(n+1)$-Matrix

$$X = \begin{bmatrix} 1 & x_1^1 & \cdots & x_n^1 \\ 1 & x_1^2 & \cdots & x_n^2 \\ \vdots & \vdots & \ddots & \vdots \\ 1 & x_1^m & \cdots & x_n^m \end{bmatrix}$$

und seien $\mathbf{y}$, $\mathbf{b}$ und ϵ die folgenden Spaltenvektoren

$$\mathbf{y} = \begin{pmatrix} y_1 \\ y_2 \\ \vdots \\ y_m \end{pmatrix} \qquad \mathbf{b} = \begin{pmatrix} \beta_0 \\ \beta_1 \\ \vdots \\ \beta_n \end{pmatrix} \qquad \epsilon = \begin{pmatrix} \epsilon_1 \\ \epsilon_2 \\ \vdots \\ \epsilon_m \end{pmatrix}.$$

Für die Gleichung

$$\mathbf{y} = \mathbf{Xb} + \epsilon$$

wird der Vektor $\mathbf{b}$ gesucht, unter der Maßgabe, daß die Norm des Vektors ϵ minimal ist. Dies ist gewährleistet, wenn man

$$\|\epsilon\|^2 = (\mathbf{y} - \mathbf{Xb})^T (\mathbf{y} - \mathbf{Xb})$$

minimiert. Für das Minimum dieser Funktion gilt

$$\frac{\partial}{\partial \mathbf{b}} (\mathbf{y} - \mathbf{Xb})^T (\mathbf{y} - \mathbf{Xb}) = -2\mathbf{X}^T \mathbf{y} + 2\mathbf{X}^T \mathbf{Xb} = 0.$$

Daraus folgt

$$\mathbf{X}^T \mathbf{Xb} = \mathbf{X}^T \mathbf{y}.$$

Unter der Voraussetzung, daß die Matrix $\mathbf{X}^T \mathbf{X}$ invertierbar ist, bildet die Gleichung

$$\mathbf{b} = (\mathbf{X}^T \mathbf{X})^{-1} \mathbf{X}^T \mathbf{y}$$

die Lösung des Problems. Für den Fall des linearen Assoziators bedeutet das, daß der Backpropagation-Algorithmus und die lineare Regression identisch sind.

Charakteristisch für Backpropagation ist die Verwendung von Sigmoiden als Aktivierungsfunktion, so daß die bisherigen Ausführungen weiter ergänzt werden müssen. Nun sei die Ausgabefunktion die Sigmoide. Die zentrale Frage ist nun, wie die Veränderung der

1.4. KNN ALS MEHRFACHE LINEARE REGRESSION

Ausgabefunktion die Eigenschaft des linearen Assoziators beeinflußt. Selbstverständlich bewirkt auch die Nachschaltung der Sigmoiden an die Aktivierungsfunktion eine optimale Anpassung der neuen Ausgabefunktion an die Punkte der Trainingsmenge. Die folgenden Ausführungen werden zeigen, daß das Backpropagation einer gewichteten linearen Regression entspricht.

Betrachtet man die Trainingsmenge $T = \{(\mathbf{e}^1, a_1), (\mathbf{e}^2, a_2), \ldots, (\mathbf{e}^m, a_m)\}$ von Ein- und Ausgabepaaren für ein einzelnes n-dimensionales Neuron, so sind die Gewichte $w_1, w_2, \ldots, w_n$ gesucht, die den Ausgabefehler minimieren, d.h.

$$a_k = \frac{1}{1 + e^{-\sum_{i=1}^{n} w_i e_i^\kappa}} \quad (1.47)$$

$$k = 1, 2, \ldots, m$$

Dieses Problem bezeichnet man in der Statistik als logistische Regression. Das Gleichungssystem in Gleichung (1.47) entspricht einer nichtlinearen Regression, da die gesuchten Gewichte in einem nichtlinearen Verhältnis zur Ausgabe stehen. Es soll nun folgende Annahme gelten:

Annahme 1.1 *Die Ausgabewerte a_k liegen im Intervall $(0, 1)$.*

Durch die Annahme 1.1 wandelt sich die Gleichung (1.47) in eine lineare Regression. Dann gilt

$$e^{-\sum_{i=1}^{n} w_i e_i^k} = \frac{1}{a_k} - 1, \quad k = 1, 2, \ldots, m. \quad (1.48)$$

Durch Logarithmierung erhält man

$$\sum_{i=1}^{n} w_i e_i^k = -ln\left(\frac{1 - a_k}{a_k}\right) = ln\left(\frac{a_k}{1 - a_k}\right) \quad k = 1, 2, \ldots, m, \quad (1.49)$$

und berücksichtigt man, daß eine exakte Abbildung der Ausgabewerte im allgemeinen nicht möglich ist, gilt

$$\sum_{i=1}^{n} w_i e_i^k = ln\left(\frac{a_k}{1 - a_k}\right) + \epsilon_k \quad k = 1, 2, \ldots, m. \quad (1.50)$$

Wird die Summe der quadratischen Fehler über alle Pattern minimiert, also

$$E = \sum_{k=1}^{m} \epsilon_k^2 \to min!$$

dann erhält man eine lineare Regression mit transformierten Ausgabewerten. Wichtig ist dabei zu berücksichtigen, daß der Berechnungsfehler für die transformierten und nicht für die originalen Ausgabewerte bestimmt wird. Dies wird mit Gleichung (1.50) gezeigt.

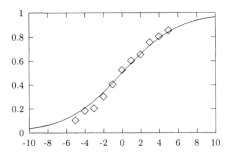

Abbildung 1.7: Anpassung der Sigmoiden an Trainingspunkte

In Abbildung 1.7 wird eine Sigmoide optimal an die Trainingspunkte einer Datenmenge angepaßt. Durch die Logit-Transformation und der Annahme 1.1 ändert sich das Problem in eine lineare Regression im transformierten Raum, siehe Abbildung 1.8. Betrachtet man diesen transformierten Raum, stellt man fest, daß die Sigmoide die Trainingspunkte nicht so gut annähert wie die Regression. Die im ursprünglichen Raum angepaßte Sigmoide ist im transformierten Raum deshalb schlechter angepaßt, weil die Logit-Transformation den Fehler der Sigmoiden in der Nähe von 0 und 1 vergrößert. Im mittleren Bereich hingegen ist die Änderung nicht gravierend. Die Logit-Transformation nimmt also eine Gewichtung im urprünglichen Raum vor. Um nun zum Backpropagation zurückzukehren, wird die Annahme 1.1 aufgegeben. Auch dann wird beim Backpropagation eine Art Regression durchgeführt, aber die Gewichtung der Punkte in der Trainingsmenge wird anders vorgenommen. Ausgehend von Gleichung (1.47) errechnet sich der quadratische Fehler ϵ_k^2 für die Ausgabe a_k als

$$\epsilon_k^2 = \left(a_k - \frac{1}{1 + e^{-\sum_{i=1}^{n} w_i e_i^k}} \right)^2.$$

Während im ursprünglichen Raum alle Fehler gleich viel zählen, wird im transformierten Raum eine Gewichtung vorgenommen. Durch die Verwendung der Logit-Transformation wird das Problem linearisiert, und die Berechnungsfehler an den Rändern des betrachteten Bereiches werden vergrößert. Um mit einer Regression die optimale Anpassungslinie zu finden, müssen nun die Fehler ϵ_k' im transformierten Raum gewichtet werden. Seien $\lambda_1, \lambda_2, \ldots, \lambda_m$ Konstanten, so daß $\epsilon_k' = \lambda_k \epsilon_k$ und seien alle λ_k mit $k = 1, 2, \ldots, m$ bekannt, dann könnte man durch eine gewichtete lineare Regression die Lösung des Pro-

1.4. KNN ALS MEHRFACHE LINEARE REGRESSION

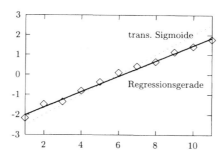

Abbildung 1.8: Sigmoide im transformierten Raum

blems im ursprünglichen Raum finden mit

$$E' = \sum_{k=1}^{m}(\lambda_k \epsilon_k)^2$$

und nicht mehr mit Gleichung (1.4). Da in Wirklichkeit die Gewichte λ_k mit $k = 1, 2, \ldots, m$ nicht bekannt sind, wird das Problem im ursprünglichen Raum iterativ gelöst.

Der Backpropagation Algorithmus ist bei Betrachtung eines einzelnen Neurons im Grunde eine gewichtete lineare Regression, wobei das Problem im ursprünglichen Raum iterativ gelöst wird. Die bisherigen Betrachtungen der Funktionsanpassungen beschränkten sich auf ein einzelnes Neuron. Bei mehrschichtigen Netzen verändert sich natürlich auch das Regressionsverfahren.

Es muß nun eruiert werden, inwieweit die bisherigen Erkenntnisse für mehrschichtige Netze Gültigkeit besitzen. Dazu soll ein dreischichtiges KNN modelliert werden. Dieses KNN besteht aus einer Eingabe-, einer verborgenen und einer Ausgabeschicht. Das Netz soll m Eingabevektoren $\mathbf{x}^1, \mathbf{x}^2, \ldots, \mathbf{x}^m$ der Dimension n in m k-dimensionale Ausgabevektoren $\mathbf{y}^1, \mathbf{y}^2, \ldots, \mathbf{y}^m$ abbilden. Zunächst sei angenommen, daß die einzelnen Neuronen lineare Assoziatoren und vollkommen verbunden sind. Ein solches Netz besteht aus zwei Netzgewichtsmatrizen. Die erste Matrix $\mathbf{W}^1$ verbindet die Eingabeschicht mit der verdeckten Schicht. Die Elemente w_{ij}^1 dieser Matrix sind die Gewichte der Kanten zwischen den Knoten (Eingangsneuronen) i und dem Neuron j. Die zweite Matrix $\mathbf{W}^2$ ist das Bindeglied zwischen verdeckter Schicht und der Ausgabeschicht. Hier sind die Elemente w_{ij}^2 die Gewichte der Kante zwischen den verdeckten Neuronen i und dem Ausgangsneuron j. Für die Eingabe $\mathbf{x}$ liefert die verdeckte Schicht den Ausgabevektor $\mathbf{xW}^1$, und die Ausgabe des gesamten Netzes ist $\mathbf{xW}^1\mathbf{W}^2$. Unter der getroffenen Annahme, daß alle Neuronen lineare Assoziatoren sind, ist die verdeckte Schicht in diesem Modell überflüssig. Denn $\mathbf{W}^1\mathbf{W}^2$ bildet die Vernetzungsmatrix $\mathbf{W}^N$, die aus Eingangs- und Ausgangsneuronen besteht. Somit ließe sich die Gesamtausgabe des Netzes auch aus $\mathbf{xW}^N$ berechnen[26].

KNN zeichnen sich durch Nichtlinearität der Aktivierungsfunktion in der verborgenen Schicht aus. Deshalb soll nun die Annahme des linearen Assoziators aufgegeben werden. Es wird angenommen, daß die verborgene Schicht aus l Neuronen besteht, die die Sigmoide als Aktivierungsfunktion verwenden. Die Eingabevektoren werden dann mit der gegebenen W^1-Matrix in m l-dimensionale Vektoren $z^1, z^2, \ldots, z^m$ abgebildet. Sind die Neuronen in der Ausgangsschicht lineare Assoziatoren, dann wird die Matrix W^2 gesucht, die die folgende Gleichung löst:

$$y^i = z^i W^2 \quad , i = 1, 2, \ldots, m,$$

oder in Matrixschreibweise

$$Y = ZW^2.$$

$\mathbf{W}^2$ ist die Matrix, die die Matrix $\mathbf{Z}$ in $\mathbf{Y}$ abbildet. Eine solche Aufgabe läßt sich mit Hilfe der Pseudoinverse lösen. Während die inverse X^{-1} einer Matrix X die Matrixgleichung $WX - Y = 0$ löst, minimiert die Pseudoinverse die Differenz $WX - Y$. Im Fall der Aufgabe $WX - Y = 0$ existiert die Inverse nur dann, wenn es eine eindeutige Lösung für W gibt, so daß $W = YX^{-1}$ gilt. Die Pseudoinverse hingegen ermittelt mindestens eine Lösung. Falls mehr als eine Lösung existiert, ermittelt sie diejenige mit der kleinstmöglichen Quadratsumme aller Matrixelemente. Während die gewöhnliche Inverse nur für quadratische, nichtsinguläre Matrizen definiert ist, existiert die Pseudoinverse für alle Matrizen also auch für rechteckige Matrizen[27]. Existiert die Pseudoinverse Z^+ der Matrix Z, dann ist diese Gleichung lösbar. Voraussetzung für die Pseudoinverse ist allerdings, daß die m Vektoren $z^i (i = 1, 2, \ldots, m)$ linear unabhängig sind. Die gesuchte Matrix ergibt sich aus der Gleichung [POSTON et al. (1991)]

$$W^2 = Z^+ Y$$

Zusammenfassend kann man sagen, daß sich ein KNN zwischen der Eingabeschicht und der verdeckten Schicht als Assoziativspeicher verhält. Von der verdeckten - zur Ausgabeschicht wird für die Trainingsdaten eine mehrfache lineare Regression durchgeführt. Charakteristisch für das Backpropagation ist nun, daß die Gewichte zwischen den Schichten, also die Matrizen $\mathbf{W}^1$ und $\mathbf{W}^2$, parallel bestimmt werden.

---

[26]Oft ist in der Literatur zu lesen, daß zweischichtige Netze bessere Ergebnisse erzielen als drei-schichtige Netze. Sollte dies zutreffen, ist für die Problemlösung der Einsatz eines KNN nicht erforderlich, siehe GRINO (1992).

[27]Es ist klar, daß, wenn die gewöhnliche Inverse definiert ist, diese identisch mit der Pseudoinversen ist.

1.5 Kritik an KNN

Obwohl sich KNN an dem biologische Vorbild der Nervenzellen orientieren, wird von Forschern aus den Biowissenschaften zu recht kritisiert, daß KNN relativ wenig mit diesem zu tun haben. Die Art und Weise der Modellierung läßt die folgenden Kritikpunkte aufkommen:

1. Die Anzahl der Neuronen und Konnektivität kommt nicht einmal annähernd an die des biologischen Vorbilds heran. Den 10^{10} Neuronen im menschlichen Gehirn stehen 10^2 bis 10^4 Neuronen in den meisten Simulatoren gegenüber. Hier wird sehr schnell deutlich, wie weit man von der Natur entfernt ist.
   Damit unmittelbar verbunden ist die Anzahl der Verbindungen zwischen den Neuronen. Die Konnektivität von ca. 10^4 Synapsen pro Neuron bei Säugetieren wird bei KNN nicht einmal für das gesamte Netz erreicht. Zudem wäre eine zu hohe Zahl von Verbindungen bereits wegen des zu hohen Zeitaufwands beim Lernen nicht empfehlenswert.

2. Für die Stärke der synaptischen Kopplung wird nur ein einziger Parameter verwendet. Zeitliche Aspekte spielen keine Rolle. Die Zeit wird nicht modelliert. Dabei können Reize zu verschiedenen Zeitpunkten durchaus verschiedene Bedeutungen bzw. Stärken haben.

3. Die verwendeten Lernregeln sind biologisch unplausibel und basieren lediglich auf mathematischen Überlegungen. Das liegt daran, daß man die Lernvorgänge auch beim biologischen Vorbild nicht kennt.

Teilweise lassen sich zwar die aufgeführten Kritikpunkte durch adäquatere Simulationsmodelle entkräften. Dies geht jedoch mit einer massiven Erhöhung der Simulationsanforderungen einher. Es ist daher fraglich, ob sich dieser Aufwand lohnt, da man auch mit biologiefernen KNN viele technische Fragestellungen sehr gut lösen kann. Ob dies für die Anwendungen auf dem Kapitalmarkt gilt, ist noch offen und soll in der vorliegenden Arbeit untersucht werden.

Ein nicht zu unterschätzender Nachteil ist zweifelsohne die hohe Parameterzahl, die KNN verwenden[28]. Einige müssen bereits beim Netzwerkdesign festgelegt werden. Es kann aber bereits an dieser Stelle vorweggenommen werden, daß bei der Anwendung von KNN auf bestimmte Probleme die Anzahl der Parameter sogar weiter zunimmt. Das Ausmaß der Zunahme hängt in entscheidendem Maße von dem Problem selbst ab.

---

[28] siehe Abschnitt 1.2.7

1.6 Zusammenfassung

Die Ausführungen in diesem Kapitel haben gezeigt, daß man KNN sehr differenziert betrachten muß, weil es nicht nur eine Ausprägung von KNN gibt. Bei gleicher Architektur lassen sich bereits nur durch Variation der Lernregeln neue KNN konzipieren, die sich in ihren Eigenschaften stark unterscheiden. Es ist davon auszugehen, daß nicht alle Lernregeln gleich leistungsfähig sind. Es wird ein Ziel der vorliegenden Arbeit sein, die optimalen Lernregeln für ein gegebenes Problem zu ermitteln.

Die Vielfalt der KNN, die aus der Vielzahl der Parameter resultiert, läßt sich nicht a priori eingrenzen. Der Entwurf und die Entwicklung eines KNN-Modells läßt sich vorwiegend durch experimentieren ermitteln. Eine Ausnahme machen konstruktive Verfahren wie das Cascade Correlation, das den Experimentator bezüglich des Netzwerkdesigns entlastet und selbständig seine Netzstruktur bestimmt. Diese Verfahren sind jedoch in der Minderzahl. So bleibt es zunächst offen, wie das optimale KNN aussieht. Zudem hängt die Struktur im wesentlichen vom Problem ab. Deshalb ist das einmal entworfene Netzwerkdesign stets problemspezifisch zu betrachten und nicht allgemeingültig.

Trotz der begründeten Kritik an KNN ist es durchaus verlockend, ihre Tauglichkeit auf dem Kapitalmarkt zu testen. KNN finden bereits auf vielen Gebieten Verwendung. Eine Sammlung der Einsatzgebiete von KNN findet man in BERNS & KOLB (1994), SCHÖNEBURG (1993) aber auch in ZELL (1994), S. 394 ff.. Eine Aufzählung von Anwendungen auf dem Finanzsektor findet man in GATELY (1996). Dem Verfasser ist keine größere empirische Studie bekannt, die sich mit dem Einsatz von KNN auf dem Finanz- oder Kapitalmarkt beschäftigt. Ihr Einsatz bietet sich für die

- Vorhersage zukünftiger Kursverläufe,
- die Prognose von Trends und
- die Auswahl von Handelsstrategien

an. Bezüglich der vorgestellten Lernregel kann a priori nicht beurteilt werden, welche sich für der Einsatz auf dem Kapitalmarkt eignet. Zwar gibt es einige vielversprechende Lernregeln, wie das selbstorganisierende Cascade Correlation oder die schnellen Lernverfahren von RProp sowie Quick Propagation. Ihre Eignung kann jedoch nur durch eine empirische Evaluation analysiert werden.

Kapitel 2

Entwurf des KNN-Designs

2.1 Bestimmung des Netzwerkdesigns

Ziel dieses Abschnitts ist es, ein Netzwerkdesign nach logischen Kriterien zu entwerfen. Zunächst scheint, die Struktur eines Netzwerks eine große willkürliche Komponente zu haben. Bei genauerer Betrachtung lassen sich jedoch Kriterien festlegen, die eine Minimalstruktur voraussetzen.

Ein Teil des Netzwerkdesigns bestimmt sich durch das Problem selbst. Für Prognosen von Zeitreihen ist die Ausgabe des Netzes durch den zu prognostizierenden Wert bestimmt. Bei dem zu untersuchenden Prognoseproblem kann die Ausgabeschicht nur aus einem Neuron bestehen, da man nur an dem zukünftigen Kurs eines Wertpapiers interessiert ist. Die Anzahl der Inputknoten lassen sich nicht so einfach wie die Anzahl der Outputknoten ermitteln. Ihre Dimension läßt sich aber durch das Fachwissen von Experten bestimmen. Ebenfalls an Expertenwissen orientiert sich das *Windowing*, das die Struktur definiert, mit der die Inputinformationen dem Netz präsentiert werden sollen. Beobachtet man einen Devisen- oder Aktienhändler, läßt sich feststellen, das er ein bestimmtes Instrumentarium verwendet. Sein Handeln orientiert sich an der Entwicklung von bestimmten von ihm bevorzugten Indikatoren. Legt man diese Informationen an einem KNN an, bestimmt man damit implizit einen Teil seiner Eingabeschicht. Die Anzahl der Inputknoten ermittelt sich als Kombination aus den verwendeten Indikatoren und dem *windowing*.

Anders als die Ein- und Ausgabeschicht wird das interne Design des Netzes vornehmlich durch den Netzwerkdesigner bestimmt. Hier kann zwar Fachwissen über das Problem eingebracht werden, indem beispielsweise nur bestimmte Verbindungen zwischen den verdeckten Neuronen zugelassen werden, aber die Anzahl der verdeckten Schichten geht weder aus dem Problem hervor noch kann man sie ohne weiteres deterministisch bestimmen[1]. Gerade in der verdeckten Schicht lassen sich Ergebnisse stark beeinflussen. Sehr häufig

---

[1] Auf diese Problematik wird bereits an anderer Stelle hingewiesen.

wird die Dimension der verdeckten Schicht mit heuristischen Verfahren bestimmt. Dabei kann allgemein formuliert werden, daß die Anzahl der verborgenen Neuronen zwischen der Hälfte und dem zehnfachen der Anzahl der Eingabeneuronen sein soll. BROWN (1993) KRATZER (1991) SHIH (1991). Dies zeigt welcher Spielraum bei der Bestimmung der verdeckten Schicht möglich sein kann. In KÜHN (1991) heißt es, daß bei mehrschichtigen KNN die erste Zwischenschicht 10%-20% mehr Units besitzen soll als die Eingangsschicht und die zweite Zwischenschicht nur 10%-15% der Units der Inputschicht. In einer der bekanntesten Heuristiken "Uncle Bernies Rule" in WIDROW (1987) und MORGAN & HERVÉ (1990) wird gefordert, daß die Anzahl der Trainingspattern zehnmal so groß sein muß wie die Anzahl der Verbindungen im KNN. Nach BAUM & HAUSSLER (1994) bestimmt sich die minimale Anzahl der Trainingsdaten in Abhängigkeit von der Anzahl der Units und Verbindungen sowie von der gewünschten Generalisierungsfähigkeit des KNN. Die Anzahl der benötigten Trainingspattern für ein dreischichtiges KNN ermittelt sich aus der Anzahl der Verbindungen geteilt durch einen Genauigkeitsparameter ϵ. Auf eine neue Datenmenge angewandt erhofft man sich die korrekte Klassifizierung in $(1-\epsilon)$ der Fälle zu erhalten. Die Anzahl der Trainingspattern beträgt bei einer gewünschten 95%igen korrekten Klassifizierung: $\frac{1}{0,05}$ *Anzahl der Verbindungen und entspricht der "Uncle Bernies Rule". Heuristische Verfahren sind aber für eine ex-ante Ermittlung einer optimal generalisierende KNN-Topologie ungeeignet. Dafür müssen die genauen Zusammenhänge innerhalb des Datenmaterials und spezielle Probleme der jeweiligen Aufgabenstellung berücksichtigt werden. Verschiedene Verfahren sind in der Lage, dieses Problem zu lösen. Es handelt sich hierbei um dynamische Verfahren, die die Struktur des KNN an die jeweilige Problemstellung anpassen. Zu diesen dynamisch topologiemodifizierenden Methoden gehört beispielsweise Cascade Correlation.

Zum Netzwerkdesign gehört auch die Wahl einer Verarbeitungsfunktion der Neuronen. Bei der Bestimmung dieser Funktion läßt sich keine a priori Vorgehensweise festlegen. Hier wird in der Literatur sehr oft verschwiegen, daß die Wahl einer geeigneten Verarbeitungsfunktion nur vom Glück des Experimentators abhängig ist.

2.2 Architektur von KNN

Ein Kernproblem bei der Entwicklung von KNN ist die Ermittlung der optimalen Netzwerkarchitektur. Sie bestimmt die Leistungsfähigkeit eines Netzes und muß deshalb sehr sorgfältig ermittelt werden. Um diese Problematik etwas plastischer zu gestalten, soll im folgenden ein zweilagiges Netzwerk näher betrachtet werden. Diese Art von Netzwerken ist wohl die am weitesten verbreitete.

Sei $\phi_\tau(x)$ eine Funktion, die ein Netzwerk mit I_τ Eingabewerten, H_τ verdeckten Neuronen

2.2. ARCHITEKTUR VON KNN

und ein Output-Neuron darstellt[2]:

$$\phi_\tau(x) = f\left(v_0 + \sum_{j=1}^{H_\tau} v_{j1}\, g\left(w_{i0} + \sum_{i=1}^{I_\tau} w_{ij} x_{ji}\right)\right) \qquad (2.1)$$

x_j : Inputvariablen
f, g : sigmoide Aktivierungsfunktionen
$w_{i,j}$: Eingangsgewichte
w_{i0}, v_0 : Schwellwerte
v_j : Gewichte der zweiten Schicht[3]

Gesucht wird nun die optimale Netzwerkarchitektur τ, die aus den vorhandenen Daten gewonnen werden kann. Zur Netzwerkarchitektur gehören:

- Anzahl der verdeckten Neuronen H_τ
- Anzahl der Inputvariablen I_τ
- und die zu den Units gehörenden Gewichte.

Die Netzwerkarchitektur ist wie folgt definiert:

Def: Eine Netzwerkarchitektur ist ein Tupel von Mengen, bestehend aus den Mengen E von Eingabestellen, N von Neuronen, A von Ausgabestellen und T gewichtete gerichtete Kanten. Eine gewichtete gerichtete Kante ist ein Tupel (k_i, k_j, w_{ij}) wobei $k_i \in E \cup N$, $k_j \in N \cup A$ und das Gewicht w_{ij} eine reelle Zahl ist. [ROJAS (1993)]

Die maximale Anzahl der Gewichte in einem vollkommen verknüpften Netz wird bestimmt durch die Anzahl der Inputvariablen I_{max} und die Anzahl der verdeckten Neuronen H_{max} und kann durch folgende Gleichung ermittelt werden:

$$W_{max} = 1 + H_{max}\left(I_{max} + 2\right). \qquad (2.2)$$

Durch Neutralisation einzelner Gewichte kann man kleinere Netze konstruieren und neue Topologien erzeugen, so daß die maximale mögliche Anzahl der Permutationen, die sich nur durch Veränderung der Gewichte ergibt, $N_{max} = 2^{W_{max}}$ ist. Diese Überlegungen haben eine große Auswirkung auf die Suche der optimalen Topologie. Geht man beispielsweise

---

[2] Dieser Ansatz kann ohne weiteres auf KNN mit mehreren Output-Units und mehreren verdeckten Schichten verallgemeinert werden. Dies würde aber die Ausführungen unnötig komplizieren, ohne zusätzliche Informationen zu liefern. Daher wird an dieser Stelle auf die Verallgemeinerung verzichtet.

[3] Genaugenommen müßte man v_{ik} schreiben. Da aber $k = 1$ ist, darf der Index j durchaus weggelassen werden.

von einem sehr kleinen Netz mit 10 Eingangsneuronen und fünf verdeckten Neuronen aus, dann hat man $N_{max} = 2.30 \times 10^{18}$ mögliche Netztopologien. Diese große Anzahl macht es unmöglich, alle Netze auf ihre Optimalität hin zu testen[4]. Die bisherigen Überlegungen implizieren jedoch nicht, Forschungen in diesem Bereich solange zu unterlassen, bis die erforderlichen Rechnerkapazitäten zur Verfügung stehen. Denn

> "Even if exhaustive search for an optimum [...] were computationally feasible, it would likely prove to be pointless, since based on our experience, many network architectures are likely to provide similar perfomance."[MOODY (1994), S. 34]

Um diese Problematik der Netzdimensionen anzugehen, wurden verschiedene Verfahren entwickelt. Diese lassen sich in drei Gruppen einteilen [REFENES (1995), S. 33 ff.]:

1. **Analytische Schätzungen**: Darunter fallen alle Verfahren, bei denen statistische Analysen zur Bestimmung der verdeckten Schicht eingesetzt werden. Die Grundlage zu diesen Verfahren beruht auf der Analyse der Größe und Dimension des Eingabevektorraums.

2. **Konstruktive Verfahren**: Bei diesen Techniken werden die verdeckten Schichten sukzessive und nach Bedarf aufgebaut. Diese Art der Design-Bestimmung hat viele Ausprägungen, wovon Cascade Correlation von FAHLMAN & LEBIÈRE (1990) wohl die bekannteste ist.

3. **Pruning-Verfahren**: Diese Verfahren arbeiten entgegengesetzt zu den konstruktiven Techniken. Hier sind komplexe Netze der Ausgangspunkt des Verfahrens. Je nach Sensitivität einzelner verdeckter Zellen wird entschieden, ob die Zelle aus dem Netz entfernt wird oder nicht.

Diese Verfahrensformen unterscheiden sich in ihrer Komplexität, Konvergenzgeschwindigkeit und Generalisierungsperformance.

2.2.1 Analytische Schätzverfahren

Einige Autoren behaupten, daß die Zahl der verdeckten Neuronen nur von der Anzahl der Inputvektoren (Trainingsmenge) abhängig ist und vernachlässigen deshalb die Dimension der Inputvektoren [GORMAN & SEJENOWSKI (1988), LIPPMANN (1987)]. Allerdings

---

[4]Bereits ein kleines Gedankenspiel zeigt, daß kein Rechner der Welt eine solche Größenordnung zur Zeit bewältigen kann. Angenommen es gäbe Rechner, die für das Trainieren und Testen eines KNN nur eine Millisekunde benötigen würden, dann würde man 73 Millionen Jahre benötigen, um alle Netze zu trainieren und zu testen.

2.2. ARCHITEKTUR VON KNN

wurde auch bereits gezeigt, daß die Dimension der Inputvektoren zusammen mit der Anzahl der verdeckten Neuronen die maximale Anzahl der linear separablen Regionen im Inputraum bestimmt [vgl. REFENES (1995), S. 34]. Betrachtet man eine Menge von Inputvektoren in einem d-dimensionalen euklidischen Raum R^d, dann wirkt ein verdecktes Neuron in der ersten Schicht wie eine $(d-1)$-dimensionale Hyperebene, die zwei Räume bildet. Mirchandani und Cao [vgl. REFENES (1995), S. 34] haben gezeigt, daß ein d-dimensionaler Inputraum in N Räume unterteilt werden kann, wenn N disjunkte Räume existieren, deren Grenzen sich aus Teilen der Hyperebene bilden. Diese Räume können in Klassen K unterteilt werden. Die Anzahl der Klassen ist $K \leq N$. Die Aufgabe der Verbindungen zwischen der verdeckten und der Ausgabeschicht ist es, die Räume in Klassen einzuordnen. Die Anzahl der separablen Räume bestimmt die Mindestanzahl P der Pattern, die benötigt wird, um das Problem zu lernen. In der Praxis ist jedoch häufig eine größere Anzahl Pattern erforderlich ($N \leq P$), weil keine Lernregel das Erreichen des globalen Minimums garantiert. Ausgehend von diesen Überlegungen haben Mirchandani und Cao eine Beziehung zwischen d, N und H formuliert. Unter Anwendung der Gleichung

$$N(H,d) = \sum_{k=0}^{d} \binom{H}{k}$$

mit

$$\binom{H}{k} = 0 \text{ für } H < k$$

haben sie mehrere Experimente durchgeführt, die sich jedoch auf einfache logische Funktionen beschränkten. Für das XOR-Problem beispielsweise liefert diese Gleichung eine Anzahl von drei verdeckten Neuronen, um das Problem lösen zu können. Das Hauptproblem dieser Vorgehensweise ist die Voraussetzung einer Inputanalyse, bevor die Anzahl der verdeckten Neuronen bestimmt werden kann. Dies mag bei einer kleinen Anzahl von Pattern noch unproblematisch erscheinen, aber bei komplexen Problemen ist es nicht mehr möglich, die Anzahl der trennbaren Räume zu bestimmen.

Leider existieren in der Literatur keine ernstzunehmenden analytischen Schätzverfahren, die sich nicht mit trivialen Problemen wie z.B. XOR oder anderen logischen Funktionen beschäftigen. Auf diesem Feld herrscht noch ein großes Forschungsdefizit.

2.2.2 Konstruktive Verfahren

2.2.2.1 Der Cascade-Correlation-Algorithmus

Der Cascade-Correlation-Algorithmus hat zwei grundlegende Wesensmerkmale. Dazu gehört die Kaskaden-Architektur, die dem Netzwerk verdeckte Neuronen hinzufügt und ihre Gewichte einfriert, und der Lernalgorithmus, der die verdeckten Neuronen erzeugt und ihre Gewichte trainiert. Cascade Correlation startet mit einer Eingabe- und einer Ausgabeschicht. Diese ergeben sich aus der Problemstellung, die das Netz zu lösen versucht. Die Ausgabeneuronen können sowohl eine lineare als auch eine nichtlineare Aktivierungsfunktion besitzen. Eine verdeckte Schicht ist zunächst nicht vorhanden, und deshalb werden Ein- und Ausgabeschicht direkt und vollständig verbunden. Weiterhin gibt es einen "On"-Neuron, der die Ausgabe +1 erzeugt und mit allen Ausgabezellen verbunden ist. Das so entstandene Netz wird mit einem bekannten Lernverfahren wie z.B. Backpropagation solange trainiert, bis sich der Fehler nicht mehr wesentlich ändert. An dieser Stelle wäre der Lernvorgang mit einem herkömmlichen Netz (i. S. der bisher behandelten Netze) beendet. Hier setzt der CC ein. Es wird eine sogenannte Kandidatenzelle eingeführt, die mit der gesamten Inputschicht verbunden wird. Die zur Kandidatenzelle führenden Verbindungen werden mit Hilfe eines herkömmlichen Verfahrens solange trainiert, bis sich der Korrelationskoeffizient zwischen Aktivierung der Kandidatenzelle und dem Fehler der Ausgabeschicht nicht mehr wesentlich erhöhen läßt. Man versucht also, die Korrelation zwischen der Aktivierung der Kandidatenzelle und dem Netzfehler zu maximieren. Danach wird die Kandidatenzelle in eine Hidden-Unit verwandelt, indem man sie mit der Ausgabeschicht verbindet. Die zu der Hidden-Unit führenden Gewichte werden gleichzeitig eingefroren. Danach wird wieder eine neue Kandidatenzelle eingeführt, und der beschriebene Vorgang wird solange wiederholt, bis der Gesamtfehler des Netzes einen bestimmten vorgegebenen Wert unterschreitet. Positiver Nebeneffekt des CC ist seine Selbstorganisation, denn das Netz bestimmt einen Teil seiner Topologie selbst. Warum das so wichtig ist, beschreibt der folgende Abschnitt.

Um lineare Separabilität zu erreichen, ist die Einführung einer versteckten Schicht notwendig. Daraus ergibt sich jedoch unmittelbar das Problem der optimalen Dimensionierung dieser Schicht. Eine Überdimensionierung der verdeckten Schicht führt dazu, daß das Netz die Trainingsmuster auswendig lernt, und dies bedeutet eine schlechte Generalisierungsfähigkeit. Wählt man die verdeckte Schicht zu klein, ist das Netz unter Umständen nicht in der Lage das Problem zu lösen. Die Ermittlung der optimalen Dimension der verdeckten Schicht wird am häufigsten durch mehrmaliges Versuchen ermittelt. Das CC ist ein Algorithmus für die Lösung dieses Problems.

2.2.2.1.1 Formale Betrachtung des CC-Algorithmus

Auch beim Cascade Correlation wird während des Trainings der Ausgabeschicht versucht, den Netzfehler E mit

$$E = \sum_p^P \frac{1}{2} \sum_j \left(t_j^p - o_j^p \right)$$

zu minimieren. Da bei Cascade Correlation keine verdeckte Schicht trainiert werden muß,

2.2. ARCHITEKTUR VON KNN

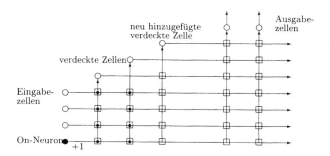

Abbildung 2.1: *Cascade-Correlation-Architektur vor dem Einfügen eines dritten verdeckten Neurons. Die Neuronen sind als Kreise dargestellt, die Gewichte als Quadrate. Nur die leeren Quadrate werden trainiert.*

berechnet sich der Gradient nach der Regel

$$\begin{aligned} e_k^p &= (t_k^p - o_k^p)\, F_p'(net_k) \\ \frac{\partial E}{\partial w_{ij}} &= \sum_p e_i^p I_j^p, \end{aligned} \qquad (2.3)$$

wobei F_p' die Ableitung der Aktivierungsfunktion des Ausgangsneurons k und I_j^p die Ausgabe eines Eingangsneurons bzw. eines verdeckten Neurons j und einem anliegenden Pattern p ist. Mit w_{ij} wird die Verbindung zwischen einem Eingangsneuron bzw. einem verdeckten Neuron i und eines Ausgabeneurons j bezeichnet. Im Anschluß an das Training der Ausgabeneuronen werden die Kandidatenzellen so adaptiert, daß die Korrelation C der Ausgabe o_j^p der Kandidatenzelle und dem Restfehler e_j^p eines Ausgabeneurons maximal wird. Die Korrelation, die genaugenommen eine Kovarianz ist, lautet nach FAHLMAN & LEBIÈRE (1990):

$$C_j = \sum_k \left| \sum_p \left(o_j^p - \bar{o}_j\right)\left(\delta_k^p - \bar{\delta}_k\right) \right|.$$

Dabei ist $\bar{o}_j$ die durchschnittliche Aktivierung einer Kandidatenzelle und $\bar{e}_j$ der durchschnittliche Restfehler des Ausgabeneurons j über alle Pattern p. Es wird jeweils der Betrag genommen, weil man die Korrelation der Kandidatenzellen mit der gesamten Ausgabeschicht errechnen muß. Die partielle Ableitung von C nach dem Gewicht w_{ij} ist:

$$\frac{\partial C_j}{\partial w_{ij}} = \sum_k \frac{\partial}{\partial w_{ij}} \left| \sum_p \left(o_j^p - \bar{o}_j\right) \left(\delta_k^p - \bar{\delta}_k\right) \right|$$

$$= \sum_k \left(sgn \left[\sum_p \left(o_j^p - \bar{o}_j\right) \left(\delta_k^p - \bar{\delta}_k\right) \right] \sum_p \frac{\partial}{\partial w_{ij}} \left[\left(o_j^p - \bar{o}_j\right) \left(\delta_k^p - \bar{\delta}_k\right) \right] \right)$$

$$= \sum_k \left(sgn \left(\sum_p \left(o_j^p - \bar{o}_j\right) \left(\delta_k^p - \bar{\delta}_k\right) \right) \sum_p \frac{\partial o_j^p}{\partial w_{ij}} \left(\delta_k^p - \bar{\delta}_k\right) \right). \quad (2.4)$$

Sei

$$\sigma_k = sgn \left(\sum_p \left(o_j^p - \bar{o}_j\right) \left(\delta_k^p - \bar{\delta}_k\right) \right),$$

dann läßt sich auch schreiben

$$\frac{\partial C_j}{\partial w_{ij}} = \sum_k \sum_p \sigma_k \cdot \frac{\partial}{\partial net_j^p} F_{act}\left(net_j^p\right) \cdot \frac{\partial net_j^p}{\partial w_{ij}} \cdot \left(\delta_k^p - \bar{\delta}_k\right)$$

oder etwas vereinfacht

$$\frac{\partial C_j}{\partial w_{ij}} = \sum_k \sum_p \sigma_k F'_{act}\left(net_j^p\right) \cdot o_j^p \cdot \left(\delta_k^p - \bar{\delta}_k\right).$$

Hierbei ist σ_k das Vorzeichen der Korrelation zwischen einer Kandidatenzelle o und der Ausgabezelle j. Somit wird nicht die Korrelation zwischen den Kandidatenzellen und den Ausgabezellen maximiert, sondern die Kovarianz.

2.2.2.2 Sequential Network Constructing (SNC)

Das SNC geht vorwiegend auf Arbeiten von MOODY (1994) und MOODY & UTANS (1995) zurück. Beim SNC werden eine Reihe von KNN erstellt, die sich in der Anzahl der verdeckten Units unterscheiden. Alle Netze benutzen alle Inputvariablen und sind vollkommen verbunden. Zunächst wird ein KNN mit einer geringen Anzahl verdeckter Neuronen erstellt und trainiert. Die ermittelten Gewichte werden 'eingefroren', und eine neue Menge Units wird dem Netz hinzugefügt. Deren Gewichte werden mit Zufallszahlen initialisiert und bis zu einem neuen Netzminimum trainiert, ohne dabei die eingefrorenen Gewichte zu verwenden. Danach werden wieder alle Gewichte, die der alten und die der neuen Menge trainiert, bis ein lokales Minimum erreicht wird. Vom Prinzip her ähnelt dieses Verfahren sehr stark dem Cascade Correlation von FAHLMAN & LEBIÈRE (1990). Dem Netz wird solange eine neue Menge Units zugefügt, bis eine zuvor festgelegte maximale Netzgröße erreicht wurde. Bei näherer Betrachtung des SNC stellt sich heraus, daß es sich bei diesem Verfahren um ein *inverse pruning*-Verfahren handelt. Die Gewichte werden nicht wie beim *weight pruning* in Richtung Optimum eliminiert, sondern hinzugefügt. Es stellt sich unweigerlich die Frage, wieso diese beiden konträren Verfahren zu

2.2. ARCHITEKTUR VON KNN

einem Optimum führen können. Dazu muß berücksichtigt werden, daß ein KNN viele lokale Minima aufweist, wobei jedes durch eine bestimmte Parameterkonstellation bestimmt wird und diese wiederum zu einem bestimmten Modell gehört. Der SNC trägt diesem Umstand Rechnung durch die Kontinuität in der KNN-Bildung in dem Modellraum. Beim SNC wird sukzessive ein KNN in ein früheres KNN eingebettet. Die Eigenschaften des eingebetteten KNN werden weiterhin berücksichtigt. Die zunehmende Größe des Netzes bewirkt mitunter eine fortwährende Korrektur der zuvor ermittelten Strukturen. Anders als beim *node pruning* werden hier die bestehenden Knoten durch Hinzufügen neuer Knoten korrigiert.

Daher kann dieses Verfahren als *inverse pruning* verstanden werden. Ein weiterer Vorteil des SNC gegenüber dem *node pruning* besteht im Rechenaufwand. Die Berechnungen für die Erstellung eines immer größer werdenden Netzes sind geringer als wenn gleich mit einem sehr großen KNN gestartet wird, bei dem sukzessive die Gewichte herausgenommen werden. Das Einbettungsverfahren des SNC zeichnet sich durch drei wesentliche Vorteile aus:

1. Die entstehenden Netze zeichnen sich durch einen monoton fallenden Netzfehler aus.

2. Der prediction risk ist leicht zu identifizieren.

3. Es besteht eine formale Verbindung für Hypothesentests.

Hat man letztlich ein Netz mit dem SNC erzeugt, wird der prediction risk berechnet. Das Netz mit dem geringsten prediction risk wird für die weitere Verfeinerung verwendet. Das *finetuning* besteht dann im weight und input pruning.

2.2.3 Pruning-Verfahren

Als Pruning-Verfahren bezeichnet man Ausdünnungsmethoden, die durch topologieverändernde Interaktionen die Komplexität eines Netzwerks verringern. Dadurch wird eine Überanpassung der Trainingsdaten und damit auch die Anpassung an Datenrauschen vermieden. Die Ausdünnung erfolgt gezielt anhand von Regeln, ohne bereits erlernte Strukturen zu zerstören. Man kann zwischen kleinen, feinen Eingriffen wie das *Gewichtspruning* und groben Eingriffen wie *Input-Pruning* oder *Hidden Neuron Mergen* unterscheiden. Sie werden häufig in einem sehr späten Stadium eingesetzt, nachdem das Netz bereits austrainiert ist.

Die Größe eines KNN ist aus verschiedenen Gründen klein zu halten, denn mit zunehmender Größe steigt auch die Zahl der Parameter. Diese Parameterzahl erhöht zum einen die Freiheitsgrade des Problems, und zum anderen hat man oft nicht genügend

Trainingspattern, um diese Parameter optimal einzustellen. Die Folge ist ein gutes Trainingsverhalten des Netzes und eine schlechte Generalisierbarkeit. In diesem Zusammenhang sind Verfahren, die die Netzwerkkomplexität reduzieren, von großer Bedeutung. Oft erreicht man diese Reduktion durch gezielte Eliminierung einiger Elemente der Gewichtsmatrix [CHIU & HINES (1991)]. Generell kommt dies immer dann in Betracht, wenn die Gewichte sehr klein sind, oder wenn ihr Beitrag zur Fehlerminimierung unbedeutend ist. Derartige Verfahren werden als *weight pruning*-Verfahren bezeichnet. Eine Reduktion des Netzes erreicht man aber auch durch Heraustrennen von Neuronen. Dabei handelt es sich in der Regel um verdeckte Neuronen. Diese Form der Netzreduktion wird als *node pruning* bezeichnet. Besonders interessant für Prognoseprobleme sind *input unit pruning*-Verfahren, die versuchen, eine Abdeckung des Eingaberaumes mit wenigen Neuronen zu erreichen. Die Verfahren charakterisieren sich durch eine Relevanzanalyse, in der versucht wird herauszufinden, welche Daten für das Prognoseergebnis relevant sind. Zwar verbessert das input pruning nicht unbedingt das Prognoseergebnis, aber das Netz ist übersichtlicher und braucht eine geringere Trainingszeit.

2.2.3.1 Additive Komplexitätsterme

Um die Komplexität des Netzwerks bereits durch die Lernregel zu minimieren, kann die Zielfunktion (Fehlerfunktion) durch die Addition eines Komplexitätsterms ergänzt werden.

Kostenfunktion

Ein additiver Komplexitätsterm ist die Kostenfunktion $C(W)$, die nach ausgesuchten Kriterien die errechnete Komplexität des Netzwerks mit der Gewichtsmatrix W beschreibt. Die Kostenfunktion, die auch als Strafterm bezeichnet wird, weil größere Gewichte bestraft werden, ist in der Regel eine quadratische Funktion mit

$$C = \sum_{i,j} w_{ij}^2. \tag{2.5}$$

Die neue Zielfunktion, die es zu minimieren gilt, heißt nun

$$E_{neu} = E + C. \tag{2.6}$$

Die Ableitung von Gleichung (2.6) ergibt

$$\frac{\partial E_{neu}}{\partial w_{ij}} = \frac{\partial E}{\partial w_{ij}} + \frac{\partial C}{\partial w_{ij}}. \tag{2.7}$$

Damit erhält man als Adaptionsregel für die Gewichte

$$\triangle w_{ij}(t+1) = \eta \left(-\frac{\partial E}{\partial w_{ij}} - 2w_{ij}(t) \right) \tag{2.8}$$

2.2. ARCHITEKTUR VON KNN

oder nach $w_{ij}(t)$ aufgelöst

$$w_{ij}(t) = \eta \sum_{k=1}^{t} \left[(1-2\eta)^{t-k} \left(-\frac{E(k)}{\partial w_{ij}} \right) \right] + (1-2\eta)^t w_{ij}(0) \qquad (2.9)$$

Dieses beschriebene Verfahren geht auf HANSON & PRATT (1989) zurück. Es gibt weitere Kostenfunktionen. Beispielsweise schlägt Rumelhart die Kostenfunktion

$$C = \sum_{i,j} \frac{w_{ij}^2}{(1+w_{ij}^2)}$$

vor, mit der Ableitung

$$\frac{\partial C}{\partial w_{ij}} = \frac{2w_{ij}}{(1+w_{ij}^2)^2}.$$

Diese Funktion bringt kleine Gewichte schnell gegen Null, während große Gewichte weniger stark verändert werden. Andere Kostenfunktionen wurden von Weigend und Chauvin vorgeschlagen, auf die hier nicht näher eingegangen werden soll. Das Prinzip ist bei allen gleich, nämlich die Gewichtsanpassung zu beeinflussen.

Weight decay

Das Löschen von Gewichten *weight decay* geht auf WERBOS (1988) zurück, der diese Lernregel als Modifikation der Backpropagation-Lernregel entwickelte. Weight decay beruht auf der Überlegung, daß zu große Gewichte weder dem biologischen Vorbild entsprechen noch sind sie technisch erwünscht. Je größer die Gewichte sind, desto steiler und zerklüfteter ist die Fehlerfläche. Dies führt zu Oszillationen und Ermittlung suboptimaler Minima. Deshalb versucht Werbos zwar die Gewichte in Richtung Minimum zu verändern, jedoch sollen diese betragsmäßig klein sein. Er erweitert die Fehlerfunktion um einen Term, der zu große Gewichte "bestraft". Diese lautet:

$$E_{neu} = E + \frac{1}{2} d \cdot \sum_{i,j} (w_{ij})^2. \qquad (2.10)$$

Der Faktor 1/2 wird nur wegen der einfacheren Ableitung benötigt, die mit

$$\frac{\partial E_{neu}^p}{\partial w_{ij}} = \frac{E^p}{\partial w_{ij}} + d \cdot w_{ij} \qquad (2.11)$$

die neue Lernregel ergibt, die sowohl den Netzwerkfehler, als auch die Gewichte selbst minimiert:

$$\triangle_p w_{ij}(+1) = \eta o_i^p \delta_j^p - d \cdot w_{ij}(t). \qquad (2.12)$$

Bei der Wahl des Parameters d ist darauf zu achten, daß der Wert nicht zu groß ist, weil dadurch das Lernen durch das Kleinhalten der Gewichte nicht möglich ist. Die Werte von d liegen im allgemeinen zwischen 0.005 und 0.03.

2.2.3.2 Gewichtspruning

Gewichtspruningmethoden sind iterative Verfahren. Sie greifen erst ein, wenn mit einer bestimmten Lernregel die Netzfehlerfunktion $E(w)$ bereits optimiert wurde. Ein Optimum ist realisiert, wenn die Fehlerrate der Validierungsmenge ein Minimum erreicht. Ein weiteres Training würde zu einer Überanpassung des Netzes an die Trainingsdaten zur Folge haben, ohne eine bessere Performance bei den Pattern der Validierungsmenge zu erreichen. In diesem Stadium kann die Netzwerkkomplexität dadurch reduziert werden, daß ein Teil der Anpassungsparameter, nämlich die Gewichte, im Netzwerk entfernt werden. Um eine bestimmte Deterministik bei der Auswahl der Gewichte zu benutzen, werden Testwerte als Auswahlkriterium bestimmt. Netze mit großem Testwert sind für das Netz von großer Bedeutung, während kleine Testwerte signalisieren, daß das betreffende Gewicht entfernt werden kann. Das Entfernen des Gewichts erfolgt durch Nullsetzen des Gewichtswerts. Somit wird die Signalinformation entlang dieser Kante mit 0 multipliziert und Signalwirkungen, die sonst über die Verbindung geleitet würden, werden ignoriert.

Für die Berechnung der Testwerte $T(w)$ gibt es einige Verfahren, die in den folgenden Ausschnitten erläutert werden sollen.

Kleinste Gewichte

Die einfachste Methode der Gewichtsausdünnung ist das *standard weight pruning*. Hierbei dient der Betrag des Gewichtswertes als Testgröße.

$$T(w) = |w|$$

Mit diesem Bedeutungskriterium wächst die Testgröße des Gewichts linear mit dem Betrag der Gewichtshöhe. Eine ähnliche Wirkung hat die von GRANDIN et al. (1993) vorgeschlagene Methode, Gewichte zu runden. Diese Variante bewirkt je nach Rundung, daß bestimmte Gewichte auf Null gerundet werden und somit aus dem Lernverfahren herausfallen. Jedoch muß man bedenken, daß kleine Gewichte durchaus relevant sein können und nicht ohne weiteres auf Null gerundet werden können. Die Autoren kommen zu dem Schluß, daß dieses Verfahren nicht das gewünschte Ziel, die Netzwerkreduktion ohne Informationsverlust, erreicht.

Statistische Kenngrößen

Um die Bedeutung einer Variablen herauszufinden, muß man auch die Verteilung dieser Variablen berücksichtigen und nicht nur den Wert des Gewichts. Da sich die Gewichte im Netzwerk bei jeder Fehlerkorrektur ändern, ist es mit der Methode der statistischen Signifikanz [vgl. FINNOF & ZIMMERMANN (1991)] möglich, Informationen über die Verteilung der Gewichtsveränderungen über eine komplette Epoche zu messen. D.h., es werden die Gewichtsänderungen nach jedem Pattern betrachtet.

2.2. ARCHITEKTUR VON KNN

Sei γ^p die Höhe eines Gewichts nach der Veränderung, die sich aus der Präsentation des Pattern p ergeben hat, $\gamma^p = w + \triangle w^p$. Die Testgröße der Gewichte lautet dann:

$$T(w) = \frac{\left|\sum_p \gamma^p\right|}{\sqrt{\sum_p (\gamma^p - \bar{\gamma})^2}}. \tag{2.13}$$

Der Trainingsablauf und das Ausschalten des Gewichts erfolgen wie beim Standard-Gewichtspruning. Der Vorteil gegenüber dem Standard-Gewichtspruning besteht darin, daß zuvor entfernte Gewichte weiterhin in die Berechnung der statistischen Relevanz miteinbezogen (Gleichung 2.13) werden. Während beim Standard-Gewichtspruning die entfernten Gewichte komplett aus dem Netz herausgenommen werden, sind sie mit der Methode der statistischen Relevanz lediglich deaktiviert. Stellt sich bei späteren Trainingsabläufen heraus, daß ein deaktiviertes Gewicht signifikant ist, wird es wieder aktiviert. Bei einem Pruningschritt wird die Signifikanzgröße also für jedes Gewicht im Netzwerk bestimmt. Dabei wird nach einer zuvor bestimmten Aktivationsgrenze zwischen zu entfernenden und bleibenden Gewichten unterschieden. Gewichte deren Signifikanzgrößen unterhalb der Aktivationsgrenze liegen, werden aus dem Netz genommen, während zuvor deaktivierte Gewichte, die oberhalb der Aktivationsgrenze liegen, wieder reaktiviert werden.

2.2.3.3 Inputpruning

Beim Inputpruning werden alle nichtrelevanten Ausgangsverbindungen eines Neurons entfernt. Diese grobe Methode der Ausdünnung findet erst nach der Verwendung feinerer Ausdünnungsverfahren (Gewichtspruningverfahren) Verwendung. Um die Relevanz einer Ausgangsverbindung zu bestimmen, wird zunächst der Fehler des aktuellen Netzwerks E bestimmt und gespeichert. Anschließend wird ein Neuron der Eingabeschicht vorläufig deaktiviert, indem die Ausgabe des Neurons auf Null gesetzt wird, und der Netzfehler E_{neu} der neuen Topologie bestimmt wird. Hat man dies für alle Eingangsneuronen durchgeführt, läßt sich das Neuron bestimmen, durch dessen Entfernung aus dem Netz die größte Fehlerminderung eintritt. Dieses Neuron stellt einen Pruning-Kandidaten dar. Betrachtet man die Netzwerkfehlerdifferenz $D_i = E - E_{neu}(i = 1, 2, \ldots,$ Anzahl Eingangsneuronen) ist ein Neuron immer dann störend, wenn $D_i > 0$ ist. Bildet man eine Reihenfolge der Netzwerkfehlerdifferenzen, kann man den Einfluß einer Variablen über einen geschlossenen Zeitraum auf die interessierende Größe erkennen.

2.2.3.4 'Mergen' von Neuronen der verdeckten Schichten

Bei dieser Form der Ausdünnung werden Neuronen einer verdeckten Schicht zu einem Neuron zusammengeführt, wenn sie die gleiche Funktion innerhalb des Netzes erfüllen. Die zugrundeliegende Größe ist der Aktivierungspegel eines jeden Neurons aus der verdeckten Schicht. Bildet man für alle Neuronen der verdeckten Schicht Paare, und betrachtet man die Korrelationskoeffizienten dieser Paare bezüglich der Aktivierungspegel, erhält man eine Korrelationskoeffizientenmatrix. Das Neuronenpaar mit dem größten Korrelationkoeffizienten wird zu einem Neuron verschmolzen, und dadurch reduziert man die Komplexität des Netzwerkes.

2.2.3.5 Optimal Brain Damage

Das Optimal Brain Damage ist ein Ausdünnungsverfahren, das von LeCun et al. (1990) vorgeschlagen wurde. Dabei wird versucht herauszufinden, welche Gewichte durch Herausnahme aus der Gewichtsmatrix die kleinste Veränderung des Netzfehlers verursachen. Das Optimal-Brain-Damage ist eine sogenannte Second-Order-Methode, da die zweiten Ableitungen der Fehlerfunktion benötigt werden. Zur Herleitung läßt sich die Gleichung 1.30 verwenden, mit der die Fehlerfunktion mit einer Taylorreihe approximiert wird. Da hier die Veränderung der Fehlerfunktion interessiert, wird Gleichung 1.30 in der folgenden Form umgeschrieben:

$$\triangle E = \sum_i \frac{\partial E}{\partial w_i} \triangle w_i + \frac{1}{2} \sum_1 h_{ij} \triangle w_i^2 + R, \qquad (2.14)$$

wobei h_{ij} die Elemente der Hesse-Matrix H sind. In Abschnitt 1.2.3.3 wurde bereits darauf hingewiesen, daß die Hesse-Matrix bei zu großen Netzen nicht mehr in einer annehmbaren Zeit berechnet werden kann. Deshalb versucht man auch hier, mit vereinfachenden Annahmen eine praktizierbare Lösung zu finden. Dafür werden die folgenden Annahmen getroffen:

1. Als Approximation der Hesse-Matrix sei die Diagonalmatrix ausreichend. Damit werden die Kreuzableitungen
$$h_{ij} = \frac{\partial^2 E}{\partial w_i \partial w_j}$$
vernachlässigt.

2. Das OBD wird nur nach erfolgtem Lernen angewendet, so daß man sich in einem Minimum der Fehlerfunktion befindet. Im Minimum gilt aber $\triangledown E = 0$, somit muß auch
$$\sum_i \frac{\partial E}{\partial w_i} = 0$$

2.2. ARCHITEKTUR VON KNN

sein. Außerdem sind im Minimum alle Terme h_{ii} nichtnegativ, so daß der Fehler durch Nullsetzen eines Gewichts nur ansteigen kann.

3. Die Fehlerfunktion sei in der Nähe des Minimums quadratisch. Damit reicht eine Taylor-Approximation zweiten Grades aus.

Die Gleichung (2.14) reduziert sich in Folge der getroffenen Annahmen zu

$$\triangle E = \frac{1}{2} \sum_i h_{ii} \triangle w_i^2. \tag{2.15}$$

Die Elemente der Hesse-Matrix lauten in Anlehnung an die bisherige Notation[5]:

$$h_{ij} = \frac{\partial^2 E^p}{\partial w_{ij} \partial w_{ij}} = \frac{\partial^2 E^p}{net_j^2} o_i^2. \tag{2.16}$$

Während bei den Ausgabeneuronen die zweiten Ableitungen der Fehlerfunktion direkt mit

$$\frac{\partial E^p}{\partial net_j^2} = 2F'(net_j^p)^2 - 2(t_j^p - o_j^p)F''(net_j^p) \tag{2.17}$$

berechnet werden können, werden in den verdeckten Schichten die Ableitungen von Schicht zu Schicht zurückpropagiert, also

$$\frac{\partial E^p}{\partial net_j^2} = 2F'(net_j^p) \sum_k w_{jk}^2 \frac{\partial^2 E^p}{\partial net_k^2} - F''(net_j^p) \frac{E^p}{\partial net_j}. \tag{2.18}$$

Somit läßt sich die reduzierte Hesse-Matrix in ähnlicher Weise wie die Gradienten der Fehlerfunktion berechnen. Leider hat diese Methode auch Nachteile. Sie eignet sich nur, um ein austrainiertes Netzwerk in ein äquivalentes, weniger komplexes Netz umzuwandeln. Man trainiert das Netz bis zu einem Minimum und setzt dann das Ausdünnungsverfahren ein. Zu diesem Zeitpunkt ist in der Regel eine Überanpassung an die Trainingsdaten bereits erfolgt. Zudem ist die Berechnung sehr zeitintensiv, so daß in der Praxis die Methode der statistischen Signifikanz eingesetzt wird.

2.2.3.6 Optimal Brain Surgeon

Im Gegensatz zum Optimal Brain Damage verwendet Optimal Brain Surgeon die komplette Hesse-Matrix der Fehlerfunktion, um überflüssige Gewichte zu bestimmen. Auch dieses Verfahren geht von einer Taylorapproximation der Fehlerfunktion aus.
Der formale Ausdruck zur Löschung eines Gewichts w_q lautet $\triangle w_q + w_q = 0$. D.h., die Änderung $\triangle w_q$ bringt das Gewicht w_q auf Null. Sei v_q der q-te Einheitsvektor im Raum

---

[5] Die Gewichte werden wie in Abschnitt 1.1 festgelegt mit zwei Indizes geschrieben.

der Gewichte, dann ergibt das Produkt $v_q^T \cdot \triangle W$ den Wert $\triangle w_q$. Es gilt dann das folgende Optimum zu finden:

$$\min_q \left\{ \min_{\triangle W} \triangle W \cdot H \cdot \left(\triangle W^T\right) \Big| v_q^T \cdot \triangle W + w_q = 0 \right\}. \tag{2.19}$$

Zur Lösung dieses Minimierungsproblems verwendet man eine Lagrange-Funktion mit

$$L = \frac{1}{2} \triangle W \cdot H \cdot \triangle W^T + \lambda \left(v_q^T \cdot \triangle W + w_q\right). \tag{2.20}$$

Nach Bestimmung der notwendigen Bedingungen für ein Optimum erhält man die Gleichungen

$$\triangle W = -\frac{w_q}{[H^{-1}]_{qq}} H^{-1} v_q \tag{2.21}$$

und

$$L_q = \frac{1}{2} \cdot \frac{w_q^2}{[H^{-1}]_{qq}}, \tag{2.22}$$

von denen die Inverse der Hesse-Matrix benötigt wird. Auch bei diesem Verfahren ist die Berechnung der Inversen eine zeitkritische Komponente des Optimal Brain Surgeon. Aber gerade für dieses Verfahren wurde ein effizienter Algorithmus entwickelt, der die Hesse-Matrix als Kovarianz-Matrix bestimmter Gradienten beschreibt und deren Inversion durch eine rekursive Formel berechnet wird.

2.3 Evolutionsstrategien zur Optimierung

Ähnlich wie die KNN finden Evolutionstrategien ihr Vorbild in der Natur. Es handelt sich dabei um stochastische Optimierungsverfahren, die einen Evolutionsprozeß simulieren. Die Entwicklung der Lebewesen von Einzellern bis zu hoch entwickelten Lebensformen wird durch Evolutionsgesetze bestimmt. Auf ihr baut die Darwinsche Evolutionstheorie auf, die auf der Reproduktion der Individuen, der Variation und der natürlichen Auslese beruht. Ein Prinzip dieser Theorie besagt, daß nur die stärksten Individuen überleben und sich reproduzieren können.

Individuen reproduzieren sich durch die Variation der Gene, die durch Duplikation, Mutation oder zweigeschlechtliche Überkreuzung verursacht werden kann. Durch die Variation entsteht eine neue Generation von Individuen, die man in Anlehnung an die biologische Sichtweise als Phänotyp bezeichnet. Die neue Generation verfügt teilweise über neue Genotypen (Baupläne der Gene), die unterschiedlich resistent gegen Umwelteinflüsse sind. Die Fitneß einzelner Individuen bestimmt sich durch die Umwelt, die das Individuum umgibt. Aber auch die Umwelt wird durch verschiedene Generationen beeinflußt. Dies führt zu einem ständigen Verdrängungswettbewerb und somit zur Optimierung eines komplexen dynamischen Systems.

2.3. EVOLUTIONSSTRATEGIEN ZUR OPTIMIERUNG

Nach diesem Prinzip funktionieren Evolutionsmodelle, die in den 70er Jahren maßgeblich von HOLLAND (1975) und SCHWEFEL (1977) entwickelt wurden und als genetische Algorithmen bzw. Evolutionstrategien bekannt sind. In der Folgezeit wurden mehrere Evolutionsstrategien entwickelt, die sich hauptsächlich in der Modellierung der Details der biologischen Evolution unterscheiden [vgl. SCHÖNEBURG et al. (1994), S. 142]. Im Kern bestehen die Unterschiede in der Art und Weise, wie die Individuen einer Population mutiert, untereinander rekombiniert, zusammengefaßt und selektiert werden. Diese Unterschiede führten dazu, daß sich zwei Schulen der Evolutionsmodelle bildeten. Auf der einen Seite steht die deutsche Schule, deren Begründer RECHENBERG (1973) die biologische Evolution nur als Vorbild für die Entwicklung eines effizienten Such- und Optimierungsverfahren benutzt. Auf der anderen Seite steht die amerikanische Schule, deren Begründer HOLLAND (1975) und GOLDBERG (1989) sich mit der Frage beschäftigen, wie es die Evolution schafft, Information zu codieren, zu verarbeiten und an nachkommende Generationen weiterzugeben. Neutrale Arbeiten, die die Ansätze beider Schulen vergleichen und die jeweilige Vorteile herausstellen findet man in HOFFMEISTER & BÄCK (1992) und SCHÖNEBURG et al. (1994).

Ein wesentlicher Unterschied ergibt sich aus der genetischen Codierung der Gene [vgl. HEISTERMANN (1994) S. 32 ff.]. Dadurch können bei der Mutation Unterschiede resultieren. Das liegt daran, daß Evolutionsstrategien die Allele (Wert an einer Genposition) in einem eng begrenzten Bereich verändert werden. Im Gegensatz dazu verursacht die Mutation bei genetischen Algorithmen die Komplementierung eines Bits. Bei Änderung von höherwertigen Bits hat die Mutation bei genetischen Algorithmen eine größere Einwirkung. Ein Zusammenhang zwischen Nachkommen und ihren Eltern kann dadurch gänzlich verschwinden. Eine Schrittweitensteuerung, die in Evolutionsstrategien zur Regulierung der Mutation implementiert ist, fehlte bisher bei genetischen Algorithmen. Die Einführung einer solchen Steuerung in genetischen Algorithmen wird in HEISTERMANN (1994) vorgeschlagen.

Die Optimierung mittels genetischer Algorithmen oder Evolutionsstrategien läßt sich allgemein mit folgenden Schritten beschreiben:

1. Das Problem muß in einer Genschreibweise vorliegen.

2. Ausgehend von der genetischen Formulierung des Problems wird eine Population zufälliger Individuen generiert, mit einer vorher festgelegten Anzahl von Individuen.

3. Eine Fitneßfunktion ermittelt die Qualität eines jeden einzelnen Individuums in bezug auf die zugrundeliegende Problematik.

4. Mit Hilfe genetischer Operatoren werden aus den Genen der einzelnen Phänotypen neue Genotypen rekombiniert. Die Selektionswahrscheinlichkeit der jeweiligen Gene bestimmt sich durch die Fitneß des jeweiligen Phänotyps.

5. Mit dem neuen Genotyp wird die nächste Generation produziert und zu Punkt 3 verzweigt, solange bis die gewünschte Fitneß erreicht wird.

Genetische Algorithmen sind wie KNN Optimierungsalgorithmen, die versuchen ein oder mehrere Elemente einer Population zu ermitteln, die eine Lösung für die Zielfunktion darstellen. KNN versuchen die Zielfunktion durch Gewichtsanpassungen zu realisieren. Weiterhin versuchen beide Algorithmen natürliche Prozesse nachzuahmen. Trotz dieser Gemeinsamkeiten werden sie aber eher deshalb gemeinsam eingesetzt, weil sich mit GA oder Evolutionstrategien das Design von KNN verbessern [vgl. PATTERSON (1997), S. 471] oder ihre Performance erhöhen läßt.

Genetische Algorithmen wurden deshalb eingesetzt, um eine optimale Gewichtungsmenge für kleinere Multilayer Feedforward Netzwerke zu finden [MONTANA & DAVIS (1989) und WHITLEY et al. (1991)] oder um optimale Netze für vorgegebene Anwendungen zu konstruieren [vgl. BORNHOLD & GRAUDENZ (1992) und MANDISCHER (1993)]. Ähnlich wie bei MURRAY (1994) wird in dieser Arbeit, versucht für eine existierende Anwendung die optimalen Netzwerkparameter zu finden.

Mit einer evolutionstrategischen Vorgehensweise können verschiedene Aspekte eines KNN optimiert werden. Die Möglichkeiten sind sehr vielschichtig und gehen von der Optimierung des Netzwerkdesigns bis zur Bildung eines KNN aus evolutionsstrategischen Bausteinen. Im Rahmen dieser Arbeit wird versucht, sowohl die Inputdaten als auch die Lernregeln eines KNN zu optimieren. Ziel ist es, das optimale KNN zu finden, mit dem Aktienkursprognosen generiert werden können. Zur Erreichung dieses Ziels wurden die folgenden Parameter ausgesucht[6].

1. Größe der Trainingsmenge

2. Größe der Validierungsmenge

3. Größe der Generalisierungsmenge

4. Lernregel

5. Momentum

6. Weight Decay

7. dmax

---

[6]Diese Parameter beschränken sich auf die sekundären Netzwerkparameter und verändern somit nicht das Grunddesign sondern versuchen, ein bestehendes KNN auf das zu untersuchende Problem zu optimieren.

2.3. EVOLUTIONSSTRATEGIEN ZUR OPTIMIERUNG

Tabelle 2.1: Genotyp eines KNN

Gen	Wertebereich	Inkrement	Anzahl der möglichen Werte
G_1	500, 700, 1000	-	3
G_2	100, 200, 300	-	3
G_3	50, 100	-	2
G_4	[0.1, 1]	0.1	10
G_5	[0.0, 1.0]		
G_6	0, 0.0001	-	2
G_7	[0, 0.2]	0.01	21
G_8	[0, 50]	10	6
G_9	[500, 1000]	100	6
G_{10}	[1.75, 2.25]	0.25	3
G_{11}	[0.0, 0.25]	0.05	6

8. Deltamax

9. Anzahl der Lernzyklen

10. Max. Gewicht

11. Momentum für BpWD

Das anvisierte Ziel wird in genetischer Schreibweise formuliert, so daß ein Genotyp die Parametrisierung eines KNN widerspiegelt. Alle anderen Parameter, die das KNN bestimmen und nicht in das evolutionsstrategische Modell aufgenommen sind, bleiben konstant. In Abb. 2.2 ist die verwendete Codierung ersichtlich. Die Gene G_1 bis G_{10} stellen Parameter des KNN dar. G_{11} enthält die Mutationswahrscheinlichkeit für die Metamutation. Da die KNN-Parameter unterschiedlich sensitiv sind, wurde neben der Festlegung ihres Wertebereichs auch die Inkrementgröße festgelegt, mit der ein Wert verändert wird. Diese Werte sind in Tabelle 2.1 aufgezeigt. Durch die Festlegung des Wertebereichs und der Inkrementierungsschrittweite wird implizit die Anzahl der möglichen Werte, die ein Gen annehmen kann, festgelegt. Nach dem beschriebenen Algorithmus wird das Problem in genetischer Schreibweise formuliert, so daß jedes Gen eine mögliche Parametrisierung eines KNN widerspiegelt.

Der Genotyp beschreibt demnach ein KNN mit 10 Neuronen in der verdeckten Schicht, einer Lernrate von 0.2, einem Momentumterm von 0.1 und einer Trainingsdauer von 500 Lernzyklen. Zur Initialisierung wird eine Population zufällig generiert, und die einzelnen Phänotypen werden als KNN nachgebildet, trainiert und es wird deren Fitneß ermittelt. Als Fitneß können verschiedene Größen dienen. Für jedes betrachtete KNN kann die

62   KAPITEL 2. ENTWURF DES KNN-DESIGNS

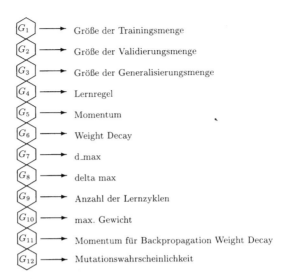

Abbildung 2.2: KNN-Parametrisierung in Gen-Schreibweise

Fitneßfunktion mit MSE, MAE etc. gemessen werden. Die Fitneßgröße wird zu Beginn der Simulation festgelegt und danach nicht mehr verändert. Die Population wird analysiert, in dem für jeden Phänotyp die Fitneß gemessen wird. Danach wird mit den 50 Population generiert. Zu den gebräuchlichsten genetische Operatoren gehören das Crossover und die Mutation. Beim Crossover wird ein Genotyp an einer zufällig ausgewählten Stelle geteilt, und die Teilstücke der beiden Genotypen werden zu zwei neuen Genotypen vereint. Bei der Mutation werden ein oder mehrere zufällig ausgewählte Gene verändert. Dazu können die Gene eines Genotyps in einen neuen Genotyp kopiert werden. Beim Kopiervorgang kann jedes Gen mit einer gewissen Wahrscheinlichkeit (Mutationsrate) verändert werden.

Mit der neu entstandenen Population werden erneut KNN erzeugt und getestet, und aus den besten wird wiederum eine neue Population generiert. Dieser Evolutionsprozeß wird beendet sobald die gewünschte Fitneß erreicht wurde oder wenn sich diese geringfügig bzw. gar nicht mehr verbessert. Der beste Genotyp der letzten Population entspricht der optimalen KNN Parametrisierung. Das Beispiel zeigt, daß genetische Algorithmen zufallsgesteuerte Suchverfahren sind, die sich für Problemstellungen mit sehr vielen Parametern hervorragend eignen. Allerdings erfordern sie auch den Einsatz massiv parallel arbeitende Systeme, die ihre Anwendung erschweren. Um einen möglichen Pfad zum lokalen Minimum oder Maximum zu finden, wird die Funktion nicht an einer einzigen Stelle untersucht, wie

2.4. ALTERNATIVE METHODEN DER STOCHASTISCHEN OPTIMIERUNG

es beim konventionellen *random search* der Fall ist, sondern viele Stellen werden gleichzeitig berücksichtigt. Für alle Phänotypen der Population muß eine Fitneßfunktion berechnet werden. Das Optimum der Funktion wird somit aus mehreren Richtungen gleichzeitig gesucht und mehrere Pfade zum Optimum werden simultan untersucht. Der erforderliche Rechenaufwand ist deutlich größer als bei dem einfachen *random search*. Gegenüber anderen stochastischen Optimierungsverfahren haben genetische Algorithmen den Vorteil, daß sie sich mit einem geringen Aufwand parallelisieren lassen. Das liegt daran, daß die Berechnung der Fitneßfunktion für alle Phänotypen einer Population unabhängig voneinander erfolgen kann. Somit kann diese Aufgabe von verschiedene Prozessoren gelöst werden:

1. Auswahl relevanter Muster für ein Klassifizierungs-KNN zur Minimierung des Speichers und des Zeitbedarfs während der Trainingsphase

2. Bestimmung eines geeigneten Satzes an Verbindungsgewichten zu Trainingsbeginn. Dadurch läßt sich das Konvergenzverhalten eines KNN unter Umständen beschleunigen.

3. Genetische Algorithmen können Lernverfahren wie Backpropagation ersetzen, wenn man sie zur Bestimmung der fehlerminimierenden Verbindungsgewichte einsetzt. Die Genotypen wären dann eine Konstellation der Verbindungsgewichte. Im Gegensatz zu rein lokalen Methoden, wie beispielsweise das Gradientenverfahren, haben genetische Algorithmen den Vorteil, daß sie nicht unbedingt in einem suboptimalen Minimum oder Maximum einer Funktion stecken bleiben, da die Punkte durch Populationsteile in anderen Regionen mit besseren Funktionswerten ersetzt werden.

2.4 Alternative Methoden der stochastischen Optimierung

Ist eine relle Funktion $f(x_1, x_2, \ldots, x_n)$ differenzierbar, können die Extrema durch analytische Methoden ermittelt werden. Ist diese Voraussetzung nicht erfüllt, kann die Funktion durch stochastische Methoden optimiert werden. Das einfachste Verfahren ist das stochastische Suchen *random search*. Dabei wird ein Ausgangspunkt $x = (x_1, x_2, \ldots, x_n)$ mit einem Zufallsgenerator erzeugt. Gesucht wird die Richtung, in die der Wert der Funktion sinkt. Dafür wird ein Vektor $\delta = (\delta_1, \delta_2, \ldots, \delta_n)$ zufällig erzeugt, und die Funktion wird nun an der Stelle $(x_1 + \delta_1, x_2 + \delta_2, \ldots, x_n + \delta_n)$ berechnet. $(x_1 + \delta_1, x_2 + \delta_2, \ldots, x_n + \delta_n)$ wird als neuer Ausgangspunkt genommen, wenn der Wert der Funktion niedriger ist als in $(x_1, x_2, \ldots, x_n)$. Ist das nicht der Fall, wird eine neue Richtung zufällig bestimmt. Der

Algorithmus wird abgebrochen, wenn keine absteigende Richtung mehr für den Funktionswert gefunden wird, oder bis eine vorher festgelegte Anzahl von Versuchen absolviert wurde. Der Nachteil dieses Verfahrens liegt darin, daß ein lokales Minimum oder Maximum den Suchvorgang in die falsche Richtung lenken kann. Dies kann man durch mehrere unabhängige Versuche kompensieren. Es gibt weitere Varianten der stochastischen Suche, wie z.b. den Metropolis-Algorithmus[7], oder Bit-basierte Abstiegsmethoden.

2.5 Evolutionsstrategie

Um die KNN in einer Evolutionstrategie zu integrieren, müssen die Parameter der KNN operationalisierbar gemacht werden. Dazu werden sie in Vektoren gespeichert, die um eine Mutationskomponente erweitert werden. Die Startbelegung der einzelnen Elemente des Vektors ist unterschiedlich und hängt von dem Wertebereich der dort gespeicherten KNN-Parameter ab. Diese Differenzierung wird durch die Generierung von Zufallszahlen erzeugt, die bestimmten statistischen Verteilungen gehorchen. Es wurden zwei Zufallszahlengeneratoren für gleichverteilte Zufallswerte verwendet und zwar für diskrete ganzzahlige und für stetige Werte. Mit einem weiteren Zufallszahlengenerator wurden exponentialverteilte Werte erzeugt. Die Individuen einer Population sind also als Vektoren reeller Zahlen codiert. Eine probleminvariante optimale Codierung existiert nicht. Die so entstandenen Vektoren, die ein KNN beschreiben, wurden durch einen evolutionsstrategischen Algorithmus optimiert.

2.5.1 Funktionsweise des Programms

Nach Festlegung der Populationsgröße und Anzahl der zu simulierenden Generationen wird zunächst eine Population von KNN erzeugt, deren Individuen mit zufällig erzeugten Genen (Merkmale) ausgestattet werden. Alle Individuen verfolgen das gleiche Ziel optimale Aktienkursprognosen zu liefern. Dabei sind sie je nach Genen unterschiedlich erfolgreich. Nachdem alle Individuen eine Chance erhalten, das ihnen gestellte Problem zu lösen, und damit eine Generation vorüber ist, wird ihr Erfolg (bzw. Fitneß) gemessen. Nur ein Teil der Individuen der Population bekommt die Möglichkeit, sich zu reproduzieren und eine neue Generation zu erzeugen. Dazu werden aus der besseren Hälfte der Population jeweils zwei Individuen ausgelost, die zur Erzeugung eines Nachkommens mittels Crossover herangezogen werden. Die schlechtere Hälfte der Population wird durch die neuen Nachkommen ersetzt, bis die festgelegte Populationsgröße wieder erreicht wird. Die Selektion der Individuen läßt sich weiter verfeinern. So kann man z.B. die Wahrschein-

---
[7]Siehe METROPOLIS et al. (1953)

2.5. EVOLUTIONSSTRATEGIE

lichkeit für die Auswahl eines Individuums zur Reproduktion von der individuellen Fitneß abhängig machen. Bei steigender Fitneß hat man dann eine proportional ansteigende Wahrscheinlichkeit für die Auswahl dieses Individuums zur Reproduktion. Dieses Selektionsverfahren, das man als 'Roulette Wheel Selection' bezeichnet [SCHÖNEBURG et al. (1994), S. 205], ist eine Ausprägung des Heirats-Schemas. Es werden nicht ausschließlich überdurchschnittlich gute Individuen zur Nachkommenerzeugung herangezogen. Lediglich die Wahrscheinlichkeit für eine Fortpflanzung ist bei Individuen mit geringer Fitneß kleiner als bei den Individuen mit größerer Fitneß. Eine effiziente Implementation dieses Schemas und anderer genetischen Algorithmen findet man in SCHÖNEBURG et al. (1994), S. 387 ff..

Teil II

Eingesetzte Werkzeuge zur Simulation von KNN

Kapitel 3

Simulationsinstrumente für KNN

KNN lassen sich auf Hardware- oder Software-Basis simulieren. Für die Hardwaresimulation können eine Reihe von Computerarchitekturen verwendet werden. Zu diesen Computerklassen gehören beispielsweise SIMD- und MIMD-Parallelrechner, die aus mehreren einfachen Prozessoren bestehen und parallel die gleichen Daten verarbeiten. Parallelrechner werden deshalb eingesetzt, weil ihre Struktur mit denen der neuronalen Netze vegleichbar ist. Beide Strukturen bestehen aus einer großen Anzahl von parallel arbeitenden Neuronen bzw. Prozessoren, die über Verbindungen Informationen austauschen.

Zu einer anderen Computerklasse gehören die Neurocomputer, die wie die SYNAPSE-1 aus VLSI-Chips bestehen, die noch höhere Leistungen liefern, aber in ihrer Genauigkeit reduziert sind[1]. Ein solcher Chip ist in der Lage, eine rechenintensive Operation wie beispielsweise eine Matrix-Vektor-Multiplikation allein durchzuführen.

Um die Leistung der Computersysteme weiter zu steigern und Schaltzeiten zu minimieren, konzentriert sich ein Teil der Forschung auf die Entwicklung optischer Neurocomputer.

Wegen der hohen Kosten und der schlechten Verfügbarkeit von Hardwaresimulatoren wurde für diese Arbeit ein Softwaresimulator ausgewählt. Programme, die KNN modellieren, können teilweise kostenlos zu Forschungszwecken bezogen werden.

3.1 Software-Simulatoren neuronaler Netze

Einen Überblick über Software-Simulatoren findet man in ZELL (1994), S. 347 ff. Hier werden beide Simulatoren beschrieben, die zur engeren Auswahl für die vorgegebene Problemstellung standen. Das Hauptaugenmerk gilt jedoch dem letzlich verwendeten Simulator.

---

[1]Während Parallelrechner mit Gleitkommaarithmetik arbeiten, verwenden Neurocomputer eine Festkommaarithmetik mit einer Genauigkeit von 8-16 Bit. Bei VLSI-Chips reduziert sich die Genauigkeit auf 4-8 Bit, und diese liegt bei optischen Computern teilweise darunter ZELL (1994), S. 452.

3.1.1 VieNet2

Bei VieNet2 handelt es sich um ein Produkt des *Austrian Research Institute for Artificial Intelligence*, das aus einer C++-Bibliothek besteht, die von Funktionen zur Verfügung stellt, um in selbstentwickelten Programmen eine Netzwerkarchitektur aufzubauen. Die bereitgestellten Funktionen decken die wichtigsten Aufgaben für die Konzeption eines KNN ab. Sie ermöglichen die folgenden Schritte:

- Definition einer Netzwerkarchitektur,

- Definition der Beziehungen unter den Neuronen,

- Kontrolle des Netzwerkstrainings und

- Test des trainierten Netzes.

Durch den modularen Aufbau der Bibliothek, die im Source-Code vorliegt, läßt sich die Funktionalität individuell erweitern. Mit der VieNet2-Funktionsbibliothek verfügt man über einfache Zugriffsmöglichkeiten auf die internen Datenstrukturen der Netzwerksimulation über Funktionen, Makros und Pointertabelle, so daß auch komplexe Netzwerkstrukturen oder neue Lernregeln implementiert werden können.

Wie die meisten anspruchsvolleren Simulatoren ist auch VieNet2 durch den beschriebene Aufbau portabel. Für die verschiedenen Graphikoberflächen auf den verschiedenen Plattformen, die unterstützt werden[2], stellt VieNet2 eine Graphikbibliothek zur Verfügung, die in die Anwendung eingebunden werden kann. Damit kann der Benutzer auf einfache Art und Weise die Simulation steuern. Weiterhin lassen sich Parameter verändern und die Aktivierungen von Zellen sowie die Stärke von Gewichten visualisieren. Weitere Funktionen zum Erzeugen graphischer Dialogelemente und Diagrammfenster gehören ebenfalls zum Lieferumfang der Bibliothek.

Da Lernvorgänge in KNN sehr lange dauern, wird in VieNet2 eine Batch-Verarbeitung angeboten. Die Software wird als Shareware vertrieben und kann per anonymous FTP vom Fileserver *ftp.ai.univie.ac.at* bezogen werden.

---

[2] Es werden IBM-PC-kompatible Rechner unter MS-DOS und MS-Windows, Sun Workstations und HP-Workstations unterstützt.

3.2 Der Stuttgarter Neuronale Netze Simulator

Der Stuttgarter Neuronale Netze Simulator (SNNS) ist das Produkt einer Arbeitsgruppe am Institut für Parallele und Verteilte Höchstleistungsrechner der Universität Stuttgart unter der Leitung von Andreas Zell[3]. Es handelt sich dabei um einen komplexen Simulator künstlicher neuronaler Netze auf Softwarebasis, der für Unix-Plattformen konzipiert wurde. Um SNNS zu portieren, genügt lediglich die Neukompilation des vorhandenen Quellprogramms[4] auf der neuen Architektur. Zu den unterstützten Architekturen gehören:

1. Sun SparcStation unter SunOS 4.1.3 und Solaris,

2. DECStation unter Ultrix V4.2,

3. HP 9000/700 unter HP/UX 8.0 und 9.0,

4. IBM PC 386/486 und Pentium unter Linux,

5. IBM RISC System/6000 unter AIX V.3.2 und

6. Silicon Graphics Indigo unter Irix 5.1.

Der Simulator ermöglicht die Konstruktion individueller KNN und das Trainieren und Testen von selbstdefinierten Pattern. Er besteht aus vier Modulen:

1. Simulatorkern,

2. graphische Benutzeroberfläche,

3. Batch-Simulator und

4. Netzwerk-Kompiler snns2c,

die alle in ANSI-C geschrieben sind[5]. In den früheren Versionen von SNNS diente die prozedurale Programmiersprache Nessus[6] als fünfte Simulatorkomponente. Aufgabe von Nessus war die Erzeugung von Netzwerkstrukturen. Neuere, leistungsfähigere Werkzeuge, die in die graphische Oberfläche integriert sind, haben Nessus überflüssig werden lassen.

---
[3]ZELL (1994)
[4]Der gesamte Quellcode zu SNNS ist für Forschungszwecken frei verfügbar und befindet sich auf dem Anonymous FTP-Server *ftp.informatik.uni-stuttgart.de* (129.69.211.2).
[5]Die Verwendung der Programmiersprache ANSI-C bietet sich aus Effizienz- und Portabilitätsgründen an.
[6]Nessus wurde speziell zur Beschreibung von Netzwerktopologien entwickelt. Die Hauptaufgabe des Nessus-Compilers war es, aus der Netzwerkdefinition eine Eingabedatei für den Simulatorkern zu erzeugen.

3.2.1 Simulatorkern

Der Simulatorkern führt alle Aktionen der Lern- und Arbeitsphase durch und arbeitet auf einer, eigens für ihn entwickelten, internen Repräsentation neuronaler Netze. Seine Funktionen kann der Benutzer nicht unmittelbar aufrufen.

Die Struktur des Simulatorkerns gliedert sich in drei Teile, die man auch als Schalen bezeichnen kann. Die innerste Schale stellt alle Funktionen für die dynamische Speicherverwaltung zur Verfügung. Dazu gehören Routinen zur Allokation und Freigabe von Datenstrukturen in großen Speicherblöcken.

In der darüberliegenden Schale sind die meisten Funktionen des Simulators enthalten, die die Bildung von Netzwerken ermöglichen und ihre Eigenschaften manipulieren. Die gesamte Bandbreite der Funktionen läßt sich in folgende Klassen einordnen:

- Funktionen zur Bestimmung von Netzwerkstrukturen,

- Funktionen zur Manipulation von Netzwerkstrukturen,

- Funktionen für die Netzwerkpropagierung,

- Lernfunktionen,

- Funktionen zur Manipulation von Pattern-Dateien,

- Funktionen zur Verwaltung von Dateien und

- Funktionen zur Fehlerbehandlung und sonstige Utilities.

Trotz der Vielzahl an Funktionen können weitere benutzerdefinierte Funktionen in dieser Ebene zum Kernel hinzugefügt werden. Dazu sind die Funktionen als C-Programm in die dafür vorgesehenen Quelldateien zu implementieren und die zu den Definitionsdateien gehörenden Header-Dateien zu ergänzen. Alle eingefügten Funktionen müssen weiterhin in einer Tabelle aufgenommen werden, die alle in SNNS eingesetzten Funktionen enthält. Damit die Veränderungen wirksam werden, muß SNNS neu kompiliert werden. Die Funktionen werden fest eingebunden und lassen sich über die graphische Benutzeroberfläche auswählen. Zu ergänzenden Informationen wird auf das Handbuch ZELL et al. (1994), S. 250ff. verwiesen.

Die äußere Schale bildet die Schnittstelle des Kernels und besteht aus zwei Teilen. Ein Teil bildet die Schnittstelle zur graphischen Benutzeroberfläche und zum Batch-Verarbeitungsmodul, der andere Teil enhält Funktionen für die Dateischnittstelle.

3.2. DER STUTTGARTER NEURONALE NETZE SIMULATOR

3.2.2 Graphikoberfläche

Der SNNS verfügt über eine sehr leistungsfähige Graphikoberfläche (XGUI), die die Möglichkeit der interaktiven Nutzung bietet. Sie eignet sich hervorragend für die visuelle Darstellung von Netzwerktopologien. Bei zu komplexen Netzen kann die Zahl der sichtbaren Objekte reduziert werden, um die Transparenz zu gewährleisten.

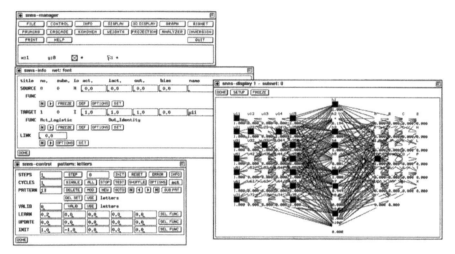

Abbildung 3.1: Beispiel der graphischen Benutzeroberfläche (XGUI) in SNNSv4.0.
Quelle: SNNSv4.0 Handbuch

XGUI setzt die Verwendung einer X-Window-Umgebung voraus. Der Zugriff auf SNNS-Komponenten erfolgt über verschiedene Fenster. Das Hauptfenster bildet der *Manager Panel*, über den alle Funktionen des SNNS aktiviert werden können. Es ist das einzige Fenster, das nach dem Start von SNNS automatisch aktiviert wird und während der gesamten Sitzung aktiv ist, da in diesem Fenster auch Statusmeldungen angezeigt werden. Über diverse Schaltflächen lassen sich alle weiteren Fenster aktivieren. In Abb. 3.1, die exemplarisch einige XGUI-Komponenten zeigt, kann man links oben den *Manager Panel* sehen. Vom *Manager Panel* werden je nach Benutzereingabe weitere Fenster geöffnet, die bestimmte Aktionen ermöglichen. Auf eine detaillierte Beschreibung der graphischen Oberfläche XGUI wird hier mit Verweis auf das Handbuch verzichtet.

Im SNNS sind alle Lernregeln implementiert, die in den Abschnitten 1.2 ausführlich besprochen wurden. Darüber hinaus kennt es beispielsweise auch die Regeln ART, Kohonen u.s.w., die in rekurenten Netzen Verwendung finden.

Die Initialisierung der Gewichte vor dem Lernen kann sowohl durch zufällige Werte als auch mit Werten erfolgen, die bestimmten Bedingungen genügen müssen. SNNSv.4 kennt insgesamt 23 Initialisierungsfunktionen. Die Art der Initialisierung ist für bestimmte Lernregeln sehr wichtig. Backpropagation kann beispielsweise nicht laufen, wenn alle Gewichte mit demselben Ausgangswert initialisiert wurden.

Das wichtigste Fenster nach dem *Manager Panel* ist der *Control Panel*. Über dieses Fenster können alle Parameter bestimmt werden, mit denen das Netz arbeiten soll. Dazu gehören die Auswahl der lernspezifischen Parametern und die Lernfunktion. Weiterhin läßt die Anzahl der Zyklen[7] bestimmen, die das Netz für das Training durchlaufen muß. Pro Zyklus können entweder alle Trainingsmuster oder ein zuvor selektiertes Muster trainiert werden. Die Reihenfolge, mit der die Muster dem Netz zugeführt werden, kann zuvor festgelegt werden oder zufällig erfolgen.

Jedes Muster muß bei der Propagierung verschiedene Neuronen ansteuern. Die Reihenfolge, in der verschiedene Neuronen angesprochen werden, ist sehr wichtig, da sie direkt die Ausgangsschicht des Netzes beeinflußt. Damit verschiedene Netze mit spezifischen Eigenschaften verwendet können, muß diese Reihenfolge manipulierbar sein. Im *Control Panel* lassen sich verschiedene Funktionen (Update Functions) die die Anlaufreihenfolge bestimmen, einstellen. Typisch sind zum Beispiel folgende Funktionen[8]:

1. **Random_Order**
   Die Reihenfolge, mit der die einzelnen Neuronen angesteuert werden, ist zufällig. Es wird zufällig ein Neuron ausgewählt und dessen Aktivierungs- und Ausgangswert berechnet. Der Zufallsprozeß wird so oft generiert, wie das Netz Neuronen besitzt. Theoretisch könnte jedes Neuron angesteuert werden. Es wird jedoch zugelassen, daß ein Neuron mehrmals ausgewählt wird. Somit werden bestimmte Neuronen in einem Zyklus nicht ausgewählt. Diese Funktion wird kaum eingesetzt. Eine ähnliche Funktion ist die mit *Random Permutation* gegeben. Im Gegensatz zu der *Random_Order-Funktion* werden hier alle Neuronen innerhalb eines Zyklus sicher ausgewählt.

---

[7] Ein Zyklus besteht aus der Präsentation aller vorhandenen Pattern an das KNN.
[8] Eine vollständige Übersicht der Update-Funktionen, die die Aktivierungsausbreitung bestimmen, findet sich im Handbuch ZELL *et al.* (1994), S. 57 - S. 62.

3.2. DER STUTTGARTER NEURONALE NETZE SIMULATOR

2. **Topological_Order**
   Beim Informationsfluß durch das Netz werden die einzelnen Neuronen gemäß ihrer Position im Netz angesprochen. Die Netztopologie bestimmt die Reihenfolge, mit der die Neuronen ihre Aktivierung berechnen. Das bedeutet, daß die einzelnen Schichten von der Eingabe- über die verdeckte Schicht zur Ausgabeschicht nacheinander abgearbeitet werden. Ein Zyklus ist hier erreicht, wenn alle Neuronen durchlaufen wurden. Diese Funktion ist die am häufigsten verwendete in feedforward-Netzen.

3. **Synchronous_Order**
   Bei dieser Funktion ändern alle Neuronen zum gleichen Zeitpunkt ihren Zustand[9]. In jedem Schritt werden Neuronen veranlaßt ihren Aktivierungs- u. Ausgangswert zu berechnen. Da der Ausgangswert eines Neurons als Eingangswert eines Folgeneurons dessen Aktivierung bestimmt, muß jedes Neuron zweimal angesprochen werden.

3.2.3 Schnittstellen des SNNS-Kernels

SNNS arbeitet mit fünf funktional verschiedene Dateien, die alle im ASCII-Format vorliegen:

- **Netzwerkdateien** (*.net) enthalten alle Neuronen des KNN und deren Gewichtung.

- **Musterdateien** (*.pat) speichern die Muster, die das KNN lernen soll.

- **Ergebnisdateien** (*.res) beinhalten die Ergebnisse, die aus der Recall-Phase gewonnen werden.

- **Protokolldateien** (*.txt) speichern alle Meldungen und Arbeitsschritte von SNNS.

- **Konfigurationsdatei** (*.cfg) enthalten Informationen über die Einstellungen von SNNS.

Diese Dateien bilden die Schnittstelle zum SNNS-Kernel.

In den **Netzwerkdateien** ist die komplette Netzstruktur mit Lern- und Update-Funktionen abgespeichert. Sie gliedern sich in vier Teile:

1. Dateikopf,

2. Default-Einstellungen,

---
[9] Die Zellen berechnen ihre Aktivierung quasi-simultan.

3. Neuronenspezifikation und

4. Netzwerkgewichte.

Im Dateikopf werden allgemeine Informationen zur Datei selbst und zum Netz festgehalten. Zu den Netzinformationen gehören zum Beispiel die Gesamtzahl der Eingangs- und Ausgangsneuronen sowie die Anzahl der Verbindungen.

In einem weiteren Abschnitt werden alle Default-Einstellungen für die Neuronen vorgenommen. Sofern für die einzelnen Neuronen keine spezifische Eigenschaft vereinbart wird, gelten die in dieser Sektion festgelegten Einstellungen.

Die einzelnen Neuronen des Netzes werden in einem eigenen Abschnitt aufgeführt. Jedes Neuron wird dabei in Form eines Datensatzes in einer Zeile der *.net-Datei dargestellt. Die Datensätze werden über fortlaufende Nummern eindeutig identifiziert, und so können für jede Zelle unabhängig von allen anderen bestimmte Eigenschaften festgelegt werden. Dazu gehören beispielsweise die Aktivierungsfunktion, Schwellenwert usw.

Im letzten Abschnitt der *.net-Datei werden die Gewichte zwischen den einzelnen Neuronen gespeichert. Dazu werden zeilenweise alle Zielneuronen mit deren eindeutigen Nummer aufgeführt. Ihnen wird dann in einer Liste die Nummer der Vorgängerneuronen mit dazugehörigem Gewicht angehängt.

Die Muster, die einem Netz zum Lernen präsentiert werden, werden in **Musterdateien** (Pattern Files) gespeichert. Diese Textdateien beinhalten sowohl das Eingabe- als auch das zugehörige Ausgabemuster. Für ein bestimmtes Netz haben alle Musterdateien die gleiche Größe. Eine Menge von Musterdateien, die zum gleichen Zweck verwendet werden, bezeichnet man als Pattern Set. SNNS ist in der Lage, mehrere Pattern Sets gleichzeitig aktiv zu halten[10]. SNNS unterscheidet zwei Arten von Musterdateien, mit fixer und variabler Größe. Bei Musterdateien mit fixer Größe ist bei der Erstellung der Musterdatei stets die Netztopologie zu berücksichtigen. Die Anzahl der Eingangs- u. Ausgangsneuronen des Netzes muß identisch mit der in den Musterdateien sein. Da sich die Anzahl der Neuronen nicht ändert, spricht man hier von Musterdateien mit fixer Größe. Ab SNNSv4.0 können aber auch Musterdateien mit variabler Größe verwendet werden. Mit ihnen kann erst zur Laufzeit bestimmt werden, welche Untermenge aus der Musterdatei einem Netz zugeführt werden soll.

Wenn eine Netzwerk- und eine Musterdatei vorliegen, kann man mit dem KNN einen Test durchführen, mit dem das Gelernte geprüft werden kann. Das Ergebnis dieser sogenannten *Recall-Phase* wird in den **Ergebnisdateien** gespeichert. In diesen Dateien

---

[10]Die Eigenschaft ist von sehr großem Vorteil, weil zu einem Trainingspattern mehrere Testpattern analysiert werden. Es ist also möglich, ein Trainingspattern gleichzeitig mit einem Validierungs- und einem Generalisierungspattern zu laden und die Güte des Netzes zu testen.

3.2. DER STUTTGARTER NEURONALE NETZE SIMULATOR

werden die aus den Musterdateien tatsächlich existierenden Ausgangswerte des KNN, mit denen die das KNN hätte erzeugen sollen, in zwei aufeinanderfolgenden Zeilen abgespeichert.

Die **Protokolldateien** sind dazu geeignet, einen Arbeitsablauf von SNNS zu rekonstruieren. Sie sind insbesondere für die Fehlersuche sehr hilfreich. Die **Konfigurationsdateien** dienen als Initialisierungsdateien für SNNS

3.2.4 Batch-Simulator

Die Batch-Version wird über eine Konfigurationdatei gestartet, in der die Netzwerkdatei, Patterndatei, Ergebnisdatei und Terminierungskriterien angegeben werden.

Für komplexe Probleme kann das Training mit SNNS mehrere Stunden bzw. Tage dauern[11]. Deshalb bietet der Simulator die Möglichkeit, Batch Jobs zu definieren, die keine Benutzerpräsenz erforderlich machen. Das Programm, mit dem die Batch Jobs abgearbeitet werden heißt *batchman*[12].

Es handelt sich dabei wie bei dem XGUI um eine Schnittstelle zum Kernel, die eine Hintergrundverarbeitung ermöglicht. Alle Aktionen und Meldungen werden in einer Log-Datei gespeichert, so daß man nachträglich die einzelnen Vorgänge der Simulation nachvollziehen kann.

batchman wird über ein Skript gesteuert. Die Struktur des Batch-Skripts ist nicht fest vorgegeben. Es gibt keinen Deklarationsbereich von Variablen. Alle Anweisungen werden in der Reihenfolge spezifiziert in der sie erfolgen sollen. Zwischenergebnisse können in Variablen gespeichert werden. Der Typ der Variablen bestimmt sich erst mit der Zuweisung eines Wertes, dabei wird der Typ des zugewiesenen Wertes einfach übernommen.

Weiterhin gibt es eine Reihe von Systemvariablen, die von Benutzern nicht verändert werden können. Diese Variablen enthalten beispielsweise den aktuellen Netzfehler (SSE) oder den Laufindex des aktuellen Zyklus. *batchman* erlaubt die Verwendung von verschiedenen Operatoren, die Ausdrücke sowohl logisch als auch numerisch verbinden können.

Neben den Variablen kennt *batchman* noch Kontrollstrukturen wie die Einfachverzweigung und die drei Standardwiederholungsanweisungen. Mit *batchman* sind alle SNNS-

---

[11] Durch einen entsprechenden Aufruf eines Prozesses kann unter UNIX der Prozeß weiter abgearbeitet werden, obwohl der Elternprozeß (Shell) zuvor beendet wurde. Es kann nach der Anmeldung auf einen Server ein Prozeß gestartet werden, der selbst nach Beendigung der Sitzung weiterläuft.

[12] Bis zur Veröffentlichung von SNNS4.0 wurde *snnsbat* zur Abarbeitung der Batch Jobs verwendet. Diese Schnittstelle konnte allerdings nur mit einer begrenzten Anzahl Lernregeln betrieben werden. Netztopologische Manipulationen waren nicht möglich. Einige Zeit nach Erscheinen von SNNSv4.0 wurde *batchman* fertiggestellt, das diese Nachteile aufhob. Allerdings sind *batchman* und *snnsbat* nicht zueinander kompatibel. Die Syntax von *batchman* ist komplett neu konzipiert worden und ähnelt Programmen wie AWK, Pascal, Modula2 und C.

Funktionen aufrufbar. Leider waren nicht alle Funktionen zur Zeit des Einsatzes von *batchman* dokumentiert. Im direkten Gespräch mit den Entwicklern konnte dieses Problem rasch behoben werden.

3.2.5 Netzwerk-Compiler

Der Netzwerk-Compiler *Snns2c* ist kein interner Hauptbestandteil von SNNS, sondern ein Werkzeug, das den Simulator ergänzt. Dieses Modul wandelt (bzw. übersetzt) ein Netzwerk in einen C-Quellcode um. Dadurch läßt sich das komplette Netzwerk als Funktion aufrufen. Bei dieser Umwandlung wird das Netz quasi 'eingefroren', d.h. daß man das in C-Quellcode vorliegende Netz nicht weiter trainieren kann. Deshalb bietet sich der Einsatz von *Snns2c* erst nach Ermittlung eines optimalen Netzes an. Mit *Snns2c* lassen sich alle SNNS Funktionalitäten in eine C-Funktion zusammenfassen, die in selbstentwickelten Programmen eingefügt und kompiliert werden kann. *Snns2C* unterstützt nicht alle Netzwerktypen, so daß sich nicht alle Netzwerke in einfache C-Funktionen exportieren lassen. Der Prototyp der mit *Snns2c* erzeugten Funktion lautet:

int Funktionsname (float*, float*, int),

wobei die ersten zwei `float`-Parameter Zeiger auf das erste Element des Eingangs- und Ausgangsvektors sind. Der dritte Parameter dient als *flag* für bestimmte Netzwerkarchitekturen. Bei korrekter Abarbeitung liefert die Funktion den Wert 0 zurück.

3.3 Die Schale um SNNS

Die einzelnen Komponenten des SNNS lassen sich manuell ansprechen. Allerdings wäre dies für die vorgelegte empirische Untersuchung aus zeitlicher Sicht eine fast unüberwindbare Hürde. Bei der enormen Datenmenge und den unterschiedlichen, teilweise komplexen Arbeitsschritten wären Fehler, die aus einer Fehlbedienung resultieren, unvermeidlich gewesen. Deshalb wurde eine Schale um die SNNS-Module programmiert, die den Zugriff auf die einzelnen Komponenten in einfacher Weise ermöglicht und automatisiert. Diese Schale besteht aus zwei Komponenten. Die erste Komponente wird von zwei C++Programmen übernommen: `PreProcess.cc` und `PostProcess.cc`, die die Datenaufbereitung vornehmen. Um diese Programme befindet sich die zweite Komponente, das Shell-Script `Empirie`, das die komplette Steuerung der Untersuchung übernimmt[13].

Mit dem Shell-Script aus dem Listing C.2 kann der Experimentator festlegen, ob er einzelne oder alle verfügbaren Lernregeln testen möchte. Für jede ausgesuchte Lernregel wird ein Untersuchungsdurchlauf gestartet. Hierzu wird die Kontrolle an die Sub-Shell

---

[13]Der Kern des Shell-Scripts kann dem Anhang C entnommen werden.

3.3. DIE SCHALE UM SNNS

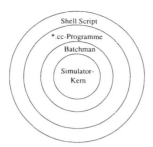

Abbildung 3.2: Selbstprogrammierte Umgebung für SNNS

Untersuchung weitergeleitet. Das Listing zu dieser Sub-Shell kann dem Anhang C.1 entnommen werden. In der innersten Zählschleife des Listings C.1 finden sich die drei Arbeitsschritte

- PreProcessing,

- SNNS und

- PostProcessing

wieder. Diese Arbeitsschritte werden für verschiedene Mengeneinteilungen[14] wiederholt. Die Ergebnisse werden in einer Datei protokolliert.

3.3.1 Aufbau und Struktur von PreProcess und PostProcess

Sowohl `PreProcess` als auch `PostProcess` sind C++ Projekte, die aus mehreren Modulen bestehen[15]. Die Module und deren Funktion sind in Tabelle 3.1 aufgelistet.

In `PreProcess` wird die in Abschnitt 6.2.1 vorgestellte Datenvorbehandlung vorgenommen. Programmspezifische Parameter werden beim Programmaufruf über die Konsole übergeben. Die Syntax des Aufrufs lautet wie folgt[16]:

```
PreProcess <Steuerdatei> -f# [ -l# ] -i# -t# -v# -g# [ -r# ] [ -o# ]
           [ -E# ] [ -C# ] [ -a# ] [ -b# ] [ -c# ] [ -d# ] [ -e# ]
```

---
[14]siehe Abschnitt 6.2.1.5
[15]Zusätzlich zu der eigenen Bibliothek wurde die von KLATTE et al. (1993) verwendet.
[16]Zur näheren Erläuterung der Parameter wird auf Abschnitt 6.2.1 verwiesen.

`<Steuerdatei>`	:	Liste von Wertpapieren und deren Dateinamen mit den Zeitreihen
`#`	:	Platzhalter für einen numerischen, ganzzahligen Wert
`-f`	:	Größe der Zeitfenster für die Präsentation der Daten
`[ -l ]`	:	Bestimmung der Lags zwischen den Zeitfenstern. Defaultwert: 1
`-i`	:	bezieht sich auf die Eintragungen in der Datei `createind.config` und kontrolliert die Einflußgrößen, die dem Netz zugeführt werden sollen.
`-t`	:	Größe der Trainingsmenge
`-v`	:	Größe der Validierungsmenge
`-g`	:	Größe der Generalisierungsmenge
`[ -r ]`	:	optionale Angabe der Lernregel (Default ist Backpropagation)
`[ -o ]`	:	optionale Angabe der Outputs (Default ist ein Output)
`[ -C ]`	:	maximale zulässige Korrelation der Inputs
`[ -E ]`	:	Anzahl der Epochen
`[ -a ]`	:	Lernrate
`[ -b ]`	:	zweiter lernregelspezifischer Parameter
`[ -c ]`	:	dritter lernregelspezifischer Parameter
`[ -d ]`	:	vierter lernregelspezifischer Parameter
`[ -e ]`	:	fünfter lernregelspezifischer Parameter

Die Einflußfaktoren, die unter der Option `-i` dem Netz als Eingabe dienen, müssen in einer speziellen Konfigurationsdatei (`createind.config`) näher spezifiziert werden. In dieser Datei werden die technischen Indikatoren mit ihrer Lag-Struktur gespeichert. Die mit der Option `-r` eingegebene Lernregel bedarf ebenfalls weiterer Informationen. So müssen spezielle Parameter wie Lernrate, Momentum[17] etc. spezifiziert werden. Diese Information wird in der Datei `LearnParam.ini` festgehalten. Dem Programm `PostProcess`

---

[17] siehe Abschnitt 6.2.2.3

Tabelle 3.1: Module der Projekte PreProcess und PostProcess

Modul	Inhalt und Funktionalität
util.cc	Sammlung von Hilfsroutinen für Dateioperationen, Ausgabe von Daten etc.
indicator.cc	Funktionen für die Berechnung von Indikatoren der technischen Aktienanalyse
scale.cc	Skalierungs- und Normierungsfunktionen, die auf Zeitreihen angewendet werden
stat.cc	Statistische Auswertungfunktionen
matrix.cc	C++Routinen für die Verarbeitung von Vektoren und Matrizen

wird lediglich ein Parameter übergeben. Die Syntax lautet:

```
PostProcess <Selektionskriterium>

<Selektionskriterium> :  MAE (Mean Average Error)
                         MSE (Mean Square Error)
                         NR  (Net Return)
                         RMSE (Root Mean Square Error)
                         R   (Korrelation)
                         DIRCH (Directional Change)
```

Mit dem Selektionskriterium wird der Abbruch des Lernvorgangs vorgenommen. Hauptaufgabe des Programms PostProcess ist allerdings die Rückführung der Daten in ihre ursprünglichen Intervalle sowie die Auswertung der Ergebnisse.

3.4 Selbstentwickeltes Programm

Um die in Kapitel 4 beschriebenen Portfoliomodelle zu testen, wurde für diese Arbeit ein Programm entwickelt, das eine empirische Untersuchung ermöglicht. Das Programm ist so konzipiert, daß es als Werkzeug im Portfoliomanagement genutzt werden kann. So können nicht nur KNN in Portfolioentscheidungen integriert werden, vielmehr lassen sich auch verschiedene Portefeuilles verwalten und Wertentwicklungen graphisch visualisieren. Das Programm besteht aus mehreren Modulen, die mit verschiedenen Programmiersprachen realisiert wurden. Die Benutzerschnittstelle, auf die im folgenden näher eingegangen wird, wurde mit einer Skriptsprache programmiert.

3.4.1 Tool Command Language

Die Programmiersprache TCL[18] (Tool Command Language) ist eine Skriptsprache vergleichbar mit anderen Unix-Shell-Sprachen wie z.B. die Bourne-Shell, die Korn-Shell oder Perl. Der Source-Code wird von einem TCL-Interpreter in Maschinensprache umgewandelt. TCL greift auf eine C-Bibliothek zu, mit der sich die Skriptsprache individuell erweitern läßt. Durch klar definierte Schnittstellen können neue Elementarbefehle in TCL hinzugefügt werden, die mit gewöhnlichen C-Prozeduren geschrieben sind[19]. Die C-Bibliothek beinhaltet den Basisinterpreter und einige grundlegende Skriptkommandos, mit denen Variablen, Ablaufsteuerung, Dateieingabe- und -ausgabe sowie Prozeduren implementiert sind. Eine TCL-Anwendung besteht somit aus einer Folge von Elementarbefehlen. Durch die shellähnlichen Fähigkeiten können externe Programme aufgerufen werden. Der umgekehrte Weg, über C-Programme TCL-Skripte aufzurufen, ist ebenfalls möglich, und es kann sogar die Befehlsausführung des TCL-Interpreters verfolgt werden.

Durch den Aufbau von TCL bedingt existieren viele Erweiterungen für die Skriptsprache. Diese enthalten eine C-Bibliothek mit neu definierten Funktionen bzw. Funktionalitäten für TCL und eine TCL-Schnittstelle. Zu diesen Erweiterungen gehören beispielsweise Routinen für die Netzwerkprogrammierung (sockets) oder Datenbankzugriffe. Zu den wichtigsten Erweiterungen von TCL gehört Tk (Toolkit), die eine Schnittstelle für X-Windows ist. Mit Tk verfügt man über eine Sammlung von Routinen, mit denen sich Benutzeroberflächen aus grafischen Bausteinen (widgets) erstellen und manipulieren lassen.

Die Entwicklung von grafischen Benutzerschnittstellen auf der Basis von TCL/Tk bietet einige Vorteile, die den Ausschlag für ihre Verwendung im Rahmen der vorliegenden Arbeit gaben. Zu diesen Vorteilen gehört die rasche Umsetzung von Konzepten für grafische Benutzeranwendungen, da eine Kompilation des Source-Codes nicht erforderlich ist und dadurch lange Wartezeiten entfallen. Weiterhin genügen wenige TCL-Kommandos, um Benutzeroberflächen zu generieren. Diese bilden eine höhere Schnittstelle zu X-Windows als die meisten Standardwerkzeuge der C-Bibliothek. Ein weiterer Vorteil liegt auch in der möglichen Trennung zwischen Benutzeroberfläche und dem Rest der Anwendung. Die grafische Oberfläche läßt sich bei Einhaltung modularer Programmiergrundsätze am Ende implementieren, wenn der Kern der Anwendung bereits programmiert ist. Der Kern der Anwendung besteht aus C-Code.

---

[18] Es gibt wenig deutsche Literatur zu TCL. Zu der aktuellen Version von TCL 7.4 und Tk 4.0 gibt es nur eine deutsche Übersetzung WELCH (1996), die dem Autor bekannt ist. Eine kleine Einführung in TCL kann auch in MAURER (1996) nachgelesen werden und ausführlicher in JOHNSON (1996).

[19] Es können sowohl ANSI-C- als auch C++-Funktionen verwendet werden.

3.4. SELBSTENTWICKELTES PROGRAMM

3.4.2 Programmbeschreibung

Das selbstentwickelte Programm *Portfolio* dient im wesentlichen dazu, die drei Phasen des Pre-, Main- und Post-Processing zu beeinflussen und das KNN für die Herbeiführung von Portfolioentscheidungen einzubinden, ohne mit dem SNNS direkt in Berührung zu

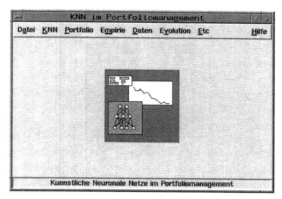

Abbildung 3.3: Selbstentwickeltes TCL-Programm

kommen. Für den Anwender ist der SNNS weder sichtbar noch muß er die Funktionsweise des Simulators kennen. Die Anwendung des SNNS ist somit stark vereinfacht, da sich das TCL-Programm auf die wichtigsten Funktionalitäten des SNNS beschränkt und auf diese sehr komfortabel zugreift.

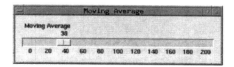

Abbildung 3.4: Eingabe-Widget für Eingaben des Benutzers

Das Programm *Portfolio* ist durch Pull-Down-Menüs zu bedienen und verfügt über etablierte Standards der modernen Softwareentwicklung. Die graphische Oberfläche ermöglicht die Eingabe der meisten Parameter mit der Maus. So können beispielsweise über graphische Schieberegler (siehe Abbildung 3.4) Werte für Lags von technischen Indikatoren eingegeben werden[20]. Ein technischer Indikator ist dabei ein Array von Zeichenketten. Die einzelnen Elemente des Arrays werden ebenfalls mit einer Zeichenkette adressiert. Somit kann man sich Arrays in TCL als Abbildungen von Zeichenketten auf Zeichenketten vorstellen.

Einen Überblick über die aktuellen Parameter erhält der Anwender über Info-Boxen, wie sie beispielhaft in Abbildung 3.5 sichtbar ist. Der Index des Arrays wird durch runde

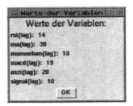

Abbildung 3.5: Anzeige der aktuellen Lags von technischen Indikatoren

Klammern abgegrenzt. Der Indexwert ist die Zeichenkette 'lag'. Der Index kann jeden Zeichenkettenwert annehmen und das Ergebnis von Variablen- oder Kommandosubstitutionen sein.

Je nach Problematik ist auch die Eingabe über Dialogboxen wie in Abbildung 3.7 möglich. Über Hinweisboxen (siehe Abbildung 3.6) erhält der Benutzer hilfreiche Meldungen und Hinweise, die ihn auf Fehleingaben bzw. -bedienungen aufmerksam machen. Diese können

Abbildung 3.6: Meldungen an den Benutzer

ständig eingeblendet bleiben, um die Veränderungen aller Programmparameter zu verfolgen. Wie Abbildung 3.3 zeigt, gliedert sich das Programm in acht Menüpunkte, die dem Benutzer schaltflächenähnliche Menüeinträge anbieten. Der Anwender verfügt über

---

[20]Diese Art der Eingabe bietet sich für standardisierte Eingabewerte an.

3.4. SELBSTENTWICKELTES PROGRAMM

verschiedene Arten von Menüeinträgen einschließlich der Kommandoeinträge, Checkeinträge und Radioeinträge. Die Pull-Down-Menüs verwenden beispielsweise Trennzeicheneinträge, um Menüpunkte optisch abzusetzen, und Abtrenneinträge, die es ermöglichen, ein Menü von der Menü-Schaltfläche abzutrennen und ein neues Fenster auf oberster Ebene zu bilden. Einige Menüpunkte sind nur wegen der konzeptionellen Vollständigkeit

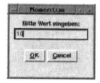

Abbildung 3.7: Eingabe-Widget für die Eingaben des Benutzers

vorhanden, sind also nicht ausprogrammiert. Dazu gehört beispielsweise der Menüpunkt 'Hilfe', der eigentlich eine Online-Hilfe beinhalten sollte[21]. Unter dem Menüpunkt 'Datei' werden die in Programmen üblichen Dateifunktionen zur Verfügung gestellt, worauf hier nicht im Detail eingegangen wird. Die Dateien, die das Programm verwaltet, sind: Depotbestände, Zeitreihen von Aktien und Konfigurationsdateien für das SNNS.
Im Menüpunkt 'KNN' können alle für das KNN relevanten Datenwerte eingestellt werden. Wie in Abbildung 3.8 in der ersten Hierarchieebene des mehrstufigen Menüs zu sehen ist, betrifft das die Eingabedaten und Lernparameter des KNN sowie dessen Design.
Der Menüpunkt 'KNN' ist ein stufenförmiger Menüeintrag, der aus weiteren Untermenüs besteht, die sich über mehrere Hierarchieebenen verzweigen. Die Auswahl eines Menüpunkts erfolgt über *Schaltflächen-*, *Radiobutton-* oder über *Checkbutton-*Widgets. Schaltflächen-Widgets sind mit TCL-Kommandos assoziiert, die Aktionen in der Anwendung aufrufen. Radiobutton- und Checkbuttons-Widgets beeinflussen die Anwendung indirekt durch Steuerung von TCL-Variablen. In Abbildung 3.8 ist auf der untersten sichtbaren Menüebene ein Beispiel für Radiobuttons zu sehen, während die Checkbuttons in Abbildung 3.9 sichtbar sind. Diese Buttons sind wie normale Schaltflächen mit Kommandos oder Anweisungen assoziiert, die globale Variablen definieren. Radiobuttons zeichnen sich dadurch aus, daß sie nur einen Wert annehmen können. Man kann sich Radiobuttons und Checkbuttons als beliebig lange Vektoren vorstellen. Bei Radiobuttons kann nur ein Element des Vektors aktiv sein, der mit dem Wert eins belegt ist. Alle anderen Felder sind inaktiv und mit dem Wert Null belegt. Bei Checkbuttons hingegen können mehrere Feld-

---

[21] Stattdessen sind dort nur einige allgemeine Informationen zur Identität des Autors untergebracht.

86   KAPITEL 3. SIMULATIONSINSTRUMENTE FÜR KNN

elemente gleichzeitig aktiv sein. Einen Eindruck über die Verzweigungen der Menüpunkte
liefert Abbildung 3.8.

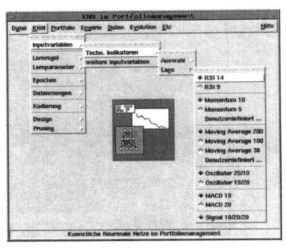

Abbildung 3.8: Auszug der Hierarchieebenen des Menüpunktes KNN

3.4.3 Organisation des Programms

TCL-Programme ermöglichen zwar den Aufbau sehr großer graphischer Anwendungen,
allerdings führt der etwas unübersichtliche und teilweise sehr umständliche Code dazu,
daß die Programme sehr schnell unleserlich werden. Die daraus resultierenden negativen
Auswirkungen betreffen nicht nur die Entwicklung der graphischen Oberfläche, sondern
auch die Wartbarkeit bereits erstellter Anwendungen. Deshalb entsteht die dringende
Notwendigkeit, das Programm soweit wie möglich in klare abgegrenzte Module zu strukturieren. Dies wurde bei dem vorliegenden Programm mit der Erstellung von Skript-
Bibliotheken erreicht. Funktionen, die von mehreren Programmen bzw. Modulen verwendet werden, wurden, sofern sie logisch zusammengefaßt werden konnten, in eigenständige
Dateien gespeichert. Eine Vielzahl dieser Dateien bildet eine TCL-Skript-Bibliothek, die
von verschiedenen Anwendungen benutzt werden kann. Große Anwendungen können so
auf ein kurzes Hauptskript reduziert werden, das dann seinerseits auf mächtige Skript-

3.4. SELBSTENTWICKELTES PROGRAMM

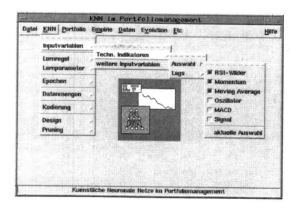

Abbildung 3.9: Auswahlmöglichkeiten des Menüpunktes KNN mit Checkbuttons

Bibliotheken zugreifen kann[22]. Ein weiterer Vorteil dieser Vorgehensweise liegt darin, daß nicht immer der gesamte TCL-Code geladen werden muß, um eine Anwendung zu starten. Es wird nur das Hauptskript geladen, und später benötigte Funktionalitäten werden bei Bedarf nachgeladen. Die Struktur des Hauptskripts kann man der Abbildung 3.10 entnehmen. Der Code befindet sich im Anhang D.

Das Schreiben von TCL-Programmen, die auf Bibliotheken zurückgreifen, erfordert die Einhaltung strikter Programmierkonventionen, da in TCL kein formales Modulsystem existiert. Die Mißachtung dieser Konventionen führt unweigerlich zu Konflikten zwischen Prozeduren und globalen Variablen mit gleichem Namen[23]. Um Konflikte zu vermeiden, wird ein Index erstellt, der alle in einer Skript-Bibliothek aufgeführten Prozeduren auflistet. Wichtig dabei ist, daß dieser Index ständig aktualisiert wird und dieser somit immer alle Prozeduren der Skript-Bibliothek kennt. Wird in einer Anwendung ein auftretender Prozedurname nicht gefunden, wird automatisch in dem Bibliothekindex nachgeschaut, ob dort eine solche Prozedur bekannt ist und wo sie sich befindet. Dazu können vordefinierte Pfade benutzt und damit auch mehrere Bibliotheken gleichzeitig durchsucht werden. Durch den Index wird weiterhin sichergestellt, daß Mehrfachbenennungen von Prozeduren nicht vorkommen.

---

[22] Insgesamt sind 128 Prozeduren auf 17 Dateien verteilt.
[23] Diese Konventionen sind in WELCH (1996), S. 143 ff. aufgeführt und beschrieben.

```
#!/usr/X11R6/bin/wish -f
Aktualisierung des Index mit den einzelnen Programm-Modulen {
  :
}
Initialisierung des globalen Variablen {
  :
}
Definition der Menü-Struktur{
  :
}
Definition der Tastenbindungen{
  :
}
```

Abbildung 3.10: Struktur des TCL-Hauptskripts Portfolio

3.5 Zusammenfassung

In diesem Kapitel wurden Softwareinstrumente vorgestellt, die KNN operationalisierbar machen. Die hier angeführten Simulatoren erheben keinen Anspruch auf Vollständigkeit[24]. Sie sind in ihrer Leistung vergleichbar und werden als Alternativen für die Erstellung von Prognosen auf dem Aktienmarkt betrachtet. Es zeigt sich, daß leistungsfähige Simulatoren sehr komplex sein können. Daraus resultiert die Notwendigkeit, die Funktionalität auf den benötigten Umfang zu reduzieren und den Anforderungen der vorliegenden Problematik anzupassen. Das Hauptaugenmerk wurde auf das SNNS gerichtet, daß sehr vielseitig einsetzbar aber auch sehr komplex ist. SNNS verfügt zwar über eine graphische Oberfläche, die die Bedienung des Simulators vereinfachen soll. Leider kann man bei den meisten Anwendungen die graphischen Eigenschaften von SNNS nicht einsetzen, da die lange Lerndauer aller KNN ein interaktives Arbeiten fast unmöglich macht. Deshalb kommt dem Batchbetrieb eine sehr große Bedeutung zu. Die Bedienung des Simulators wird dadurch jedoch nicht vereinfacht, da zusätzlich noch die Batchfunktionsweise sowie die Skriptsprache beherrscht werden muß.

Mit dem selbstentwickelten Tool ist ein Versuch unternommen worden, die Komplexität von SNNS zu reduzieren, ohne seine Leistungsfähigkeit zu schmälern. Dies ist deshalb möglich, weil klar abgegrenzte Funktionen und Eigenschaften des SNNS für die Aktienkursprognose benötigt werden. Es muß jedoch eingeräumt werden, daß Erweiterungen des Tools mit weiterem Programmieraufwand verbunden sind, weil durch die Komple-

---

[24]Es gibt weitere leistungsfähige Simulatoren, wie z.B. *NEMESIS* [vgl. HEUER (1997), S. 427 ff.]

3.5. ZUSAMMENFASSUNG

xität von SNNS das Tool nicht sehr flexibel realisiert werden konnte. Dieses Tool wurde in diesem Kapitel vorgestellt, und ohne detaillierte technische Beschreibung wurde seine Leistungsfähigkeit dokumentiert.

Teil III

Der Einsatz von KNN auf dem Kapitalmarkt

Kapitel 4

KNN in der modernen Portfoliotheorie

Ziel dieses Kapitels ist es, die Methoden der modernen Portfoliotheorie kritisch aufzugreifen und aufzuzeigen, wie KNN additiv bzw. alternativ in die Portfoliobildung eingebracht werden können.

Die Portfoliotheorie kann man in eine normative und eine positive Theorie eingrenzen [vgl. PHILLIPS & RITCHIE (1983), S. 272 ff.]. Die normative Portfoliotheorie, die man als moderne Portfoliotheorie bezeichnet, fokussiert auf die Entscheidungsgrundlagen des individuellen Portfoliomanagements. Sie liefert Richtlinien für Portfolioentscheidungen und baut daher nicht auf extremen Annahmen auf. Dabei geben präskriptive Modelle einem Investor eine konkrete Anleitung bzw. Methode, wie er sein Portfolio optimal strukturieren kann. Im Gegensatz dazu basiert die positive Portfoliotheorie auf restriktiven Annahmen. Sie versucht, aus den aggregierten individuellen Investitionsentscheidungen Rückschlüsse auf das Verhalten der Märkte zu schließen und komplexe Zusammenhänge zu erklären. Aussagen der positiven Portfoliotheorie sind allgemeingültig. Da mit ihr allgemeine Gleichgewichte auf Investitions- und Kapitalmärkten betrachtet werden, wird sie als *Kapitalmarkttheorie* bezeichnet.

Die vorliegende Arbeit konzentriert sich darauf, die KNN als Prognoseinstrument zu verwenden. Deshalb wird hier die positive Portfoliotheorie sowie deren Modelle wie *CAPM* oder *ATP* nur kurz dargestellt. Eine ausführliche empirische Validierung zu diesen beiden Kapitalmarktmodellen findet man in ULSCHMID (1994) und REISS & MÜHLBRADT (1979) sowie GOTHEIN (1995). Im Gegensatz dazu werden in diesem Kapitel Möglichkeiten aufgezeigt, wie die Einbindung von KNN in der Entscheidungsfindung eines Marktteilnehmers erfolgen kann. Daher konzentriert sich dieses Kapitel auf die normative Portfoliotheorie.

4.1 Normative Portfolioselektion

Die Analyse und Lösung des Portfolioselektionsproblems wurde bereits 1952 von Harry Markowitz entwickelt und später von ihm und anderen, z.B. SHARPE (1964), LINTNER (1965) und TOBIN (1965), verfeinert und erweitert. Die Grundidee sowie der grundsätzliche Ansatz haben sich jedoch seit der Erstveröffentlichung 1952 nicht verändert.

Neben dem rein analytischen Ansatz von Markowitz gibt es auch weitere Portfoliostrategien, die man zu den normativen Strategien zählen kann. Dazu gehört das Verfahren der stochastischen Dominanz, das ebenfalls eine analytische Portfoliobildung ermöglicht.

Eine etwas andere Stellung haben Formelanlagepläne. Sie bilden Portefeuilles, indem sie eine bestimmte Strategie verfolgen, ohne jedoch das Vorgehen theoretisch zu begründen.

In den folgenden Abschnitten wird auf diese Portfolioselektionsstrategien eingegangen. Dabei sollen Erweiterungsmöglichkeiten dieser Strategien betrachtet werden, die durch die Hinzunahme von KNN entstehen.

4.1.1 Das Portfolio-Selektionsproblem

Die Grundlagen der modernen Portfoliotheorie wurden von Markowitz gelegt. In seiner Arbeit *Portfolio Selection* [vgl. MARKOWITZ (1952)] wurde erstmals ein analytisches Verfahren zur Portfoliodiversifizierung vorgeschlagen.

Die Vorgehensweise zur Portfolioselektion kann in zwei Hauptschritte aufgeteilt werden, die sich in weitere Teilschritte zerlegen lassen [MARKOWITZ (1952), S. 77]:

1. Prognose der zukünftigen Renditen der betrachteten Aktien sowie deren zentralen Momente und Bestimmung der Korrelation zwischen den Renditen der Aktien.

2. Bestimmung des optimalen Portfolios unter Berücksichtigung der Ergebnisse des ersten Teilschritts.

Zum ersten Schritt liefert Markowitz keine weitere Anleitung. Dazu macht AUCKENTHALER (1991), S. 62, den Vorschlag, Umweltzustände zu ermitteln, denen Eintrittswahrscheinlichkeiten zugeordnet werden können. Jeder Umweltzustand wird einer Rendite zugewiesen. Hieraus werden der Erwartungswert μ und die Standardabweichung σ berechnet. Dieses Modell ist allerdings in hohem Maße vereinfacht. Die unendliche Anzahl von Umweltzuständen läßt sich nicht fassen. Auch eine Beschränkung auf wenige, relevante Umweltzustände wirft die Frage auf, wie diese Umweltzustände und deren Wahrscheinlichkeiten ermittelt werden sollen. Mögliche Verfahren, wie z.B. die Delphi-Methode[1], sind entweder durch subjektive Einschätzungen geprägt, oder sie sind sehr aufwendig.

---
[1] Die Delphi-Methode versucht, durch ein Zufallsexperiment die Wahrscheinlichkeit für das Eintreten eines Ereignisses zu bestimmen. Diese Methode eignet sich dann, wenn nur eine begrenzte Anzahl von Versuchen durchgeführt werden kann. Sie beruht auf subjektiven Wahrscheinlichkeiten, die sich z.B. auf Meinungen und Einschätzungen von Experten gründen [HARTUNG & ELPELT (1989), S. 95].

4.1. NORMATIVE PORTFOLIOSELEKTION

Als zukünftige Renditen können auch die Prognosen verwendet werden, die von KNN geliefert werden. Problematisch ist in diesem Zusammenhang allerdings die große Datenmenge, die erforderlich ist, um Prognosen zu generieren. Der hohe Trainingsaufwand des KNN kommt zum ohnehin aufwendigen Selektionsmodell hinzu. Die Portfoliobildung auf Tagesbasis kann in der Praxis schon im Vorfeld ausgeschlossen werden, weil sie zu große Rechnerkapazitäten erfordert[2]. Eine solche Analyse läßt sich nur ex-post durchführen. Anderseits erfordern Monatsprognosen einen größeren Untersuchungszeitraum. Die dazu erforderliche Datenbasis konnte im Rahmen dieser Arbeit nicht beschafft werden.

Als praktikable Lösung wird vorgeschlagen, ein KNN einmal zu trainieren und mit den vom Netz gelernten Zusammenhänge eine angemessene[3] Zeit zu arbeiten. Da sich aber die Zusammenhänge am Markt ändern, bleibt ein neues Netztraining nicht aus. Die Trainingsphase kann jedoch verkürzt werden, wenn man das KNN nicht komplett neu konzipiert, sondern die einmal gelernten Strukturen nachtrainiert. Das KNN kann somit auf das einmal erworbene Wissen zurückgreifen und darauf aufbauen. Dies schließt jedoch die Gefahr ein, daß ein ursprünglich schlecht konzipiertes Netz sich nur sehr langsam verbessert.

Der zweite Hauptschritt zur Portfolioselektion wird in zwei weitere Teilschritte untergliedert:

1. Trennung der effizienten Portefeuilles von den nichteffizienten,

2. Bestimmung des optimalen Portfolios.

Mit dem Kovarianz-Modell von Markowitz können effiziente Portfolios ermittelt werden. Ein Portfolio ist effizient, wenn es

1. eine höhere Rendite aufweist als andere Portfolios mit gleichem Risiko,

2. ein niedrigeres Risiko aufweist als andere Portfolios mit gleicher Rendite,

3. sowohl ein niedrigeres Risiko als auch eine höhere Rendite als andere Portefeuilles hat.

Diese Effizienzkriterien beruhen auf der Annahme, daß der Investor risikoavers ist. Die Risikoaversion rührt aus der Konkavität seiner Nutzenfunktion bezüglich Reichtum, die einen abnehmenden Grenzertrag des Nutzens impliziert. Das hat zur Folge, daß eine

---

[2] Es ist zudem fraglich, ob auf Tagesbasis das Markowitzsche Modell wegen der ständigen Strukturänderungen sinnvoll angewendet werden kann.

[3] Man wird das gelernte KNN nur solange einsetzen, wie seine Prognose besser bzw. gleich gut bleibt. Bei einer Verschlechterung werden die Marktzusammenhänge mit dem KNN nicht mehr hinreichend erklärt, und das KNN sollte nicht mehr eingesetzt werden.

96   KAPITEL 4. KNN IN DER MODERNEN PORTFOLIOTHEORIE

Abnahme des Reichtums mit einem höheren Nutzenverlust einhergeht als die Nutzenzunahme durch Erhöhung des Reichtums [vgl. BLAKE (1990)]. In das Optimierungsproblem von Markowitz gehen erwartete Rendite und die Renditevarianz als Risikovarianz ein. So kann unter einer Vielzahl von Portefeuilles das optimale herausgesucht werden.

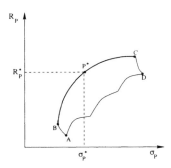

Abbildung 4.1: Menge aller Portefeuilles

Aus einer Anzahl N von Investitionsobjekten kann eine unendliche Anzahl von Portefeuilles gebildet werden, von denen allerdings nicht alle effizient sind. Abbildung 4.1 zeigt die Menge aller denkbaren Portfolios, die mit einer Anzahl N von Investitionsobjekten gebildet werden können[4].

Das effiziente Portfolio läßt sich durch Anwendung des Effizienztheorems finden. Berücksichtig man in Abbildung 4.1, daß es kein Portfolio mit einem geringeren Risiko als B und einem höheren Risiko als D gibt, und daß es kein Portfolio mit einer niedrigeren Rendite als A und einer höheren Rendite als C gibt, so muß die Menge aller effizienten Portefeuilles auf der Kurve zwischen dem Punkt B und C liegen. Alle anderen Portefeuilles sind ineffizient. Welches Portfolio der Investor entlang der Kurve BC auswählt, hängt von seinen Präferenzen ab. Unterstellt man eine konkave Nutzenfunktion und die Nichtsättigungshypothese, ergeben sich je nach Ausprägung seiner Risikoaversion die in Abbildung 4.2 dargestellten Indifferenzkurvenscharen.

Das optimale Portfolio ist das, welches die höchste Indifferenzkurve gerade tangiert. Das ist der Punkt P^* in Abbildung 4.3 für den stark risikoaversen Investor.

Für den schwach risikoaversen Investor wird das optimale Portfolio rechts von P^*, entlang der Effizienzlinie realisiert.

---
[4]Die Erklärung, warum die Menge der effizienten Portfolios konkav ist, kann in SHARPE (1964) nachgelesen werden S. 199 ff..

4.1. NORMATIVE PORTFOLIOSELEKTION

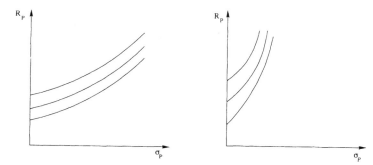

Abbildung 4.2: Indifferenzkurven

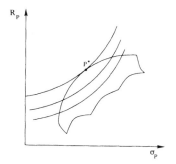

Abbildung 4.3: Optimales Portefeuille

4.1.1.1 Bestimmung der effizienten Portefeuilles

Die Grundidee von Markowitz liegt darin, daß sich Risiken einzelner Anlagen durch Portfoliobildung reduzieren oder ganz ausschließen lassen. Zur Bildung des Portfolios wird die Auswahl und Gewichtung der Titel nur unter Berücksichtigung der gesamten Korrelationsstruktur und somit der Entwicklungsinterdependenzen aller zur Auswahl stehenden Anlagen getroffen. Die Lösung des Problems geht über die Modellierung der Anlagerenditen als Zufallsvariablen über ihre Analyse im zweidimensionalen Raum von Erwartungswert und Varianz. Dabei wird der Erwartungswert als Maß für die erwartete Rendite und die Varianz als Maß für das Risiko betrachtet. Der Markowitzsche Ansatz baut also auf der Annahme auf, daß für eine optimale Portfoliobildung nicht nur die Renditeerwartung eines Anlageobjekts, sondern auch sein Risiko und seine Wechselwirkung mit demjenigen anderer potentieller Anlageobjekte eine Rolle spielt. In das Modell von Markowitz gehen keine direkten nutzentheoretische Betrachtungen ein. Es ist nicht erforderlich, die Nutzenfunktion des Investors zu spezifizieren. Markowitz konzentriert sich auf die Menge aller effizienten Portefeuilles und bestimmt das optimale Portfolio durch Berücksichtigung eines Mindesterwartungswerts als Nebenbedingung GOTHEIN (1995).

Mit dem (μ/σ)-Kriterium läßt sich die Menge aller effizienten Portefeuilles ermitteln. Das (μ/σ)-Prinzip beurteilt die Effizienz eines Portfolios mit den Momenten der Verteilung der zukünftigen Renditen μ und der Standardabweichung σ. Ein risikoaverser Marktteilnehmer bevorzugt ein niedriges σ, denn je kleiner die Schwankung des Portfolios ist, desto sicherer wird der Marktteilnehmer seine erwartete Rendite erzielen. Allerdings ist mit einem größeren Risiko auch ein möglicher höherer Gewinn verbunden. Deshalb ist die alleinige Minimierung von σ noch nicht ausreichend um das optimale Portfolio zu finden.

Zur Bestimmung der effizienten Portefeuilles werden folgende Größen benötigt:
Die Rendite eines Wertpapiers i:

$$R_i = \frac{K_{i,1} - K_{i,0} + D_i}{K_{i,0}}$$

$K_{i,1}$ = Kurs des Wertpapiers zum Betrachtungszeitpunkt
$K_{i,0}$ = Kurs des Wertpapiers zum Kaufzeitpunkt
D_i = Dividendenerträge

Die erwartete Rendite eines Wertpapiers i ist:

$$E[R_i] = \sum_{k=1}^{N} p_k r_{ik} = \mu$$

4.1. NORMATIVE PORTFOLIOSELEKTION

mit:

N = Anzahl der betrachteten Umweltzustände
p_k = Wahrscheinlichkeit p, mit der Ereignis k eintritt
r_{ik} = sichere Rendite des Wertpapiers i, wenn k eintritt
μ = erwartete Rendite des Wertpapiers

Die Varianz σ_i^2 der Wahrscheinlichkeitsverteilung der möglichen Renditen des Wertpapiers i:

$$\begin{aligned}\sigma_i^2 &= E\left[(R_i - E[R_i])^2\right] \\ &= \sum_{k=1}^{N}(r_{ik} - \mu)^2 p_k.\end{aligned}$$

Die dazugehörige Standardabweichung σ_i lautet:

$$\sigma_i = \sqrt{\sigma_i^2}.$$

Die Kovarianz $Cov[R_i, R_j]$ zwischen den Renditen R_i und R_j der Wertpapiere i und j ist:

$$\begin{aligned}Cov[R_i, R_j] &= E[(R_i - E[R_i])(R_j - E[R_j])] \\ &= \sum_{k=1}^{N}(r_{ik} - \mu_i)(r_{ik} - \mu_j)P(R_i = r_{ik} \cap R_j = r_{jk}) \\ &= \sum_{k=1}^{N}(r_{ik} - \mu_i)(r_{ik} - \mu_j)p_k.\end{aligned}$$

Der Kaufwert eines Portfolios ergibt sich durch die in ihm enthaltenen Wertpapiere und deren Anteile und beträgt

$$\begin{aligned}V_P &= \sum_{i=1}^{N} V_i \\ &= \sum_{i=1}^{N} a_i K_{i,0}\end{aligned}$$

wobei:

V_P = Anfangswert des Portfolios
V_i = Wert des Wertpapiers i
a_i = Anteil des Wertpapiers i am Portfolio
$K_{i,0}$ = Kaufpreis der Aktie i
N = Anzahl der im Portfolio enthaltenen Aktien

Damit ergibt sich für den wertmäßigen Anteil x_i des Wertpapiers $i, i = 1, 2, \ldots, N$ am Anfangswert V_P des Portfolios:

$$x_i = \frac{V_i}{V_P}$$

mit

$$\sum_{i=1}^{N} \frac{V_i}{V_P} = \sum_{i=1}^{N} x_i = 1.$$

Die Rendite des Portfolios ist als Zufallsvariable aufzufassen, da die Renditen der einzelnen Wertpapiere Zufallsvariablen sind. Die Rendite R_p eines Portfolios ist die Linearkombination der Renditen R_i der Wertpapiere, die sich im Portfolio befinden. Diese Renditen werden mit dem Anteil des zugrundeliegenden Wertpapiers gewichtet, also:

$$R_P = \sum_{i=1}^{N} x_i R_i,$$

dabei gilt:

R_P = Rendite des Portfolios
x_i = Anteil des Wertpapiers i am Portfolio.

Für die erwartete Rendite μ_P des Portfolios gilt:

$$\begin{aligned} E[R_P] &= \sum_{i=1}^{N} x_i E[R_i] \\ &= \sum_{i=1}^{N} x_i \mu_i \\ &= \mu_P. \end{aligned}$$

Für die Varianz σ_P^2 ergibt sich:

$$\begin{aligned} Var[R_P] &= E\left[(R_P - E[R_P])^2\right] \\ &= E\left[\left(\sum_{i=1}^{N} x_i R_i - \sum_{i=1}^{N} x_i E[R_i]\right)^2\right] \\ &= \sum_{i=1}^{N} x_i^2 Var[R_i] + 2 \sum_{i=1}^{N} \sum_{\substack{j=1 \\ j \neq i}}^{N} x_i x_j \sigma_{ij} \\ &= \sigma_P^2. \end{aligned}$$

Ausgehend von diesen Verteilungsparametern können die effizienten Portefeuilles ermittelt werden. Der Renditeerwartungswert ist eine lineare Funktion der Variablen x_i, während die Varianz eine quadratische Funktion derselben Variablen ist. Somit lassen sich mit Hilfe einer quadratischen Optimierung die effizienten Portefeuilles ermitteln. Dazu kann entweder für parametrisch variierte Mindesterwartungen die minimale Varianz ermittelt, oder für parametrisch variierte Varianzen die Rendite maximiert werden. Im ersten Fall wird eine quadratische Zielfunktion mit linearen Nebenbedingungen optimiert. Im zweiten wird eine lineare Zielfunktion mit quadratischen Nebenbedingungen optimiert. Da der Fall mit der quadratischen Zielfunktion einfacher zu handhaben ist, wird das hier vorgezogen. Die Zielfunktion $Var(R_P)$ ist dann zu minimieren[5], also:

$$Var(R_P) \longrightarrow MIN.$$

Den Mindesterwartungswert R^* formuliert man mit der Nebenbedingung

$$\sum_{i=1}^{N} \mu_i x_i \geq R^*,$$

---

[5] Auf eine ausführliche Beschreibung des Optimierungsverfahrens mittels eines Lagrange-Ansatzes wird an dieser Stelle mit Verweis auf MARKOWITZ (1990), S. 151 ff., verzichtet.

4.1. NORMATIVE PORTFOLIOSELEKTION

wobei sich die Portfolioanteile zu eins addieren müssen:

$$\sum_{i=1}^{N} x_i = 1.$$

Desweiteren sind Leerverkäufe nicht zugelassen. Somit gilt für alle Portfolioanteile die Nichtnegativitätsbedingung:

$$x_i \geq 0 \text{ für alle } i = 1, 2, \ldots, N.$$

Diese Restriktion wurde in späteren Modellen fallengelassen, ohne daß das Portfolio-Modell in seinem Ergebnis entscheidend zu verändern.

Nun läßt sich für mehrere R^* das jeweils zugehörige Portfolio ermitteln, so daß man als Ergebnis für alle R^* die Menge aller effizienten Portefeuilles erhält.

4.1.1.2 Die Bildung des optimalen Portfolios

Nach der Identifizierung der effizienten Portefeuilles läßt sich das optimale Portfolio für den Investor nur durch Berücksichtigung seiner Präferenzordnung finden. Das optimale Portfolio liegt dort, wo die höchste Indifferenzkurve des Anlegers gerade die Effizienzgrenze tangiert, wie Abb. 4.3 zeigt. Durch die Festlegung einer bestimmten Rendite, die es zu erreichen gilt, hat man implizit eine Ausprägung der Investorpräferenz, ohne jedoch seine Präferenzordnung zu kennen. Den Nutzen, den das optimale Portfolio P^* stiftet, läßt sich durch die Einführung einer risikolosen Geldanlage erhöhen [vgl. LEVY & SARNAT (1984), S. 312 ff.]. Die Bildung eines Portfolios bei Berücksichtigung einer risikolosen Zinsanlage findet man in SHARPE (1964), S. 255.

4.1.1.3 Kritische Anmerkungen zum Portfolio-Selektionsmodell

Die Ergebnisse von Markowitz lassen zwar das Portfolio-Selektionsmodell als Erklärungsmodell für das tatsächliche zu beobachtende Anlegerverhalten geeignet erscheinen, aber das Modell ist nicht frei von Nachteilen, und damit findet es in der Praxis keine Anwendung.

Den wesentlichen Grund dafür, daß institutionelle Anleger ihr Portfolio nicht nach den theoretischen Optimierungstechniken ausrichten, sieht RUDOLPH (1993), S.89, in geschäftspolitischen Gründen. Er gibt zu bedenken, daß die integrative Funktion des Anlageausschusses in Frage gestellt wäre. Gleichzeitig wäre das quantitative Research in seiner Bedeutung gestärkt, was auf keine große Resonanz seitens der Organisationsmitglieder stoßen würde. In den meisten Fällen werden Portfolioentscheidungen durch qualitatives Management getroffen, weil die [RUDOLPH (1993), S. 89]

> »gerechneten« und »optimierten« Portefeuilles [...] in vielen Fällen im Anlageausschuß nicht durchsetzbar [...],

sind. Die mangelnde Durchsetzbarkeit des Portfolio Selection Modells liegt hauptsächlich darin begründet, daß die Schätzfehler für Ertragserwartung und Risiko zu groß sind. Da das Modell von Markowitz darauf aufbaut, daß alle Inputfaktoren mit Sicherheit bekannt sind, gibt es keine Möglichkeit, Prognoseunsicherheiten zu quantifizieren und in das Modell einzubringen. Die Schätzfehler beruhen auf der Verwendung von historischen Stichproben. Um diese Fehler zu minimieren, schlagen JOBSON & KORKIE (1981) vor, möglichst lange Zeitreihen auszuwerten. Dies führt aber zum Konflikt mit dem sich im Zeitablauf dauernd verändernden Marktkonditionen. Empirische Tests belegen zudem, daß gleichgewichtete Portefeuilles besser abschneiden als Portefeuilles nach Vorbild der Portfoliotheorie [RUDOLPH (1993), S. 90]. Diese Ergebnisse werden auch von GOTHEIN (1995), S. 215, bestätigt. CHOPRA & ZIEMBRA (1993) stellen differenzierter fest, daß Fehler in den Ertragsschätzungen zehnmal so wichtig sind wie Fehler in den Varianzen und Kovarianzen. Ebenso sind Schätzfehler bei den Varianzen doppelt so schwerwiegend wie Fehler bei der Schätzung von Kovarianzen. Die für den Anleger wichtige Information zukünftiger effizienter Portefeuilles kann durch historische Daten nicht ermittelt werden. Eine Möglichkeit zukünftige Erwartungen in das Modell mitaufzunehmen, wären implizite Volatilitäten, die mit Optionspreismodellen wie BLACK & SCHOLES (1973) ermittelt werden könnten. Der Vorteil liegt darin, daß nicht historische Volatilitäten, sondern vom Markt erwartete Volatilitäten verwendet werden würden. Nach einer Formel von BLACK & SCHOLES (1973) bestimmt sich der faire Preis einer Europäischen Option durch die folgende Formel[6]:

$$c = S N_{(d_1)} - e^{rT} X N_{(d_2)}$$

$$d_1 = \frac{\ln \frac{S}{X} + (r + \frac{\sigma^2}{2})T}{\sigma \sqrt{T}}$$

$$d_2 = \frac{\ln \frac{S}{X} + (r + \frac{\sigma^2}{2})T}{\sigma \sqrt{T}} = d_1 - \sigma \sqrt{T}$$

mit:
- S = Aktienkurs
- X = Basispreis
- T = Laufzeit
- r = Zinssatz
- σ = Volatilität
- $N_{()}$ = Verteilungsfunktion der Standard-Normalverteilung

Dabei wird zur Bewertung der Option die historische Volatilität des Underlying eingesetzt. Man kann damit aussagen, ob eine Option im Vergleich zum dem am Markt tatsächlich festgelegten Preis über- bzw. unterbewertet ist. Nimmt man letzteres als gegeben hin, weil man annimmt, daß der Markt den optimalen Optionspreis bildet, dann kann man die

---

[6] Auf die Herleitung der Formel wird hier verzichtet.

4.1. NORMATIVE PORTFOLIOSELEKTION

im Optionspreis zugrundegelegte Volatilität mit der *Black & Scholes*-Formel ermitteln. Sie entspricht der vom Markt erwarteten Volatilität für das zugrundeliegende Underlying. Leider ist der Optionsmarkt in Deutschland nicht so stark entwickelt wie beispielsweise in den USA. Die an der DTB gehandelten Optionen umfassen nicht einmal alle im DAX enthaltenen Werte. Zudem gibt es die DTB erst seit 1990, so daß es auch keine größere historische Datenbasis gibt.

Problematisch ist weiterhin die Stabilität eines Markowitzschen Portfolios. STEINER & BRUNS (1995), S. 9, bemängeln:

> *In der Realität besteht oft erhebliche Unsicherheit bezüglich der Werte der Modellvariablen. Insofern darf die Chance für den Anleger, ex ante ein seiner Risikoneigung entsprechendes effizientes Portfolio zu finden, nicht überschätzt werden.*

Das Portfolio muß im Grunde fast täglich umstrukturiert werden, weil sich die Beziehungen zwischen den Aktien ständig ändern. Mit jeder neuen Berechnung der Varianz-Kovarianz-Matrix entsteht ein neues Portfolio, dessen Realisierung jedesmal mit Transaktionsspesen verbunden ist. Zudem kann sich die Portfoliozusammensetzung drastisch ändern, so daß es nicht bei kleineren Anpassungen bleibt. Das Modell ist somit ein Einperiodenmodell.

Gänzlich vernachlässigt wird bei Markowitz das Transaktionstiming. Auch das optimal zusammengesetzte Anlegerportfolio schützt nicht vor Verlusten, wenn Ein-und Ausstiegszeitpunkte ungünstig gewählt werden.

Eine weitere nicht beachtete Größe ist die Marktmacht von institutionellen Anlegern, die am ehesten als Anwender des Portfolioselektionsmodells in Frage kommen. Umstrukturierungen ihrer Portefeuilles sind mit großen Volumen verbunden, die die Marktgegebenheiten mitunter deutlich beeinflussen. Das Agieren auf dem Markt kann kontraproduktive Kurseffekte induzieren, so daß die geschätzten Werte schon allein deshalb als Entscheidungsgrundlage ihre Bedeutung verlieren.

Ferner darf nicht vernachlässigt werden, daß die Verwendung des Modells den Einsatz leistungsfähiger Computer erfordert. Das liegt an der großen Menge zu schätzender Daten. Die Tabelle 4.1 gibt einen Überblick über die benötigten Variablen.

Würde man die Werte des *DAX* und *MDAX* für die Portfoliobildung zugrundelegen, müßte man täglich 5150 Schätzwerte ermitteln, und damit müßte ein Gleichungssystem mit 100 Gleichungen und ebensovielen Unbekannten gelöst werden. Vorstellbar wäre allerdings, daß von Informationsanbietern bereits Varianz-Kovarianz Matrizen angeboten werden[7].

---

[7]Im Zuge der neuen Risikobestimmungen für das Geschäft mit Derivaten, werden zur Zeit von J.P. Morgan für eine begrenzte, ausgewählte Anzahl von Basisobjekten die Korrelationskoeffizienten über das Internet angeboten, um Methoden der Risikomessung zu testen.

Von diesem Informationszentrum ließen sich dann diese ständig aktualisierten Daten anfordern und verarbeiten.

Ein weiterer Kritikpunkt ist die Verwendung der Varianz als Streuungsmaß, die nicht uneingeschränkt Zustimmung findet. Für die Anwendung der (μ/σ)-Entscheidungsregel wird eine Normalverteilung der Renditen bei beliebiger konkaver Nutzenfunktion bzw. bei beliebiger Renditeverteilung eine quadratische Nutzenfunktion vorausgesetzt. Zahlreiche empirische Untersuchungen belegen jedoch, daß Aktien eine unendliche Varianz aufweisen. FAMA (1965), S. 34 ff., war einer der ersten, der dies bemängelte. In der Folgezeit wurde mehrfach gezeigt, daß Aktienrenditen nicht normalverteilt sind. Neuere Untersuchungen von GOTHEIN (1995), S. 70 ff., GÜGI (1995), S. 37 ff. und RICHARDSON & SMITH (1993) bestätigen diese Beobachtung. Kurios ist allerdings bei vielen Autoren, daß sie keine Konsequenz aus ihren Ergebnissen ziehen. Zwar wird zunächst sehr ausführlich gezeigt, daß Renditen eher leptokurtisch verteilt sind, doch scheut man sich anschließend nicht, das Markowitzsche Portfolio-Selektionsmodell als 'das relevante Modell' zu testen. Zudem ist die konkave Nutzenfunktion ebenfalls nicht unumstritten. Eine quadratische Nutzenfunktion impliziert eine ansteigende absolute Risikoaversion. Dies ist ökonomisch nicht plausibel, weil damit unterstellt wird, daß die Risikoaversion des Anlegers mit wachsendem Reichtum zunimmt. Empirische Untersuchungen [FRANKE & HAX (1990), S. 248] belegen jedoch, daß eher von einer konstanten relativen Risikoaversion auszugehen ist und somit von einer abnehmenden absoluten Risikoaversion, wie sie durch die logarithmische Nutzenfunktion gegeben ist.

Die Messung des Risikos mit der Standardabweichung besitzt zudem Nachteile. Im Fall von Kapitalanlagen wird eine positive Abweichung vom Erwartungswert nicht als Risiko angesehen. Weiterhin findet durch die Verwendung der Varianz als Risikomaß keine Berücksichtigung des Zeithorizontes für Portfolioentscheidungen statt. Die Varianz der Renditen steigt bei einer Verlängerung des Anlagehorizonts proportional an. Eine zeitliche Diversifikation des Investitionsrisikos zwischen zwei verschiedenen Anlagen kann nicht erfolgen[8].

Die Annahme, daß Renditen von Aktien einem stochastischen Prozeß unterliegen, steht im Widerspruch zu der Wertpapieranalysepraxis, die die zukünftige Wertentwicklung mit der technischen Aktienanalyse bzw. mit der Fundamentalanalyse erklärt. PERRIDON & STEINER (1995), S. 235, weisen darauf hin, daß individuelle Renditeerwartungen durchaus asymmetrisch sein können, in dem Sinne, daß der Anleger eher steigende als fallende Kurse erwartet. Deshalb müßte die Schiefe der Verteilung mit als Maß herangezogen werden. Das (μ/σ)-Prinzip wäre nicht ausreichend und auch nicht mehr anwendbar.

---

[8]Zur Eignung von Risikomaßen zur Erfassung von Zeithorizonteffekten vgl. ZIMMERMANN (1992B), ZIMMERMANN (1992A), ZENGER (1992) und WOLTER (1993).

4.1. NORMATIVE PORTFOLIOSELEKTION

4.1.2 Kritische Betrachtung des Single-Index-Modell

Der Nachteil des Markowitz-Modells liegt in der sehr großen Anzahl von Eingangsvariablen und der damit verbundenen zeitintensiv durchzuführenden Berechnungen zur Ermittlung des optimalen Portefeuilles. Dieser Nachteil läßt sich mit einer Annäherung des Markowitz-Modells mit dem Single-Index-Modell beheben. In diesem Abschnitt wird diese Approximation kritisch dargestellt.

Der erste Ansatz, die Vorgehensweise von Markowitz im Aufwand zu vereinfachen, war das *Single-Index-Modell*. Dieses Modell reduziert die Anzahl der Eingangsvariablen. Dabei wird angenommen, daß die Renditeänderungen einzelner Aktien mit dem Marktindex korreliert sind. Statt $(n^2-n)/2$ Kovarianzen zu ermitteln, wie es bei Markowitz notwendig ist, wird angenommen, daß die Rendite R_i eines Wertpapiers i linear abhängig von einem Index I ist:

$$R_i = \alpha_i + \beta_i I + e_i \qquad (4.1)$$

mit

α_i = Komponente der Rendite, die vom Index unabhängig ist
β_i = Konstante, die die erwartete Änderung von R_i
    bei Änderung von I angibt
e_i = Störterm.

Weiterhin wird angenommen, daß:

$$\begin{aligned} E(e_i) &= 0 & i &= 1,\ldots,n \\ \operatorname{Var}(e_i) &= \sigma_{e_i}^2 & i &= 1,\ldots,n \\ \operatorname{Cov}(e_i, I) &= 0 & i &= 1,\ldots,n \\ \operatorname{Cov}(e_i, e_j) &= 0 & i &= 1,\ldots,n \\ \operatorname{Var}(e_i) &= \sigma_I^2 & i &= 1,\ldots,n. \end{aligned}$$

Somit ist der Erwartungswert für die Rendite des Wertpapiers i

$$E(R_i) = \alpha_i + \beta_i E(I)$$

und die Varianz und Kovarianz

$$\begin{aligned} \operatorname{Var}(R_i) &= \sigma_i^2 &= \beta_i^2 \sigma_I^2 + \sigma_{ei}^2 \\ \operatorname{Var}(R_i, R_j) &= \sigma_{ij}^2 &= \beta_i \beta_j \sigma_I^2. \end{aligned}$$

Der Erwartungswert der Gesamtrendite des Portefeuilles ergibt sich aus

$$E(R_p) = \sum_{i=1}^n a_i \sigma_i + \sum_{i=1}^n a_i \beta_i E(I),$$

und das Risiko des Portefeuilles gemessen mit der Varianz lautet

$$\operatorname{Var}(R_p) = \sum_{i=1}^n a_i^2 \beta_i^2 \sigma_I^2 + 2 \sum_{i=1}^n \sum_{\substack{j=1 \\ j \neq i}}^n a_i a_j \beta_i \beta_j \sigma_I^2 + \sum_{i=1}^n a_i^2 \sigma_{e_i}^2$$

Da die Varianz-Kovarianzmatrix in diesem Modell nur noch eine Diagonalmatrix ist, wird die Anzahl der zu berechnenden Werte von $(n^2 - n)/2$ auf n reduziert. Allerdings sind jetzt zusätzlich die Werte α_i, β_i, σ_{e_i} zu berechnen. Damit sind insgesamt $3N + 2$ Werte zu bestimmen. Die Reduktion der erforderlichen Daten kommt einem Einsatz von KNN entgegen. An der angesprochenen Problematik des Einsatzes ändert sich jeodch nichts. Das bereits bei Markowitz kritisierte ungelöste Prognoseproblem bleibt beim Index-Modell erhalten. Anstatt die Momente Erwartungswert, Varianz und Kovarianz für die künftigen Renditen aller Aktien zu berechnen, müssen nun die gleichen Momente für den zukünftigen Indexwert ermittelt werden. Das Prognoseproblem wurde also von N Aktien auf einen einzigen Index verlagert. Das ist zwar eine Vereinfachung, aber noch keine Lösung des Problems. Zudem wird die Güte der Prognose des Index I zu einem entscheidenden Faktor. Eine schlechte Prognose des Index wird größere Auswirkungen haben, als eine oder wenige schlechte Prognosen bei den Renditen der N Aktien, wenn die restlichen Prognosen hinreichend gut sind.

Ein weiterer Nachteil liegt in den β_i. Die in Gleichung (4.1) aufgestellte lineare Beziehung muß immer gültig sein, auch wenn sich die Werte α_i, β_i und σ_{e_i} ständig ändern. Diese Vorgehensweise ist nicht unproblematisch. Verschiedene Autoren [BAUER (1992), FRANTZMANN (1990), WINKELMANN (1984), REISS & MÜHLBRADT (1979)] konnten empirisch nachweisen, daß die Betafaktoren im Zeitablauf stark schwanken. Zwar gibt es empirische Belege, daß bei hinreichend diversifizierten Portefeuilles die Betas des gesamten Portfolios stabil sind [BLUME (1971), LERBINGER (1984B), REISS & MÜHLBRADT (1979)], aber dem stehen Ergebnisse gegenüber, die diese Stabilität verneinen [FRANTZMANN (1990)]. Selbst wenn die Portfolio-Betas konstant sind, müssen die Betafaktoren für die Festlegung einzelner Aktien an einem bestimmten Portefeuille berechnet werden. Beim Single-Index-Modell handelt es sich um eine Approximation des tatsächlichen optimalen Portfolio, deren Genauigkeit davon abhängt, wie gut Gleichung (4.1) die Kursentwicklung von Aktien beschreibt. In LEVY & SARNAT (1984) wird das Single-Index-Modell mit dem tatsächlichen optimalen Portfolio verglichen[9]. Beim Vergleich des optimalen mit dem aus dem Single-Index-Modell ermittelten Portfolio stellen LEVY & SARNAT (1984), S. 375, fest:

> *There is very little in common between the two portfolios: the [Single Index Model] optimal portfolio [...] consists of 11 stocks held long and only 4 stocks held short, while the exact optimal portfolio consists of 8 long positions and 7 short positions. Moreover, not all the stocks shorted in the [Single Index Model] portfolio are also shorted in the exact portfolio.*

---
[9]Dazu wurden 15 Aktien der *NYSE* über den Zeitraum von 1956-1980 untersucht. Siehe LEVY & SARNAT (1984) S. 373ff.

4.1. NORMATIVE PORTFOLIOSELEKTION

Zudem wurde im Single-Index-Modell sogar die gleiche Aktie leerverkauft, die im exakten optimalen Portfolio eine Long-Position war. LEVY & SARNAT (1984) stellten weiterhin fest, daß das exakte Portfolio tendenziell weniger leerverkäufe eingeht, als sein Pendant. Von weittragender Konsequenz ist aber die Feststellung, daß das Single-Index-Portfolio im Sinne der effizienten Portefeuille-Menge als ineffizient eingestuft werden mußte. Somit wird der Investor in eine suboptimale Strategie gedrängt.

4.1.3 Multi-Index-Modell

Im Gegensatz zum Single-Index-Modell beruht das Multi-Index-Modell auf der Beobachtung, daß die Renditen einzelner Aktien mit verschiedenen Indizes korreliert sind. Die Rendite R_i einer einzelnen Aktie i erklärt sich mit

$$R_i = a_i + \sum_{j=1}^{L} b_{ij} I_j + c_i, \tag{4.2}$$

wobei

I_j = Aktuelles Niveau des Index j
b_{ij} = Konstante, die die erwartete Änderung von R_i
bei Änderung von I angibt
a_i = Komponente der Rendite, die vom Index unabhängig ist
c_i = Störterm

In ELTON & GRUBER (1981) wird ein Verfahren beschrieben, mit dem die in der Realität miteinander korrelierten I_j orthogonal gemacht werden können. Diese Umwandlung ändert auch die Interpretation von Gleichung (4.2):
Sei I_1 der Aktienindex und I_2 der Rentenmarktindex, dann ist der erwartete Index I_2 die Differenz zwischen aktuellem und demjenigen Rentenmarktindex, der bei gegebenem Aktienindex I_1 gilt. Die erwartete Rendite im Multi-Index-Modell lautet:

$$E(R_i) = a_1 + b_{i1}E(I_1) + b_{i2}E(I_2) + \ldots + b_{iL}E(I_L),$$

die Varianz

$$\sigma_i^2 = b_{i1}^2 \sigma_{I1}^2 + b_{i2}^2 \sigma_{I2}^2 + \ldots + b_{iL}^2 \sigma_{IL}^2 + \sigma_{c_i}$$

und die Kovarianz

$$\sigma_{ij} = b_{i1}b_{j1}\sigma_{I1}^2 + b_{i2}b_{j2}\sigma_{I2}^2 + \ldots + b_{iL}b_{jL}\sigma_{IL}^2$$

Die erwartete Rendite und das Risiko eines Portfolios lassen sich somit berechnen, wenn folgende Werte vorliegen: a_i für jede Aktie, alle b_{ik} für jede Aktie mit jedem Index, alle σ_{ci} für alle Aktien, alle $E(I_J)$ und alle Varianzen σ_I^2. Damit müssen insgesamt $2N + 2L + LN$

Werte zuvor bestimmt werden. Gegenüber dem Single-Index-Modell bedeutet dies zwar eine Zunahme, allerdings sind auch hier weniger Berechnungen notwendig als beim reinen Markowitz-Ansatz. Durch die Vielzahl der Multi-Index-Modelle kann pauschal keine Wertung vorgenommen werden. Dieses Feld ist wegen seiner Vielfalt ein beliebtes Forschungsgebiet, über das eine Großzahl von Untersuchungen vorliegen, die allesamt nicht miteinander verglichen werden können.

4.1.4 Stochastische Dominanz für die Portfolioselektion

Die bisher besprochenen Portfolio-Modelle sind nur dann gültig, wenn sich der Investor als Nutzenmaximierer und risikoavers verhält. Seine Nutzenfunktion muß quadratisch sein, oder die Renditen der Wertpapiere müssen normalverteilt sein. Obwohl MARKOWITZ (1976) zeigt, daß eine Verletzung dieser Annahme zu durchaus guten approximativen Ergebnissen führt, sind Verfahren mit weniger stringenten Annahmen wünschenswert. Ein solches Verfahren ist das Portfolioselektionsmodell der *Stochastischen Dominanz* (SD), das ein Effizienzkriterium zur Portfolioselektion liefert [LEVY & SARNAT (1984)]. Dieses Verfahren findet in der wissenschaftlichen Literatur immer wieder Anwendung[10]. Jedoch sind die Einsatzgebiete unterschiedlich. GOTHEIN (1995), S. 74 ff. und BRUNS & MEYER-BULLERDIEK (1996), S. 28 ff. beispielsweise verwenden die SD zur Performancemessung von Wertpapierrenditen. Im vorliegenden Kontext hingegen soll die SD als Portfolioselektionsmöglichkeit angesehen werden.

In der Forschung beschäftigte man sich insbesondere in den 70er Jahren mit den stochastischen Dominanzkriterien. Eine Renaissance der stochastischen Dominanzkriterien in Rahmen finanzwirtschaftlicher Problemstellungen kann in jüngster Zeit beobachtet werden [vgl. WITTROCK (1996), S. 136].

Man unterscheidet drei Formen der SD. Charakteristisch für alle drei Formen der SD ist die Diskriminierung bestimmter Portefeuilles anhand eines Effizienzkriteriums. Dieser baut wieder auf bestimmten Annahmen auf. Wie stark ein Effizienzkriterium die Auswahl einer Portfoliomenge eingrenzt, hängt davon ab, wie restriktiv man die Präferenzen des Investors festlegt.

4.1.4.1 SD erster Ordnung

In der einfachsten Ausgestaltung der SD spielt die Risikopräferenz des Investors keine Rolle. Anders ausgedrückt: die Präferenzen des Investors sind nicht bekannt. Es wird lediglich angenommen, daß der Grenznutzen der Rendite nicht negativ ist. Mit steigender

---

[10]In BAWA (1982) findet man eine umfangreiche Bibliographie zu Arbeiten, die sich mit der SD bschäftigen.

4.1. NORMATIVE PORTFOLIOSELEKTION

Rendite nimmt also der Nutzen des Investors nicht ab.

$$\frac{\partial U}{\partial R_P} \geq 0$$

Für die SD erster Ordnung gilt, daß zwischen zwei Portefeuilles A und B dasjenige Portfolio ausgemustert wird, dessen Verteilungsfunktion der Renditen größer oder gleich dem anderen Portfolio ist. Formal ausgedrückt heißt das (vgl. 4.4):

$$F^A(R_P) \leq F^B(R_P),$$

und für mindestens ein $R_P = R_P^\circ$ gilt, daß

$$F^A(R_P^\circ) < F^B(R_P^\circ),$$

wobei $F^A(R_P)$ die Verteilungsfunktion der Renditen des Portfolios A ist. Das Kriterium der SD erster Ordnung besagt demnach, daß sich die Verteilungsfunktionen der Portefeuilles A und B nicht schneiden. Dies ist zugleich eine notwendige und hinreichende Bedingung dafür, daß ein Portfolio einem anderen vorgezogen wird. Die Klassifizierung der beiden Portefeuilles kann unabhängig davon vorgenommen werden, ob die Nutzenfunktion konvex oder konkav ist[11]. Wie Abbildung 4.4 zeigt, befindet sich das vorzuziehende Portfolio immer rechts von dem ausgemusterten Portfolio. Das bedeutet, daß die Wahrscheinlichkeit, daß man mit dem Portfolio A eine kleinere Rendite als eine Rendite R^* erhält, stets kleiner ist als beim Portfolio B. Diese paarweise Betrachtung läßt sich für alle in Betracht kommenden Portefeuilles anwenden. Damit lassen sich alle Portefeuilles klassifizieren, und es kann das im Sinne der SD erster Ordnung effizienteste Portfolio ausselektiert werden[12].

Beispiel für das Kriterium der SD erster Ordnung

In der Tabelle 4.2 sind für zwei Portefeuilles A und B die Wahrscheinlichkeiten für verschiedene Renditen angegeben. In den letzten beiden Spalten der Tabelle sind die kumulierten Wahrscheinlichkeiten ausgewiesen.
Visualisiert man die letzten zwei Spalten von Tabelle 4.2 graphisch, erhält man die Abbildung 4.4. Die Verteilungsfunktion der Rendite für Portfolio A ist nie größer als die von B und zeitweise sogar geringer. Durch die Annahme der Nichtsättigungshypothese wird Portfolio A dem Portfolio B vorgezogen. Sobald sich aber die Kurven kreuzen, ist mit dem Kriterium der SD erster Ordnung keine Bevorzugung eines Portefeuilles mehr möglich. Dazu sind stärkere Annahmen notwendig.

---

[11] Das Kriterium der SD erster Ordnung besitzt somit auch dann Gültigkeit, wenn man von der Friedman-Savage-Hypothese ausgeht, wonach ein Investor sowohl konvexe als auch konkave Segmente in seiner Nutzenfunktion besitzt.

[12] Den mathematischen Beweis für die Gültigkeit der SD erster Ordnung als Effizienzkriterium für alle Investoren, unabhängig von ihrem Risikoverhalten, findet man in LEVY & SARNAT (1984), S. 231 ff.

Tabelle 4.1: Anzahl Variablen beim Portfolio-Selektionsmodell

	Variablen	Anzahl
Varianzen	σ_i, i = 1 ... n	n
Kovarianzen	cov_{ij}, i,j = 1 ... n	$(n^2 - n)/2$
Renditen	μ_i, i = 1 ... n	n
	Summe	$n(n+3)/2$

Tabelle 4.2: Renditewahrscheinlichkeiten und kumulierte Wahrscheinlichkeiten zwischen Portfolio A und B

Rendite	$P(R_A)$	$P(R_B)$	$F^A(R_P)$	$F^B(R_P)$
R			kum. Wahrscheinlichkeit	
3	0	1/3	0	1/3
4	1/3	0	1/3	1/3
5	0	1/3	1/3	2/3
6	1/3	0	2/3	2/3
7	0	1/3	2/3	1
8	1/3	0	1	1

Abbildung 4.4: SD erster Ordnung als Selektionskriterium

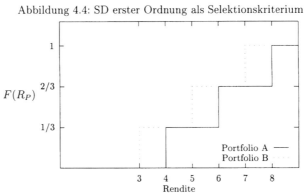

4.1. NORMATIVE PORTFOLIOSELEKTION

4.1.4.2 SD zweiter Ordnung

Abbildung 4.5 zeigt, daß Portfolio A eine Rendite zwischen 3% und 4 % mit einer höheren Wahrscheinlichkeit erreicht als Portfolio B, während Portfolio B eine Rendite zwischen 4% und 5% mit einer höheren Wahrscheinlichkeit als A erreicht. Nach dem Kriterium der SD erster Ordnung würde man beide Portefeuilles als effizient einstufen.

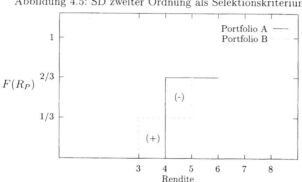

Abbildung 4.5: SD zweiter Ordnung als Selektionskriterium

Um zu entscheiden, welches Portfolio vorzuziehen ist, muß zusätzlich zu den Annahmen der SD erster Ordnung angenommen werden, daß sich der Investor risikoavers verhält. Dies impliziert, daß er für ein höheres Risiko mit einer höheren Rendite belohnt werden muß. Es gilt also

$$\frac{\partial^2 U}{\partial R_P^2} < 0.$$

Damit also auch dann eine Entscheidung herbeigeführt werden kann, wenn sich die Funktionsgraphen der Verteilungsfunktion kreuzen, muß die Nutzenfunktion des Investors konkav sein. Portfolio A wird Portfolio B vorgezogen, wenn die Ungleichung

$$\int_{-\infty}^{R_P} F^A(t)dt \leq \int_{-\infty}^{R_P} F^B(t)dt = \int_{-\infty}^{R_P} \left[F^A(t) - F^B(t)\right] dt \geq 0$$

erfüllt ist und für mindestens ein R_P° die strenge Ungleichung gilt. Portfolio A ist effizient, wenn die Fläche unter $F^A(R_P)$ für alle R_P kleiner ist als die Fläche unter $F^B(R_P)$. Ist die Fläche gleich groß, so läßt sich immer noch ein Portfolio ausselektieren, weil man Risikoaversion annimmt. Der risikoaverse Investor schätzt eine Renditezunahme um 1%

von 3% auf 4% höher ein, als die gleiche Zunahme von 4% auf 5% [13]. Man könnte auch sagen, daß der risikoaverse Investor es vorzieht, mit einer geringeren Wahrscheinlichkeit eine geringere Rendite im Bereich zwischen 3% und 4% zu erzielen, als im Bereich zwischen 5% und 6%. Damit würde man in Abbildung 4.5 Portfolio A vorziehen.

Das Kriterium der SD zweiter Ordnung bildet eine kleinere Teilmenge der effizienten Portefeuilles, die nach dem Kriterium der SD erster Ordnung effizient sind. Demnach sind alle Portefeuilles, die nach dem Effizienzkriterium der SD zweiter Ordnung effizient sind, auch nach der SD erster Ordnung effizient.

4.1.4.3 Kritische Anmerkungen zur stochastischen Dominanz

Die SD erfordert eine paarweise Analyse aller in Betracht kommenden Portefeuilles. Für eine unendliche Anzahl Alternativen ist die direkte Anwendung der SD somit nicht möglich. Die SD kann nur auf eine begrenzte Anzahl Portefeuilles sinnvoll angewendet werden, deshalb eignet sie sich eher als erweitertes bzw. nachgelagertes Selektionskriterium für andere Selektionsverfahren[14].

In der Regel können die Wahrscheinlichkeiten von zukünftig erwarteten Rendite von Portefeuilles nicht ermittelt werden. Dieser Umstand erschwert die Verwendung der SD als Portfolioselektionsverfahren. Man kann zwar alternativ die historische Performance zur Ermittlung dieser Wahrscheinlichkeiten heranziehen, jedoch ist es sehr problematisch die vergangene Renditeentwicklung eines Portfolios fortzuschreiben. Ein Portfolio kann je nach Zusammensetzung bei unterschiedlichen Börsenphasen stark schwankende Erträge aufweisen. Deshalb wäre es erforderlich, in die Analyse der SD auch eine Analyse des Börsenzyklus einfließen zu lassen. Dies würde allerdings bei der verursachten Komplexität die Bedeutung der SD als Portfolioselektionsverfahren stark in Frage stellen.

In den letzten Abschnitten wurde darauf verwiesen, daß die SD sich dadurch auszeichnet, daß sie keine Annahmen bezüglich der Renditeverteilungen vornimmt. Interessant ist aber auch zu betrachten, welcher Unterschied zwischen (μ/σ)-Selektionskriterien und der SD besteht, wenn die Renditen normalverteilt sind. Die Annahme der Nichtsättigungshypothese gilt sowohl bei der SD erster Ordnung als auch beim (μ/σ)-Kriterium. Letzteres hat als Ergebnis, daß bei jedem σ der Investor die höhere Rendite bevorzugt. Somit beinhaltet die SD erster Ordnung diesen Teil der (μ/σ)-Entscheidung, wenn normalverteilte Renditen unterstellt werden. Wenn Leerverkäufe erlaubt sind, führt die SD erster Ordnung zur Effizienz-Grenze des (μ/σ)-Kriteriums. Werden Leerverkäufe nicht zugelassen, beinhaltet die Menge der SD-Portefeuilles sowohl die Menge der Portefeuilles

---

[13] Dieser Effekt wird von der konkaven Nutzenfunktion verursacht.
[14] Trotz der relativ aufwendigen Berechnungsmethoden werden von mehreren Autoren Algorithmen für die Anwendung der SD angegeben [vgl. LEVY & KROLL (1979)].

4.1. NORMATIVE PORTFOLIOSELEKTION

aus dem (μ/σ)-Kriterium als auch alle Portefeuilles, die die höchst mögliche Rendite für ein σ vorweisen. Das heißt, daß die Menge der Portefeuilles, die nach dem Prinzip der SD hervorgebracht wird, ineffiziente Portefeuilles im Sinne des (μ/σ)-Kriteriums beinhaltet.

Bei normalverteilten Renditen führt die SD zweiter Ordnung zu der gleichen effizienten Menge. Dies liegt daran, daß mit dem Kriterium der SD zweiter Ordnung kein Portfolio aus der (μ/σ)-effizienten Menge dominiert wird.

Während man bei der Anwendung der SD zur Performancemessung nur eine begrenzte Anzahl von Portefeuilles betrachtet, nämlich die, die in der Realität bzw. in der Simulation existierten, hat man es bei der Betrachtung der SD zur Portfoliosektion mit einer unendlichen Anzahl von Portefeuilles zu tun.

In eigenenen Untersuchungen, in denen das Ziel verfolgt wurde, Portefeuilles mit dem Kriterium der SD zu bilden, mußte festgestellt werden, daß die Unterschiede in den Renditen zwischen den Aktien zu klein sind, um sie selektieren zu können. Dies gilt sowohl bei der Betrachung von Tagesrenditen als auch Wochenrenditen. Lediglich bei Monatsrenditen kann manchmal zwischen zwei Aktien mit der SD eine Klassifizierung vorgenommen werden und es läßt sich eine Rangordnung bilden. Allerdings scheint der praktische Einsatz nicht möglich zu sein. Zur Performancemessung hingegen kann die SD viel häufiger eingesetzt werden und zu eindeutigen Aussagen gelangen, sofern die Entwicklung der Portefeuilles dies zuläßt. Aber auch hier kann oft keine eindeutige Klassifizierung vorgenommen werden.

4.1.5 Formelanlageplanung im aktiven Portfoliomanagement

Der Begriff der Formelanlageplanung findet sich in der deutschen Literatur eher selten. LEVY (1968), S. 170f., definiert diesen Begriff als

> a systematic and mechanical method of investment timing intended to produce profitable results without extraordinary risk.

Die Formelanlageplanung verfolgt das Ziel Aktien zu niedrigen Kursen zu kaufen und zu höheren Kursen zu verkaufen. Dadurch soll der Gewinn, der bei steigenden Kursen anfällt, dazu verwendet werden, die Aktienpositionen weiter auszubauen. Durch ihre Zielsetzung zwingen Formelanlagepläne den Anleger, sich immer konträr zur Börsensituation zu verhalten. Subjektive Momente, die den Anlageentscheidungsprozeß beeinflussen könnten, werden ausgeschaltet. Auch das Risiko, den falschen Anlagezeitpunkt zu wählen, können Formelanlagepläne reduzieren. Somit werden Zeitpunkt und Umfang der notwendigen Transaktionen durch den Anlageplan dirigiert.

Formelanlagepläne erheben nicht den Anspruch, eine Aktienkursprognose zu tätigen, wie beispielsweise Verfahren der technischen Aktienanalyse. Aber sie beinhalten implizit Annahmen hinsichtlich zukünftiger Kursentwicklungen. Man kann in diesem Zusammenhang

von impliziter Prognose sprechen. Auch die *Buy&Hold*-Strategie basiert auf einer impliziten Prognose, nämlich, daß Aktienkurse langfristig steigen und nicht fallen.
Obwohl es keine einheitlichen Formelanlagepläne gibt, kann man grundsätzliche, typische Merkmale der Pläne hervorheben [vgl. NAGLER (1979), S. 16]. Der Gesamtanlagebetrag wird in einen 'aggressiven' und einen 'defensiven' Teilfonds aufgeteilt. Der defensive Fonds soll einen Reservefonds schaffen, der Transaktionen für den aggressiven Teilfonds ermöglicht. Der klassische defensive Teilfonds ist die Kassenhaltung, die durch die neuerliche Einführung von Geldmarktfonds geringe Opportunitätskosten verursacht. Allerdings kann der defensive Teilfonds auch aus festverzinslichen Wertpapieren oder anderen konservativen Anlagemöglichkeiten bestehen.

Anders als der defensive Teilfonds, der keinen großen Schwankungen unterliegt, ist der aggresive Teilfonds Wertschwankungen ausgesetzt, da er sich aus volatilen Wertpapieren zusammensetzt. Das Verhältnis der beiden Fonds zueinander hängt von der Risikopräferenz des Investors ab und ist individuell verschieden.

4.1.5.1 Umschichtungen

Formelanlagepläne zeichnen sich dadurch aus, daß sie regelmäßig Umschichtungen vornehmen. Diese Transaktionen folgen bestimmten Regeln bzw. Vorgaben, die festgesetzt werden müssen. Dazu gehören:

1. Größenverhältnis zwischen den beiden Teilfonds,

2. Verfahren zur Feststellung der Kurshöhe,

3. Verfahren zur Messung von Aktienkursveränderungen und

4. Kauf- und Verkaufsschema zwischen der beiden Teilfonds.

Mit der Art der Festlegung des Größenverhältnisses zwischen den beiden Teilfonds unterscheidet man *betragskonstante*, *verhältniskonstante* und *verhältnisvariable* Formelanlagepläne.

Bei den betragskonstanten Plänen führen steigende Kurse dazu, daß Aktien verkauft werden. Damit werden bei steigenden Kursen Gewinne realisiert. Bei fallenden Kursen hingegen werden weitere Aktien gekauft, um den Anlagebetrag des aggressiven Fonds aufrecht zu erhalten. Der Nachteil dieses Verhaltens liegt darin, daß es bei größeren Kursausschlägen zur Erschöpfung des defensiven Fonds kommen kann, so daß eine Fortführung der Strategie unmöglich wird.

Bei den verhältniskonstanten Formelanlageplänen wird unabhängig von der Kurshöhe ein zu Beginn festgelegtes Verhältnis zwischen den beiden Teilfonds beibehalten. Auch hier wird bei steigenden Kursen verkauft und bei fallenden gekauft. Allerdings kann es anders

4.1. NORMATIVE PORTFOLIOSELEKTION 115

als bei den betragskostanten Plänen nicht zur Erschöpfung des defensiven Fonds kommen, da mit zunehmendem Kursverfall der zur Wiederherstellung des ursprünglichen Verhältnisses benötigte Geldbetrag immer geringer wird.

Beim verhältnisvariablen Formelanlageplan ist das Verhältnis zwischen den Teilfonds Schwankungen unterlegen, die aus Veränderungen der Kurshöhe resultieren. Fallende Kurse bewirken eine Erhöhung des Verhältnisses zugunsten des aggressiven Fonds, während steigende Kurse das Verhältnis zugunsten des defensiven Fonds verschieben.

Die Feststellung der Kurshöhe wird i.d.R. durch Verfahren ermittelt, die auf vergangenen Aktienkursen beruhen. Dazu können entweder gleitende Durchschnitte oder Extrapolationen von Trendlinien verwendet werden.

Transaktionen werden abhängig von Kursbewegungen vorgenommen, so daß Indikatoren benötigt werden, die das Ausmaß einer Kursänderung anzeigen. Als Indikatoren bieten sich dabei sowohl ein repräsentativer Aktienindex oder der einzelne Aktienkursverlauf selbst an. Eng mit dieser Frage verbunden ist der Transaktionszeitpunkt, der ebenso festzulegen ist, sofern er nicht implizit durch den verwendeten Indikator festgelegt wird.

4.1.5.2 Portfolioselektion nach Levy

Das Verfahren der relativen Stärke nach Levy (RSL) ist ein Formelanlageplan, der zunächst ohne vordergründige Theorie versucht, Transaktionsentscheidungen anhand von technischen Kriterien zu treffen. Das Ziel ist dabei möglichst die Aktien zu selektieren, die sich in einem Aufwärtstrend befinden. Ausgangspunkt für Levy war die Erfahrung vieler Pragmatiker, die behaupten, daß Aktien, die in der Vergangenheit einen ausgeprägteren Kursanstieg als andere Aktien bzw. der Gesamtmarkt haben, sich auch in Zukunft überdurchschnittlich entwickeln werden [vgl. LEVY (1968), S. 152]. Sein Konzept der relativen Stärke baut somit auf der Trendkontinuitätsannahme von Aktienkursbewegungen auf, die zu den wichtigsten Grundannahmen der technischen Aktienanalyse gehört [BENISCHEK (1974), S.91]. Diese Annahme läßt sich auch durch die Fundamentalanalyse stützen. So kann man die Trendkontinuität einer Aktie fundamentaltheoretisch dadurch erklären, daß Strukturschwächen gewisser Wirtschaftszweige bzw. wirtschaftliche Erfolge eines Unternehmens meist langfristiger Natur sind. Günstige Ertragssituationen werden sich in der Regel nicht abrupt ändern, denn ein Unternehmen, das sich auf Erfolgskurs befindet, wird alles daran setzen, seinen Marktvorsprung auszubauen und abzusichern.

4.1.5.3 Das Konzept der relativen Stärke nach Levy

Levy unterscheidet eine langfristige und eine kurzfristige relative Stärke. Beide unterscheiden sich in der ihnen zugrundegelegten Referenzperiode. Dabei definiert er die relative Stärke allgemein als:

$$\text{RSL}_{jt}^n = \frac{K_{jt}}{\frac{1}{n} \sum_{i=t-n+1}^{t} K_{ji}} \tag{4.3}$$

mit

RSL_{jt}^n = Relative Stärke zum Zeitpunkt t mit Referenzperiode n
Kjt = Wochenschlußkurs der j-ten Aktie in der Woche t
n = Referenzperiode (Anzahl Wochen.)

Im Nenner von Gleichung (4.3) steht der Durchschnitt des Wochenschlußkurses über die letzten n Wochen. Bei $n = 27$ spricht Levy von langfristiger und bei $n = 5$ von kurzfristiger relativer Stärke. Bei genauerer Betrachtung des Quotienten aus Gleichung (4.3) läßt sich dieser als Steigung der Kurskurve interpretieren. Die Portfolioselektion erfolgt dynamisch durch kontinuierliche Umschichtung und wird von Levy als 'Portfolio Upgrading' bezeichnet. Bei der Portfoliobildung wird für alle betrachteten Aktien ihre relative Stärke berechnet. Für jede Aktie erhält man so einen Relativen-Stärke-Koeffizienten, der allein betrachtet noch wenig aussagekräftig ist. Deshalb werden diese Koeffizienten der Größe nach in einer absteigend sortierten Rangliste aufgelistet. Jede Aktie erhält dann entsprechend ihrem Rang einen Rangindex. Durch Bestimmung weiterer Parameter können im Anschluß daran Transaktionsentscheidungen generiert werden. Zu diesen Parametern gehören:

N = Anzahl der betrachteten Aktien,
k = Kaufschwelle (prozentualer Wert),
v = Verkaufsschwelle (prozentualer Wert) und
A = zur Verfügung stehender Anlagebetrag.

Die Anlagestrategie Levys beruht nun darin, mit einem exogen gegebenen Kapitalbestand die $k\%$ stärksten Aktien zu kaufen, und die $v\%$ schwächsten Aktien zu verkaufen. Die Vorgehensweise ist wie folgt:

Zu Beginn der Investition werden die $k\%$ stärksten Aktien zu gleichen Anteilen gekauft. Der Portfolioanteil a_i einer Aktie i zum Zeitpunkt t ist demnach:

$$a_i = \begin{cases} a_i + \frac{A}{N \cdot k \cdot P_{jt}(1+c)} & : \quad j \leq N \cdot k \\ 0 & : \quad \text{sonst} \end{cases} \tag{4.4}$$

wobei zu Beginn gilt $a_i = 0$ für $i = 1 \ldots N$ und

c = Transaktionskostensatz
P_{jt} = Preis der Aktie j zum Zeitpunkt t

Es erfolgt nun solange keine Portfolioumschichtung mehr, bis mindestens eine der im Depot befindlichen Aktien verkauft werden muß. Eine Aktie muß dann verkauft werden, wenn sie die Verkaufsschwelle v überschritten hat. Die Verkaufsschwelle wird als 'Cast-Out-Rank' bezeichnet:

4.1. NORMATIVE PORTFOLIOSELEKTION

$$a_i = \begin{cases} 0 & : \quad i \geq N(1-v) \\ a_i & : \quad \text{sonst} \end{cases} \quad \text{bei } a_i > 0$$

Liegt die Verkaufsschwelle v bei 10%, dann werden alle Aktien des Depots verkauft, die in der Relative-Stärke-Rangliste die letzten 10% der Plätze einnehmen. Bei 30 Aktien sind dies also die Plätze 28 bis 30. Der Erlös $a_i \cdot P_{it}(1-c)$ aus dem Verkauf wird wieder in die $k\%$ stärksten Aktien gleichmäßig verteilt. Dabei gilt die Formel aus Gleichung (4.4). Transaktionen werden bei Levy höchstens einmal wöchentlich vorgenommen und zwar immer am letzten Wochentag.

Die durch den *Cast-Out-Rank* bewirkte Depotumschichtung hat eine Akkumulation der Aktien zur Konsequenz, die eine hohe relative Stärke haben. Denn ist ein Wertpapier über eine längere Zeitdauer relativ stark, erhöht sich bei jedem Verkauf einer schwachen Aktie sein Anteil am Portfolio. Somit ist das Portfolio-Upgrading zumindest in Hausse-Phasen eine aggressive Anlagestrategie, denn einige ertragreiche Effekten bessern zwar die Portfolioperformance überdurchschnittlich auf, jedoch erhöht sich durch die Kapitalkonzentration in wenigen Aktien das Risiko. In einer Baisse hingegen werden durch die Depotumschichtungen defensive Papiere akkumuliert. Ein durch aggressives Anlageverhalten erzeugtes Risiko in der Hausse wird durch defensives Verhalten in der Baisse kompensiert.

Die Verwendung eines Cast-Out-Rank-Mechanismus hat eine wertvolle Eigenschaft. Bei einer länger anhaltenden Baisse, in welcher der Investor bereits Buchverluste verzeichnet, wird es ihm schwer fallen, diese Buchverluste durch Glattstellungen zu realisieren. Dieser emotionalen Schranke mit der Hoffnung auf Kurserholung wird im Portfolio-Upgrading keine Beachtung geschenkt. Ist ein Cast-Out-Rank erreicht, wird die Aktie kompromißlos ohne Berücksichtigung psychologischer Hemmungen des Investors verkauft.

Levy betrachtet weiterhin eine Reihe anderer Rangziffern, die teilweise sowohl aus theoretischer als auch aus praktischer Sicht sehr fragwürdig sind, weil sie zu ihrer Berechnung noch unbekannte, zukünftige Daten verwenden[15].

Eine Rangziffer, die allerdings durchaus Verwendung findet, ist der Variationskoeffizient:

$$\text{VK}_j = \frac{S_j}{\frac{1}{n}\sum_{i=t-n+1}^{t} K_{ji}}$$

$\text{VK}_j\ =\ $ Variationskoeffizient der Aktie j
$S_j\ =\ $ Standardabweichung der Wochenschlußkurse der Aktie j

---

[15]Dazu zählen beispielsweise die *Divergence Ranks* LEVY (1968), S.73 ff. und die *Market Ranks* LEVY (1968), S. 71.

Analog zu den Relative-Stärke-Koeffizienten dienen die Variationskoeffizienten dazu, eine Volatilitäts-Rangliste zu erstellen. Dabei erhält die Aktie mit dem größten Variationskoeffizienten die niedrigste Rangziffer. Mit größer werdenden Variationskoeffizienten erhöhen sich auch die Plazierungen in der Rangliste.

Diese Auflistung der Variationskoeffizienten gibt dem Anleger Auskunft über die Volatilität der einzelnen Aktien und kann als Risikokennzahl einer Aktie angesehen werden. Je volatiler eine Aktie ist, d.h. je größer ihre Kursausschläge sind, desto höher ist ihr Risiko. Doch damit verbunden ist auch die Option, höhere Gewinne erwirtschaften zu können. Deshalb wird aus zwei Aktien mit dem gleichen Relative-Stärke-Rang diejenige ausgewählt, die sich durch eine höhere Volatilität auszeichnet.

Levy konnte zeigen, daß die relative Stärke als Anlagekriterium sehr erfolgreich sein kann. Seine Ergebnisse wurden aber durch Untersuchungen von JENSEN & BENNINGTON (1970) in Frage gestellt, weil Levy in seiner Untersuchung keine Risikoadjustierung vornahm. Weiterhin wurde von den Autoren kritisiert, daß die durch das Portfolio-Upgrading generierten Portefeuilles ein höheres Risiko aufwiesen als das Buy&Hold-Portfolio. Zumindest gegen den ersten Kritikpunkt von JENSEN & BENNINGTON (1970) scheint es auch gegenteilige, neuere Ergebnisse zu geben, die für das Portfolio-Upgrading von Levy sprechen. In BENENATI & FAHRION (1993) konnte für eine Untersuchung des deutschen Aktienmarktes zwischen 1986 und 1991 gezeigt werden, daß sich die relative Stärke sich zur Portfolioselektion auch dann eignet, wenn die Transaktionskosten berücksichtigt werden. Unter drei mit der relativen Stärke modellierten Portefeuilles wurden trotz der Transaktionskosten durchweg deutlich bessere Renditen erzielt als mit der Buy&Hold-Strategie.

In BENENATI & FAHRION (1993) wurde auch die mangelnde Flexibilität der relativen Stärke nach Levy kritisiert. Dazu gehören die

1. Starrheit der Transaktionszeitpunkte und

2. das fehlende Timing.

Starrheit der Transaktionszeitpunkte
Die Erstellung der RSL-Ranglisten erfolgt sowohl bei der Arbeit von Levy als auch bei den meisten Arbeiten über RSL zum Wochenschluß. Ergibt sich aus dem Portfolio-Upgrading ein Transaktionsbedarf, so werden diese Transaktionen ebenfalls am letzten Wochentag getätigt. Diese Fixierung auf einen Tag vernachlässigt somit jegliche kurzfristige Bewegung. Die Kursentwicklung der Tage vor dem Wochenschluß werden überhaupt nicht beachtet. Dies liegt primär daran, daß bei den Zeitreihen auf Tageskurse verzichtet wird, und nur Wochenschlußkurse aufgezeichnet werden. Zwar ist der organisatorische Aufwand bei alleiniger Betrachtung von Wochenschlußkursen geringer, aber durch

4.1. NORMATIVE PORTFOLIOSELEKTION

die technische Entwicklung, Informationsdienste usw. ist dieser Mehraufwand fast weggefallen.

Fehlendes Timing
Die Fixierung des Handels auf einen Tag erlaubt es nicht, die kurzfristige Verfassung einer Aktie zu berücksichtigen. Der Tertiärtrend findet keinerlei Beachtung. Deshalb ist das Relative-Stärke-Konzept zwar [LOISTL (1992), S.99]

> *[...] ein Instrument zur Aktienauswahl bei gegebenem Trend, nicht aber ein Instrument zur Trendidentifikation und kann daher nie ohne die Unterstützung anderer Analyseverfahren angewendet werden.*

Es ist zum Beispiel durchaus möglich, daß eine Aktie, die relativ stark ist und deshalb gekauft werden soll, kurzfristig überkauft ist. Dies kann beispielsweise der Fall sein, wenn ein Titel die ganze Woche hindurch kontinuierlich steigt. Zeigt die Ranglistenplazierung am Ende der Woche an, daß diese Aktie gekauft werden soll, könnte es angebrachter sein, von einem Kauf in der gleichen Woche abzusehen und eine technische Reaktion abzuwarten. Dieses strategische Abwarten ist in der RSL nicht vorgesehen.

In der Arbeit von BENENATI & FAHRION (1993) wurde deshalb vorgeschlagen, die RSL um eine Timing-Komponente zu erweitern. Die Erweiterung erfolgte durch Indikatoren der technischen Aktienanalyse wie das Momentum und die Relative Stärke nach Wilder. Es konnte gezeigt werden, daß sich bei Berücksichtigung der kurzfristigen Marktverfassung durch die Timing-Indikatoren das Portfolio-Upgrading von Levy verbessern läßt. Auch die KNN können für die Timing-Entscheidung eingesetzt werden. Die Aktienselektion übernimmt der Formelanlageplan, während das Transaktionstiming von KNN übernommen wird. In der empirischen Untersuchung wird auf diese Synthese eingegangen und überprüft, ob sich die Ergebnisse der Anlagestrategie nach Levy verbessern lassen.
Wie die KNN dafür eingesetzt werden, und welche Lernregel oder welche Architektur verwendet wird, hängt im entscheidenden Maße davon ab, wie sich KNN im Prognoseverhalten bewähren. Dazu werden sie zunächst isoliert betrachtet und analysiert. Die erfolgreichen KNN sollen dann für die Timing-Entscheidung Verwendung finden.

4.2 Positive Portfolioselektion

4.2.1 Das Capital Asset Pricing Model

Das *Capital Asset Pricing Model* (CAPM) wurde Mitte der sechziger Jahre von SHARPE (1964), LINTNER (1965) und MOSSIN (1966) entwickelt. Im Gegensatz zu den bisherigen Ansätzen, bei denen die Portfoliobildung im Vordergrund steht, konzentriert sich das CAPM auf Marktgleichgewichtsbedingungen. Es handelt sich dabei um eine Anwendung der Markowitzschen Ideen auf die Problemstellung der Preisbildung am Kapitalmarkt. Anders als beim Portfolioselektionsproblem, wo die preskriptive Methode zur Findung der optimalen Portfoliozusammensetzung aus Sicht des Investors im Vordergrund steht, handelt es sich beim CAPM um ein deskriptives Modell, das die Kurse der einzelnen Anlagen unter der Annahme analysiert, daß alle Marktteilnehmer Markowitz-Optimalität ihrer Portefeuilles anstreben. Beim CAPM wird also das Aggregat der Investoren untersucht. Die zentrale Aussage des Modells ist, daß im Kapitalmarktgleichgewicht die erwartete Rendite einer Anlage in linearer Beziehung zu ihrem systematischen Risiko steht, unabhängig von deren titelspezifischem Risiko. Das CAPM beruht auf folgenden Annahmen:

1. Es existieren keine Transaktionskosten.

2. Alle Wertpapiere sind beliebig teilbar.

3. Es werden keine steuerlichen Aspekte berücksichtigt.

4. Der Markt weist eine sehr hohe Liquidität auf.

5. Investoren treffen ihre Entscheidungen nur auf Basis der erwarteten Renditen und der Standardabweichung dieser Renditen.

6. Leerverkäufe sind zulässig.

7. Die Erwartungen der Investoren bezüglich der Renditen, Varianzen und Kovarianzen sind homogen.

8. Es existiert eine risikolose Anlage.

Die beiden letzten Annahmen führen zum Tobin'schen Separationstheorem [TOBIN (1958)]. Dieses besagt, daß die Zusammensetzung des (μ/σ)-effizienten Portfolios risikobehafteter Wertpapiere unabhängig vom Grad der Risikoaversion des Anlegers ist. Vielmehr halten im Gleichgewicht alle risikoscheuen Investoren einen Anteil an dem risikobehafteten effizienten Portfolio. Dieses Portfolio wird als Tangentialportfolio oder Marktportfolio bezeichnet.

4.2. POSITIVE PORTFOLIOSELEKTION

Dieses für alle Anleger optimale Portfolio wird ermittelt, indem von der risikolosen Anlage eine Tangente an die Effizienzlinie gelegt wird. Diese Tangente bezeichnet man als Kapitalmarktlinie. Die Risikoneigung der Investoren spiegelt sich in der Aufteilung des Kapitals auf das Marktportfolio und der risikolosen Anlage entlang der Kapitalmarktlinie wider.

Die Kapitalmarktlinie

$$E(R_e) = R_F + \frac{E(R_M) - R_F}{\sigma_M} \sigma_e \quad (4.5)$$

mit

$E(R_e)$ = Erwartungswert des Portfolios
R_F = risikoloser Zins,
$E(R_M)$ = Erwartungswert der Rendite des Marktportfolios
σ_M = Standardabweichung der erwarteten Renditen des Marktportfolios
σ_e = Standardabweichung der erwarteten Renditen

ist die erwartete Portfoliorendite in Abhängigkeit des Gesamtrisikos, wobei der Term $E(R_M) - R_F$ als Risikoprämie interpretiert werden kann. Bei gut diversifizierten Portefeuilles geht das Residualrisiko gegen Null. Das einzig relevante Risiko ist dann das auf dem Kapitalmarkt entschädigte systematische Risiko. Dieses besteht aus der Kovarianz der Rendite einer Aktie mit der Rendite des Marktportfolios. Die Konsequenz dieser Überlegung führt zum *CAPM*:

$$E(R_i) = R_F + \frac{E(R_i) - R_F}{\sigma_M^2} \text{Cov}(R_i; R_M),$$

das die Renditeerwartung eines Wertpapiers in Abhängigkeit des systematischen Risikos bestimmt. CAPM läßt sich auch mit Betafaktor darstellen:

$$E(R_i) = R_F + [E(R_M) - R_F]\beta_i,$$

der als relatives Risikomaß die Kovarianz des Portfolios in Relation zur Varianz des Marktportfolios ausdrückt, wobei

$$\beta_i = \frac{\text{Cov}(R_i; R_M)}{\sigma_M^2}.$$

Die erwartete Rendite eines Portfolios bestimmt sich somit aus dem risikolosen Zinssatz R_F zuzüglich einer Risikoprämie, die sich als Differenz zwischen der erwarteten Rendite des Marktportfolios $E(R_M)$ und R_F multipliziert mit dem Betafaktor als Maß für das systematische Risiko ergibt.

Neben den zum Teil restriktiven und realitätsfremden Modellannahmen des CAPM setzt der Hauptkritikpunkt an der zentralen Stellung des Marktportfolios an, dessen empirische Erhebung unmöglich ist. Die Approximation des Marktportfolios durch die Wahl eines Wertpapierindex ist sehr problematisch. Zudem ist die Genaugkeit einer solchen Approximation nicht meßbar.

Es gibt sehr viele empirische Untersuchungen und Tests des Modells, die große Diskrepanzen zwischen den empirischen Implikationen des Modells und der Realität aufzeigten [SOLNIK (1988)]. Zudem hat ROLL (1977) in seiner Untersuchung aufgrund der Unmöglichkeit der Erfassung des wahren Marktportfolios empirische Tests in Frage gestellt. Aber trotz dieser massiven Kritik stellt das CAPM nach wie vor ein zentrales theoretisches Kapitalmarktmodell dar.

4.2.2 Arbitrage Pricing Theory

Mit der Entwicklung der *Arbitrage Pricing Theory* (APT) versuchte ROSS (1976), die Schwächen des CAPM zu verbessern, ohne die Bewertungsrelevanz des systematischen Risikos aufzugeben. Diese Theorie beruht nicht auf dem (μ/σ)-Prinzip. Somit entfallen alle restriktiven Annahmen bezüglich der bisher unterstellten Nutzenfunktionen, und man kann auch auf die Normalverteilung der Aktienrenditen verzichten. Desweiteren kommt die APT ohne die Prämisse des effizienten Marktportfolios aus. Substituiert werden diese Annahmen durch die Arbitragefreiheitsannahme und die Unterstellung eines durch k Faktoren bestimmten Renditegenerierungsprozesses. Gleichgewichtsmodelle wie das CAPM sind auf strenge Annahmen über das Risikoverhalten der Anleger angewiesen, wenn sie Risikobewertungen ableiten sollen. Die APT hingegen kann als arbitragefreies Modell die Bewertung allein auf der Basis beobachteter Wertpapierrenditen vornehmen.

Die APT unterstellt ein Mehrfaktorenmodell als Renditegenerierungsprozeß, das das systematische und das unsystematische Risiko definiert. Dieses Mehrfaktorenmodell sieht wie folgt aus:

$$R_i = \alpha_i + \sum_{j=1}^{k} b_{ij} F_j + \epsilon_i \qquad (4.6)$$

mit

α = Wertpapierspezifische Konstante
b_{ij} = Sensitivität des Wertpapiers i auf die Ausprägungen des Faktors j.
F_j = Wert des j-ten Faktors.
ϵ = stochastische Störgröße

Damit wird ausgedrückt, daß Renditebewegungen vollständig durch k Faktoren erklärbar sind. Ökonomisch betrachtet besagt Gleichung 4.6, daß sämtliche Faktoren, die die Renditen beeinflussen, bekannt sind und daß das Faktorenmodell damit die wesentlichen Quellen der Kovarianz zwischen den Wertpapierrenditen umfaßt. Über die Anzahl der Faktoren macht die APT keine Aussage.

Die Arbitragefreiheitsannahme führt den Renditegenerierungsprozeß in ein Modell über, das die Höhe der erwarteten Wertpapierrenditen $E(R_i)$ bestimmt und mit

$$E(R_i) \approx \lambda_0 + \sum_{j=1}^{k} \lambda_j b_{ij} \qquad (4.7)$$

gegeben ist. Dabei ist

λ_0 = erwartete Rendite eines Portfolios, dessen Sensitivitäten bezüglich aller Faktoren den Wert Null aufweisen (Zero-Beta-Portfolio)
λ_j = Risikopreis des Faktors j.

Demnach entspricht der Erwartungswert der Rendite eines Wertpapiers näherungsweise der Konstanten λ_0 zuzüglich der mit den Faktorensensitivitäten b_{ij} gewichteten Summe der Risikopreise λ_j. Mit den Faktorsensitivitäten wird das systematische Risiko des Wertpapiers dargestellt, das sich aus den unerwarteten Veränderungen der zu identifizierenden Faktoren ergibt. Höhere systematische Risiken werden für den Investor mit höheren Renditen honoriert.

Bei Existenz einer risikolosen Rendite R_F, muß die Konstante λ_0 aus Arbitrageüberlegungen heraus diesem risikolosen Zinssatz entsprechen [vgl. ROSS (1976)]. λ_j kann als Risikopreis des Faktors j bzw. als Risikoprämie eines Portfolios interpretiert werden, dessen Rendite mit dem jeweiligen Faktor vollständig korreliert ist und deshalb bezüglich dieses Faktors eine Sensitivität von Eins und hinsichtlich aller anderen Faktoren ein Reagibilität von Null aufweist. Daher kann man Gleichung (4.7) auch wie folgt schreiben:

$$E(R_i) \approx R_F + \sum_{j=1}^{k} [E(R_{Pmj}) - R_F] b_{ij}.$$

Angesichts der kurzen Beschreibung der APT darf bezweifelt werden, ob die darin getroffenen Annahmen weniger restriktiv sind als die des CAPM. Auch bei der APT wird ein risikoaverser Anleger unterstellt, auch wenn seine Nutzenfunktion als weniger restriktiv anzusehen ist. Über die Höhe, Anzahl und Art der Faktoren wird in der Theorie keinerlei Aussage getroffen. Schwierigstes Problem der APT ist die empirische Validierung. Die APT beruht auf einer unendlichen Anzahl von Wertpapieren, was in der Praxis nicht realisierbar ist. Das Modell wird durch eine Erweiterung mittels KNN nicht praxisnäher und eher ein theoretisches Modell bleiben, obwohl es Versuche der Validierung durch WINKELMANN (1985) gibt.

4.3 Zusammenfassung

Da sich KNN für kurzfristige Prognosen eignen, könnte ihr Einsatzgebiet im Portfoliomanagement im Investitionstiming liegen. Gerade in der Bestimmung des optimalen Investitionszeitpunkts besitzen die klassischen Modelle wie das von Markowitz und Levy

Defizite, während sie für die Selektionsentscheidung dem Portfoliomanager nützliche Hilfestellung leisten. Akzeptiert der Anleger die in Abschnitt 4.1.1.3 aufgeführten Nachteile des Portfolioselektionsmodells, kann die in Abschnitt 4.1.1.1 beschriebene Vorgehensweise von Markowitz um KNN ergänzt werden, ohne größere Veränderungen in dem Modell vorzunehmen. Wird die Varianz-Kovarianz-Matrix monatlich berechnet, so muß das Portfolio entsprechend der neuen rechnerisch bestimmten Selektion von Wertpapieren umgeschichtet werden. Der Zeitpunkt des Portfolio-Upgrading ist nicht auf einen bestimmten Zeitpunkt fixiert. Zwar ist die Varianz-Kovarianz-Matrix nicht sehr stabil und ändert sich täglich, allerdings sind tägliche Umschichtungen auch bei institutionellen Anlegern trotz der geringeren Transaktionskosten aus verschiedenen Gründen nicht wünschenswert. Nimmt man die einmal ermittelten Investitionsanteile als gegeben an, ließe sich in der Folgezeit für jedes zu kaufende Wertpapier das optimale Timing durch die KNN ermitteln. Das Portfolioselektionsmodell würde somit eine Rahmenordnung bzw. Investitionsziele vorgeben, für deren Erreichung die KNN, implizit durch richtiges Timing, die Zeitplanung übernehmen. Die Portfoliodiversifikation wird dadurch nicht mehr beeinträchtigt, als wenn man die Selektionsentscheidung sofort umsetzen würde, denn die täglich optimale Diversifikation gibt es nur rechnerisch. Das Portfolio-Selektionsmodell kann nur eine grobe Rahmenordnung für ein diversifiziertes Portfolio zur Verfügung stellen.

Dadurch, daß das Portfoliomanagement in eine Selektions- und Timingentscheidung aufgeteilt wird, können beide Komponenten unabhängig optimiert werden. Eine Erweiterung des Portfolio-Selektionsmodells um implizite Volatilitäten würde die Funktionsweise der Timingentscheidung nicht berühren. Ebenso würde die Optimierung von KNN durch genetische Algorithmen die Vorgehensweise der Selektionsentscheidung nicht beeinflussen, sofern die KNN für die Bestimmung des Transaktionstimings eingesetzt werden.

Das Single-Index-Modell, bei dem das Prognoseproblem bezüglich des Index I ungelöst bleibt, könnte mit einem KNN prognostiziert werden. Hier würde der Vorteil des Single-Index-Modells überwiegen, das sich nur auf einen zu prognostizierenden Index I konzentriert. Allerdings besitzt das Modell zu große Nachteile, so daß eine weitere Betrachtung nicht vorgenommen wird. Problematisch ist zudem die Suche nach dem KNN-Design, mit dem dieses Problem gelöst werden soll. Diese ist nicht deterministisch. Mit der Suche nach adäquaten KNN beschäftigte sich Kapitel 2.

Kapitel 5

Performancemessung im Asset Allocation

Um die in Kapitel 4 beschriebenen Anlageverfahren in ihrem Erfolg zu messen, muß ein Bewertungssystem vorliegen, das eine objektive Rangordnung zwischen den einzelnen Verfahren schafft. Für Bewertungssysteme im Rahmen des Portfoliomanagements hat sich der Begriff *Performance* etabliert. Die Performancemessung bildet die zentrale Rolle in der Bewertung von Anlagestrategien. Um herauszufinden, wie KNN die Entscheidungen eines Portfoliomanagers beeinflussen, ist es notwendig, Assets, die durch die Einbeziehung von KNN verwaltet werden, miteinander zu vergleichen. Dazu bietet die Performancemessung ein adäquates Instrumentarium, auf das in diesem Kapitel eingegangen wird. Da der Bewertung des 'Asset Allocation' eine Schlüsselbedeutung zukommt, ist nicht nur der viel verwendete Begriff der Performance zu klären, sondern auch die Bestimmung ihrer Struktur und ihre Zielsetzung.

Allgemein wird der Erfolg einer Anlage durch die Realisierung der spezifischen Investitionsziele beurteilt. Diese Ziele lassen sich in einem magischen Dreieck anordnen, da deren Realisierung nicht ohne Vernachlässigung eines jeweils anderen Ziels möglich ist. Es gilt deshalb, innerhalb des Spannungsfeldes aus Abbildung 5.1 ein aus persönlichen Präferenzen resultierendes Ziel zu formulieren und darauf hinzuarbeiten. Die Zielrealisierung ist dann das, was es zu messen gilt.

Der *Ertrag* ist das eigentliche Anlageziel, und hier gilt die Renditemaximierung als erstrebenswert. Diesem Ziel konträr steht die Sicherheit, die aus der Ungewißheit zukünftiger Erträge resultiert. Mit dem Begriff *Sicherheit* ist die Erhaltung des angelegten Vermögens gemeint, das wiederum von Risiken bestimmt wird. Dazu gehören beispielsweise Basisrisiken sowie spezifische Risiken. Die Risikominimierung und Renditemaximierung sind nicht unabhängig voneinander realisierbar.

Die *Liquidität* als drittes Hauptziel kann als der nicht investierte Teil des Vermögens

126　KAPITEL 5. PERFORMANCEMESSUNG IM ASSET ALLOCATION

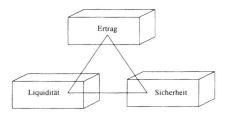

Abbildung 5.1: Investitionsziele

und somit als Komplement zum Ertrag angesehen werden. Man könnte die Liquidität daran messen, wie schnell ein Betrag, der in eine Anlageform investiert wurde, wieder in Bargeld umgewandelt werden kann. Dieses Verständnis von Liquidität wäre aber zu eng, denn dieses Ziel konkurriert auch mit dem Ziel der Sicherheit. Dies ist immer dann der Fall, wenn die Auflösung von Teilen bzw. kompletten Portefeuilles zur Erhöhung der Liquidität negative Einflüsse auf den Gesamtmarkt hat. Die Liquidität muß also auch unter dem Gesichtspunkt vom Markteinfluß (Volumen) des Marktteilnehmers betrachtet werden. Weiterhin gibt es einen Zielkonflikt zwischen Liquidität und Ertrag, da Kassenhaltung oft mit Renditenachteilen verbunden ist.

5.1 Performance im Asset Allocation

Beim Asset Allocation werden die aus der Portfoliotheorie gewonnenen Erkenntnisse in der Anlagepraxis angewendet [STEINER & BRUNS (1995), S. 45]. Darin enthalten ist das Prinzip der strukturierten Portfolioaufteilung, das die Reihenfolge der Vermögensanordnung nach Gesichtspunkten der Performanceimplikationen vornimmt [BRUNS & MEYER-BULLERDIEK (1996), S. 414]. Asset Allocation beruht zwar auf den Erkenntnissen der in Abschnitt 4.1.1.1 dargestellten Portfoliotheorie. Diese werden allerdings im Hinblick auf die praktischen Belange des Anlage- und Fondsgeschäfts angepaßt bzw. neu formuliert [RUDOLPH (1993), S. 91]. Primäres Ziel der Asset Allocation ist die Erzielung einer angemessenen Portfolioperformance. Um den Begriff der Angemessenheit zu konkretisieren, muß jedoch die Beziehung zwischen Risiko und Rendite geklärt werden.
Während der Begriff Performance früher nur als Synonym für die Rendite gebraucht wurde, wird er im modernen Portfoliomanagement sowohl in der Theorie als auch in der Praxis unterschiedlich angewendet. STEINER & BRUNS (1995), S. 45, verstehen Performance als eine zweidimensionale Meßgröße zur Erfolgsbeurteilung von Kapitalanlagen. ZIMMERMANN (1991), S. 164, hingegen bezeichnet Performance als risikoadjustierte Rendite und

liefert die folgende formale Definition von Performance:
$$\text{Performance} = \frac{\text{Anlagerendite}}{\text{Anlagerisiko}}.$$
ZIMMERMANN et al. (1996), S. 4, wiederum läßt das Risiko ganz außer Betracht und bezeichnet Performance als Abweichung der Rendite bei einer Vermögensanlage von einem zugrundegelegten Vergleichsportfolio.

Diese kontroverse Diskussion um den Begriff der Performance erfordert eine detailliertere Betrachtung. Dabei reicht es nach Ansicht des Verfassers nicht aus, Performance nur auf die Rendite und das Risiko eines Portfolios zu beschränken.

5.2 Aufgaben der Performancemessung

Mit dem Begriff der Performance wird die Qualität der Anlageentscheidungen eines Portfoliomanagers beurteilt. Somit läßt sich die Performance als ein Maß für die erbrachte Leistung eines Entscheidungsträgers interpretieren. Daraus kann man ableiten, daß es sich um ein ex-post-Konzept handelt, welches getroffene Anlageentscheidungen bewertet und in ein oder mehrere Maßzahlen überführt.

Im Rahmen dieser Arbeit dient die Performancemessung dazu, die unterschiedlichen Anlageverfahren mit und ohne KNN in ihrer Qualität zu vergleichen. Das Interesse der Performancemessung ergibt sich hier also aus wissenschaftlicher Perspektive. Hierbei spielt die Effizienzmarkthypothese eine zentrale Rolle. Diese besagt, daß es aufgrund der Effizienz des Kapitalmarktes nicht möglich ist, längerfristig ein besseres Ergebnis als den Kapitalmarktdurchschnitt zu erzielen. Die Performancemessung kann in diesem Zusammenhang die Theorie bestätigen oder widerlegen.

Aber auch in der Praxis sind Performancemessungen für verschiedene Interessensgruppen von entscheidender Bedeutung. Die Performance eines Fonds ist beispielsweise wichtig für Vorstände und Kontrollorgane eines Fonds. Die Performancemessung beurteilt die Leistung und Arbeitsqualität der Mitarbeiter und bildet die Grundlage, um mögliche Konsequenzen zu ziehen. In diesem Zusammenhang hat die Performancemessung eine Management-Kontrollfunktion [vgl. ROSSBACH (1991), S. 12]. Zudem ist sie entscheidend über Image bzw. Attraktivität eines Fonds und dem damit verbundenen Zulauf liquider Mittel.

Für Anleger, die in Sondervermögen investieren, bildet die Performancemessung eine Entscheidungsgrundlage für die Geldanlage. Der Anleger kann daraus ableiten, wie erfolgreich sein Vermögen von einem Fonds verwaltet wird. Hier dient die Performancemessung als Vertrauensindex und Auswahlkriterium für die Beteiligung an einem bestimmten Fonds. Für den Anleger ist dabei interessant, ob der Kostenaufwand, der mit einem Fonds verbunden ist, durch einen entsprechenden Anlageerfolg gerechtfertigt ist.

Aus der Vielschichtigkeit der Interessensgruppen ist nachvollziehbar, daß die Performancemessung nicht nur aus der Messung des Anlageerfolges bestehen kann. Der Anlageerfolg eines Portfolios setzt sich aus folgenden Komponenten zusammen:

- ausgeschüttete Zins- und Dividendeneinnahmen,
- realisierte und nichtrealisierte Gewinne bzw. Verluste.

Eine Erfolgskennziffer, mit der sich die Qualität der Anlageentscheidungen beurteilen läßt, ist die Rendite. Die Timing- und Selektionsentscheidungen können als Hauptteil der Managerleistung angesehen werden, da sie das Ergebnis des Portfolios bestimmen. Wie gut der Portfoliomanager diese Entscheidungen trifft, läßt sich an den erzielten Renditen erkennen. Sie allein können jedoch keine Auskunft über die Entstehung dieses Erfolgs liefern[1]. Mit jeder Aktienanlage ist auch ein Kursrisiko verbunden. Der Portfoliomanager muß die Unsicherheit in Kauf nehmen, daß sich das Portfolio nicht gemäß seiner Erwartungen entwickelt. Die Bewältigung des Risikos muß somit als Leistung des Portfoliomanagers angesehen werden. Somit ist die Risikokomponente in der Performancemessung gerechtfertigt.

Faßt man die bisherigen Überlegungen zusammen, berücksichtigt ein Performancemaß im Idealfall die folgenden Komponenten:

1. Rendite,
2. Risiko,
3. Timing und
4. Selektion.

5.3 Anforderungen an eine Performancemessung

Aus den Aufgaben der Performancemessung lassen sich Anforderungen formulieren, die an ein solches Verfahren zu stellen sind. Die Mindestanforderung, die ein Verfahren der Performancemessung erfüllen muß, ist eine Aussage über den Anlageerfolg und somit, ob dieser positiv oder negativ ist. Dies führt zu einer absoluten Maßzahl. Darüber hinaus sollte dieser Erfolg mit anderen Portefeuilles vergleichbar sein. Als Vergleichsportfolio kann beispielsweise ein Wertpapier-Index herangezogen werden. Dabei wäre es als optimal anzusehen, wenn im Vergleich eine genaue Aussage möglich wäre, um wieviel ein Portfolio

---

[1] Der Extremfall dieser Betrachtung würde dazu führen, daß das Portfolio am besten abschneidet, das nur aus einer Aktie besteht, die innerhalb des Beobachtungszeitraums die höchste Rendite erzielte [ROSSBACH (1991), S. 18].

5.3. ANFORDERUNGEN AN EINE PERFORMANCEMESSUNG

besser als das Referenzportfolio ist.

Ein optimales Performancemaß könnte zu jedem Zeitpunkt des Betrachtungszeitraums für jedes im Portfolio gehaltene Wertpapier eine exakte ex-post-Analyse liefern. Allerdings würde eine solche Vorgehensweise zu einer großen unüberschaubaren Informationsflut führen. Deshalb muß von einem Performancemaß verlangt werden, daß es übersichtlich ist und einen schnellen Überblick über das Ergebnis gewährleistet. Daraus resultiert die Forderung, daß das Ergebnis des Portfolios in möglichst wenige Maßzahlen verdichtet werden sollte.

Von einem Performancemaß muß gefordert werden, daß es leicht verständlich ist. Der Betrachter muß in der Lage sein, das Performancemaß zu interpretieren und die darin enthaltenen Informationen zu verstehen. Dazu muß das Maß und damit das zugrundeliegende Verfahren plausibel und nachvollziehbar sein.

Problematisch bei der Beurteilung des Anlageerfolgs eines Portfoliomanagers ist die Bewertung der Zufallseinflüsse, die die getroffenen Anlageentscheidungen überlagern. Dies ist umso wichtiger, je kürzer der Betrachtungszeitraum ist, innerhalb dessen der Erfolg gemessen wird. Deshalb sollte ein Performancemaß auch in der Lage sein, Erfolg in Fähigkeit und Glück des Managers aufzuteilen.

In UHLIR (1994), S. 66, findet man allgemeine Grundsätze, die es zu beachten gilt, um erreichte Anlageerfolge fair, d.h. entsprechend ihrer Zielsetzung zu messen. Die dort aufgestellten Regeln sind unabhängig von spezifischen Annahmen über unterschiedliche Informationsniveaus, Planungshorizonte und Risikoeinstellungen. Im einzelnen wird dort verlangt, daß nur Marktwerte (Börsenkurse) verarbeitet werden, die um Kapitalmaßnahmen bereinigt sind und alle Return-Komponenten erfassen. Dabei sind steuerliche Aspekte zu vernachlässigen. Die Performancemessung sollte nach UHLIR (1994) regelmäßig erfolgen, um Zufallseinflüsse von Expertise zu unterscheiden. Problematisch ist in diesem Zusammenhang die Bestimmung der Periodizität, mit der die Performance gemessen werden soll. Kurze Abstände garantieren zwar eine effiziente Kontrolle, aber strategische Anlageziele wie das Erreichen langfristig angestrebter Vermögensstrukturen lassen sich nicht überprüfen. Es sollte weiterhin selbstverständlich sein, daß die Aggregation der einperiodigen Renditen nur mit dem geometrischen Mittel erfolgen kann, da nur diese Form der multiplikativen Verknüpfung der Kapitalsteigerungsfaktoren aus aufeinanderfolgenden Teilperioden mit der Ermittlung der Gesamtrendite konsistent ist.

130   KAPITEL 5. PERFORMANCEMESSUNG IM ASSET ALLOCATION

5.4 Performancemaße

Angesichts der Anforderungen, die an Performancemaße gestellt werden, kann vorweggenommen werden, daß das optimale Performancemaß nicht existiert. Die folgenden Abschnitte werden mögliche Maßzahlen aufzeigen und ihre Vor- und Nachteile erörtern.

5.4.1 Renditedefinitionen in Asset Allocation

Die wichtigste Komponente der Performancemessung eines Portfolios ist die Rendite. Die Anlagerendite ist von der inhaltlichen und methodischen Messung des Investors abhängig. Inhaltlich lassen sich Renditen nach mehreren Gesichtspunkten unterscheiden, [BRUNS & MEYER-BULLERDIEK (1996), S. 3]:

- Bruttorendite versus Nettorendite,

- Vorsteuerrendite versus Nachsteuerrendite,

- aktive Rendite versus Benchmarkrendite,

- zeitgewichtete Rendite versus wertgewichtete Rendite.

Bezüglich der methodischen Messung kann folgende Unterscheidung vorgenommen werden:

- stetige Messung versus diskrete Messung,

- arithmetische Messung versus geometrische Messung,

- periodenspezifische Messung versus annualisierte Messung,

Speziell für die Anlage in Aktien lassen sich auf der Basis des Marktmodells der Kapitalmarkttheorie unterschiedliche Renditedefinitionen festlegen. Viele Definitionen basieren auf einem Benchmark (Kapitalmarktindex bzw. Referenzportefeuille) oder auf dem Marktportfolio. Die *Gesamtrendite* eines Portfolios errechnet sich aus

$$R_P = \alpha_P + \beta_P \cdot R_B$$

mit:

α_P : von dem Benchmark unabhängige Rendite
β_P : Portfoliosensitivität in bezug auf dem Benchmark
R_B : Benchmarkrendite.

5.4. PERFORMANCEMASSE

Bildet man die Differenz aus Gesamtrendite und Rendite einer risikolosen Anlage R_f, erhält man die *Überschußrendite*:

$$R^e = R_P - R_f,$$

die als Risikoprämie interpretiert werden kann.

Bezogen auf die Überschußrendite können weitere Definitionen von Rendite unterschieden werden [BRUNS & MEYER-BULLERDIEK (1996), S. 3]. So wird als *aktive Rendite* (R_a) der Renditeanteil der Überschußrendite bezeichnet, der über die Überschußrendite eines festgelegten Benchmarks hinausgeht.

$$R_a = R^e - R^e_B$$

Weiterhin wird als *Residualrendite* α_P der Teil der Überschußrendite bezeichnet, der nicht mit der vorgegebenen Benchmarküberschußrendite korreliert ist.

$$\alpha_P = R_P - \beta_P \cdot R^e_B$$

Die *Timingrendite* R^T_P ist der Teil der aktiven Rendite, der auf die Sensitivität eines Portfolios β_P in bezug auf prognostizierte Überschußveränderungen der Benchmark $\triangle R_B$ zurückzuführen ist.

$$R^T_P = (\beta_P - 1)\triangle R_B$$

Die Summe aus *Residual-* und *Timingrendite* ergibt die *außergewöhnliche* Rendite R^*

$$R^* = \alpha_P + (\beta_P - 1)\triangle R_B$$

Der Investmentstil eines Portfoliomanagers sollte sich im Einklang mit den vorgegebenen Renditezielen befinden. So müssen z.B. für die Erreichung einer systematischen Timingrendite Verfahren des Markt-Timings eingesetzt werden. Das heißt, daß aus einer Renditefestlegung heraus das marktspezifische Vorgehen eines Portfoliomanagers beeinflußt, wenn nicht sogar gänzlich gelenkt wird. Zur Berechnung der Rendite existieren eine Vielzahl von Methoden, die auf teilweise sehr unterschiedlichen Konzepten beruhen und unterschiedliche Zielsetzungen haben.

5.4.1.1 Einfache Rendite

Die einfachste Art der Renditeberechnung eines Portfolios erfolgt über dessen Wertzuwachs zuzüglich aller Netto-Einkünfte innerhalb eines Betrachtungszeitraums, bezogen auf den Anfangswert zu Beginn des Betrachtungszeitraums:

$$R_{P,t} = \frac{P_T - P_0 + D_t - M_t}{P_0} \quad (5.1)$$

$R_{P,t}$: Portfoliorendite zum Zeitpunkt t
P_T : Wert des Portfolios am Ende des Betrachtungszeitraums
P_0 : Wert des Portfolios zu Beginn des Betrachtungszeitraums
D_t : Dividenden
M_t : externe Mittelzuflüsse

Diese einfache Renditeberechnung ist insofern problematisch, weil alle Mittelzu- und abflüsse so behandelt werden, als würden sie am Ende der Betrachtungsperiode anfallen. Sollte dies aber nicht zutreffen, dann haben sie einen Einfluß auf die Wertentwicklung des Portfolios[2]. Auch Dividenden sind als Mittelzuflüsse zu verstehen. Reinvestiert man ausgeschüttete Dividenden wieder in Aktien, so wird das erzielte Ergebnis beeinflußt. Aus Sicht des Portfoliomanagers sind Dividenden interne Mittelzuflüsse, die nicht immer am Ende der Betrachtungsperiode ausgeschüttet werden. In Abhängigkeit von den Zeitpunkten, zu denen Mittelbewegungen stattfinden, muß deren Einfluß differenziert betrachtet werden. Damit ist der Zeitfaktor ein fundamentaler Faktor bei der Renditeberechnung [MILLS (1970)].

Mit der Formel aus Gleichung (5.1) lassen sich exakte Renditen nur dann berechnen, wenn alle Mittelzu- und -abflüsse am Ende des Betrachtungszeitraums anfallen und dieser somit sehr klein ist. Über große Zeiträume hinweg lassen sich nur grobe Werte ermitteln, und damit sind Renditevergleiche nicht ohne weiteres möglich. Aus diesen Gründen ist die einfache Renditeberechnung nicht die optimale Performancemaßzahl im Sinne der in Abschnitt 5.3 aufgestellten Forderungen.

5.4.1.2 Interne Rendite

Mit der Berechnung der internen Rendite werden Mittelzu- und -abflüsse zum Zeitpunkt ihres Auftretens berücksichtigt. Damit wird die Zeit mit in die Berechnung einbezogen. Das Konzept der internen Rendite beruht darauf, den Wert zu ermitteln, um den jede Geldeinheit innerhalb des Portfolios unabhängig vom Zeitpunkt des Eintritts während des Betrachtungszeitraums im Durchschnitt gewachsen ist. Durch die Erfassung von Mittelbewegungen zum Zeitpunkt ihres Anfallens wird sichergestellt, daß jede Geldeinheit lediglich für den Zeitraum berücksichtigt wird, den sie im Portfolio geblieben ist. Die interne Rendite berechnet sich mit einer Polynomgleichung[3] (n+1)-Grades [vgl. ROSSBACH (1991), S. 26].

$$0 = P_0(1+r) + \sum_{j=1}^{n} M_j(1+r)^{T-t_j} + \sum_{j=1}^{n} D_j(1+r)^{T-t_j} - P_T \qquad (5.2)$$

---

[2] Erweitert man die relative Stärke nach Levy um eine Timingkomponente mit KNN, können Mittelbewegungen auch während der Betrachtungsperiode anfallen, da durch die Berücksichtigung von Kauf- und Verkaufstiming die Zeitpunkte von Transaktionen nicht a priori bestimmt werden können.

[3] Die in der Literaturquelle angegebene Gleichung berücksichtigt keine internen Mittelzuflüsse.

5.4. PERFORMANCEMASSE

r	: interne Rendite	M_j	:	Netto-Mittelzufluß
T	: Länge des Beobachtungszeitraums	D_j	:	Dividenden
t_j	: Zeitpunkt des j-ten Mittelzuflusses	n	:	Anzahl der Mittelzuflüsse

Eine Verbesserung von Gleichung (5.2), die durch eine Vielzahl von Transformationen zu Ungenauigkeiten bei der Lösung führt, wird von FISHER (1966) mit der folgenden Gleichung vorgeschlagen:

$$0 = P_0 e^i + \sum_{j=1}^{n} D_j e^{i(T-t_j)} + \sum_{j=1}^{n} M_j e^{i(T-t_j)} - P_T.$$

Der Index i ist die interne Rendite auf kontinuierlicher Basis. Die periodische interne Rendite berechnet sich dann aus der Transformationsgleichung

$$r = e^i - 1$$

Die interne Rendite wird zwar von dem Anfangs- und Endwert des Portfolios und von dem Zeitpunkt der Mittelbewegungen beeinflußt, aber alle Wertschwankungen des Portfolios innerhalb der Betrachtungsperioden bleiben unberücksichtigt. Da nur die Wertsteigerung innerhalb des Betrachtungszeitraums ausgewiesen wird, hängt der Erfolg des Portfolios maßgeblich von den gewählten Anfangs- und Endzeitpunkten ab.
Im Sinne der im Abschnitt 5.3 formulierten Anforderungen an ein Performancemaß wird nur die relative Wertsteigerung des Portfolios, nicht aber die Leistung des Portfoliomanagers berücksichtigt.

5.4.1.3 Zeitgewichtete Rendite

Um die Leistung des Portfoliomanagers stärker zu berücksichtigen, wurde die zeitgewichtete Rendite konzipiert. Bei dieser Größe handelt es sich um eine hypothetische Rendite, die Einflüsse durch Mittelbewegungen aus dem Erfolg des Portfolios herausrechnet. Die zeitgewichtete Rendite berücksichtigt nur die durchschnittlichen Wertsteigerungen der Aktien, die sich zu Anfang der Betrachtungsperiode im Portfolio befanden. Nach Ansicht von [ROSSBACH (1991), S. 28]

> [...] entspricht die time-weighted rate of return den Anforderungen an ein Performance-Maß, da das Bewertungsergebnis von den Zufallseinflüssen bereinigt und somit zur Beurteilung der Managementleistung verwendbar ist.

Bei der zeitgewichteten Rendite wird der gesamte Betrachtungszeitraum in Subperioden unterteilt, deren Anzahl und Länge von den auftretenden Mittelzugängen abhängt. Jeder Zeitpunkt, an dem ein solcher Mittelzu- oder -abfluß stattfindet, begrenzt eine Subperiode. Die Längen der Subperioden können somit unterschiedlich groß sein.

134 KAPITEL 5. PERFORMANCEMESSUNG IM ASSET ALLOCATION

Zur Berechnung der zeitgewichteten Renditen wird zunächst die Rendite für jede Subperiode ermittelt. Danach werden die Subperiodenrenditen gemittelt, wobei deren relative Länge bezüglich des gesamten Betrachtungszeitraums die Gewichte bilden.
Für die Berechnung der zeitgewichteten Rendite werden in der Literatur je nach Verfügbarkeit von Daten mehrere Vorschläge zur approximativen Bestimmung gemacht [vgl. STUCKI (1988), S. 38]. In dieser Arbeit wird die folgende Berechnungsvorschrift verwendet, da alle Zeitpunkte von Mittelbewegungen bekannt sind.

$$R_i = \frac{P_{T,i} - \sum_{j=1}^{m_i} p_{i,j} M_{i,j} + \sum_{j=1}^{d_i} p_{i,j} D_{i,j}}{P_{0,i} - \sum_{j=1}^{m_i} q_{i,j} M_{i,j} + \sum_{j=1}^{d_i} q_{i,j} D_{i,j}} - 1$$

mit:

$P_{T,i}$: Endwert in der Subperiode i
$P_{0,i}$: Anfangswert in der Subperiode i
$p_{i,j}$: zeitlicher Anteil in der Subperiode i bis zur j-ten Mittelbewegung
$q_{i,j}$: zeitlicher Anteil von der j-ten Subperiode bis zum Ende der Subperiode
$M_{i,j}$: Nettomittelzuflüsse
m_i : Anzahl der Mittelbewegungen in der Subperiode i
$D_{i,j}$: Dividendenzahlungen
d_i : Anzahl der Dividendenzahlungen in der Subperiode i.

Die Gesamtrendite über alle Subperioden i berechnet sich dann aus

$$R = \sqrt[T]{\prod_{i=1}^{T}(1 + R_i)} - 1$$

mit

T : Länge der Betrachtungsperiode

Wie exakt dieses Verfahren ist, hängt von drei Parametern ab [vgl. TAPLEY (1986), S. 155]:

1. Höhe der Mittelbewegungen im Verhältnis zum Portfoliowert,

2. Schwankungsbreite der Portfoliorendite,

3. Länge der Subperioden.

Je kleiner die aufgeführten Parameter sind, desto besser wird das Ergebnis.

5.4.2 Risikounterscheidung im Portfoliomanagement

Ebenso vielfältig wie die Rendite kann auch der Risikobegriff sein. Risiko wird sowohl quantitativ als auch qualitativ[4] erfaßt. Allgemein sind quantitative Risikomessungen vorzuziehen, weil sie keine subjektiven Momente erlauben, wie es die qualitativen Maße tun. Auch wenn beim Risiko von Aktien stets nur das Kursrisiko betrachtet wird, so darf im Rahmen des Asset Allocation der Risikobegriff nicht so eng gefaßt werden. Vielmehr muß man zwischen Basisrisiken und spezielle Risiken des Asset Allocation unterscheiden [o.V. (1995), S. 64]. Das Kursrisiko ist nur ein spezielles Risiko von Aktien.

5.4.2.1 Basisrisiken beim Asset Allocation

Ein Basisrisiko beim Asset Allocation ist das *Konjunkturrisiko*. Dies besteht darin, zukünftige Konjunkturentwicklungen nicht zutreffend in einer Anlageentscheidung zu berücksichtigen. Dies kann aus der Fehlurteilung des Konjunkturzyklus der Gesamtwirtschaft als auch einzelner Branchen herrühren. Dadurch können Anlageentscheidungen zum falschen Zeitpunkt oder in einer ungünstigen Konjunkturphase getätigt werden.

Das *Inflationsrisiko* beschreibt die Gefahr eines Vermögensschadens infolge einer Geldentwertung. Diesem Risiko unterliegt sowohl der Realwert des vorhandenen Vermögens als auch der reale Ertrag, der mit dem Vermögen erwirtschaftet wird. Bei Anlagen sollte man stets die Realverzinsung als Entscheidungsgrundlage wählen. Allerdings können auch positive Realverzinsungen durch die Besteuerung des Einkommens aus Kapitalvermögen aufgezehrt werden und zu Kaufkraftverlusten führen. Obwohl Aktien zu den Sachwerten gehören, bieten sie keinen umfassenden Schutz gegen die Inflation. Sie sind immer dann dem Inflationsrisiko ausgesetzt, wenn sie nicht nach dem Substanzwert sondern nach dem Ertragswert selektiert werden. Die Realverzinsung, die sich aus der Inflationsrate und dem realisierten Ertrag aus Dividendenausschüttungen und Kursänderungen ergibt, kann sowohl positiv als auch negativ sein.

Durch die internationale Diversifizierung eines Portfolios kann zwar das Gesamtrisiko reduziert werden, allerdings müssen auslandsspezifische Risiken in Kauf genommen werden. Zu den *Länderrisiken* gehört, daß ausländische Schuldner wegen fehlender Transferfähigkeit und -bereitschaft ihres Sitzlandes ihren Zins- und Tilgungsleistungen nicht nachkommen, obwohl sie durchaus zahlungsfähig sind. Im Länderrisiko sind sowohl wirtschaftliche als auch politische Instabilitäten eines Landes enthalten. Geldzahlungen können beispielsweise wegen Devisenmangel oder wegen Transferbeschränkungen nicht geleistet werden. Lauten die Wertpapiere in Fremdwährung, können Ausschüttungen deshalb ausbleiben, weil aufgrund eingetretener Devisenbeschränkungen die Währung nicht mehr konvertier-

---

[4]Eine Möglichkeit, Risiko mit qualitativen Merkmalen darzustellen, sind beispielsweise Risiko-Ratingsymbole. Qualitative Risiko-Messung ist stark subjektiv geprägt.

bar ist. Gegen derartige Transferrisiken kann sich der Investors nicht absichern. Jedoch existieren Länderratings, die eine Einstufung der Länder der Welt nach deren Bonität vornehmen. Mit den Länderratings hat der Investor eine Entscheidungshilfe bei der Beurteilung des Länderrisikos.

Mit Anlagen im Ausland ist in den meisten Fällen ein *Währungsrisiko* verbunden, das zum Kursrisiko noch hinzukommt. Durch Auf- oder Abwertungen der inländischen Währung können Kursverluste bzw. -gewinne kompensiert oder sogar überkompensiert werden. Anders als die bisher aufgeführten Risiken können Währungsrisiken durch geeignete Instrumente abgesichert werden.

Gerade für Investmentfonds ist das *Liquiditätsrisiko* von großer Bedeutung. Die Liquidität einer Kapitalanlage beschreibt die Möglichkeit für den Anleger, seine Vermögenswerte jederzeit zu marktgerechten Preisen zu verkaufen. Dies kann aber nur dann der Fall sein, wenn der Marktteilnehmer seine Wertpapiere verkaufen kann, ohne daß seine Verkaufsorder zu spürbaren Kursschwankungen am Markt führt. Dazu darf ein am marktüblichen Umsatzvolumen gemessener, durchschnittlich großer Verkaufsauftrag den Markt nicht entscheidend beeinflussen. Das Liquiditätsrisiko bestimmt sich aus der Breite und Tiefe des Marktes. Von Markttiefe spricht man dann, wenn viele offene Verkaufsaufträge zu Preisen unmittelbar über dem herrschenden Preis im Markt existieren und umgekehrt viele offene Kaufaufträge zu Preisen unmittelbar unter dem aktuellen Kursniveau vorliegen. Bei einem breiten Markt sind diese Aufträge nicht nur zahlreich, sondern sie beruhen zugleich auf hohen Umsatzvolumina. Die Marktliquidität kann sowohl auf die Angebots- als auch auf die Nachfrageseite beschränkt sein. Dies kann zu Teilausführungen von Aufträgen führen oder zu Notierungen von Brief und Geldkursen. Die Illiquidität kann ihre Ursache aber auch in der Ausgestaltung von Wertpapieren oder in üblichen Marktusancen haben. So können z.B. Namensaktien nur zeitaufwendig umgeschrieben werden. In einigen Ländern Europas gelten bei bestimmten Wertpapieren Erfüllungsfristen von bis sechs Wochen, so daß der Verkaufserlös entsprechend spät zufließt.

Das Risikoprofil einer Aktie ist dadurch gekennzeichnet, daß ihre Preisbildung von Einflußfaktoren geprägt ist, die sich einer rationalen Kalkulation entziehen. Zu den speziellen Risiken einer Aktie gehört das *Konkurs- oder Insolvenzrisiko*. Mit dem Erwerb von Anteilen eines Unternehmens in Form von Aktien muß der Investor auch damit rechnen, daß bei einem Konkurs des Unternehmens das eingesetzte Kapital verloren ist. Im Konkursfall werden die Aktionäre eines Unternehmens erst nach Befriedigung aller Gläubigeransprüche am Liquiditätserlös beteiligt.

5.4. PERFORMANCEMASSE

5.4.2.2 Spezielle Risiken

Aus Sicht des Aktienkäufers lassen sich grundsätzlich ein *systematisches* und ein *unsystematisches Risiko* unterscheiden. Das systematische Risiko oder auch allgemeines Marktrisiko genannt, ist das Risiko einer Preisänderung, die der allgemeinen Tendenz am Aktienmarkt zuzuschreiben ist und in keinem direktem Zusammenhang mit der wirtschaftlichen Situation des einzelnen Unternehmens steht. Prinzipiell unterliegen alle Aktien dem systematischen Risiko. Ein schwacher Gesamtmarkt kann somit einen Aktienkurs negativ beeinflussen, obwohl sich die wirtschaftlichen Rahmenbedingungen des Unternehmens nicht geändert haben. Das allgemeine Marktrisiko ist kaum kalkulierbar und läßt sich auch nicht durch Streuung reduzieren. Je diversifizierter ein Aktienportefeuille ist, um so exakter wird das Portefeuille die Gesamtmarktschwankungen nachvollziehen.

Das unsystematische Risiko oder auch unternehmensspezifisches Risiko genannt, bezeichnet das Risiko einer rückläufigen Kursentwicklung bei einer Aktie aufgrund von Faktoren, die unmittelbar oder mittelbar das Unternehmen betreffen, das die Aktien emittiert hat. Die Ursachen dafür können in der betriebswirtschaftlichen Situation des Unternehmens liegen, also betriebsimmanent sein. Sie können aber auch aus veränderten volkswirtschaftlichen Faktoren resultieren. Solche Aktien koppeln sich von der allgemeinen Marktentwicklung ab. Gerade deshalb lassen sich aber unsystematische Risiken durch eine adäquate Diversifizierung reduzieren.

Das Risiko, das am häufigsten bei Aktien betrachtet wird, ist das *Kursänderungsrisiko*. Zur Messung dieses Risikos gibt es eine Reihe von Maßzahlen, unter denen das am weitesten verbreitete Risikomaß die Volatilität ist. Sie beruht auf dem statistischen Konzept der Varianz. Jedoch kann nur im Fall normalverteilter Renditen bei Kenntnis des Renditeerwartungswertes und der Volatilität das Anlagerisiko vollständig beschrieben werden. Da das zukünftige Risiko für den Anleger von Interesse ist, werden auch Verfahren angewendet, die die Dynamik der Risikomaßentwicklung im Zeitablauf berücksichtigen. Daraus erhofft man sich, das zukünftige Risiko besser zu approximieren. Künftige Volatilitäten versucht man mit *GARCH*-Ansätzen zu ermitteln [BOLLERSLEV (1986)].

5.4.3 Risikomessung

5.4.3.1 β-Faktor

Während die Volatilität keine Aussage über Ursache von Rendite und Preisschwankungen trifft, macht der β-Faktor das relative Preisänderungsrisiko einer Aktie gegenüber der Wertveränderung des Gesamtmarktes sichtbar. Der β-Faktor gibt an, wie stark sich die Rendite einer Aktie ändert, wenn die Rendite des gesamten Aktienmarktes variiert. Das Konzept des β-Faktors geht auf das *CAPM* von SHARPE (1964), LINTNER (1965) und MOSSIN (1966) zurück.

138   KAPITEL 5. PERFORMANCEMESSUNG IM ASSET ALLOCATION

Für die Ermittlung des β-Faktors verwendet man sowohl die Kovarianz als auch die Korrelation zwischen Markt- und Titelrendite [BRUNS & MEYER-BULLERDIEK (1996), S.12].
β-Faktoren können aber auch für Portfolios berechnet werden. Dann wird der β-Faktor als Summe der Portfolioanteile mit ihren zugehörigen Einzel-β-Faktoren multipliziert[5].

5.4.3.2 Tracking Error

Der *Tracking Error* verwendet die Volatilität, um das Abweichungsrisiko zwischen einem Portfolio und seiner Benchmark zu messen. Man kann auch sagen, daß der Tracking Error aussagt, wie genau die Portfoliorendite die Benchmarkrendite widerspiegelt, weshalb es auch als Nachbildungsfehler bezeichnet wird. Formal ermittelt sich der Tracking Error aus

$$T_P = \sigma(R_P - R_B).$$

Obwohl sich der Tracking Error auf die Differenz zweier Portfoliorenditen bezieht, entspricht er mathematisch gesehen dem Streuungsmaß der Volatilität.
Ein Tracking Error von z.B. 2% bedeutet, daß sich die annualisierte Differenz zwischen Portfolio- und Benchmarkrendite mit einer Wahrscheinlichkeit von ca. 68% in einem Band zwischen +/- 3% bewegt. Soll sich der Tracking Error auf die zukünftigen Werte beziehen, muß das Risiko in ein systematisches und ein unsystematisches Risiko eingeteilt werden. Somit reicht die Volatilität und die Renditedifferenz zwischen Portfolio und Benchmark für die Berechnung nicht mehr aus. Das systematische Risiko kann mit dem prognostizierten β-Faktor[6] bestimmt werden. Das unsystematische (diversifizierbare) Risiko muß als Residualvolatilität geschätzt werden. Die Residualvolatilität einer Aktie ist jener Teil der Kursschwankungen, die nicht auf Gesamtmarktbewegungen zurückzuführen sind. Die zukünftige Residualvolatilität läßt sich mit

$$\sigma_P = \sqrt{\sigma_P^2 - \beta_P^2 \sigma_m^2}$$

schätzen. Dazu müssen die zukünftigen Portfolio- und Benchmarkvolatilität sowie der β-Faktor des Portfolios bekannt sein. Hat man auch den β-Faktor ermittelt, läßt sich mit der Residualvolatilität der zukünftige Tracking Error mit der folgenden Gleichung berechnen:

$$T^e = \sqrt{(\beta - 1)^2 \sigma_B^2 + \sigma_P^2}.$$

T^e : erwarteter Tracking Error

---

[5]Über die Bedeutung, Schätzung und Zuverlässigkeit des Beta-Faktors siehe ELTON & GRUBER (1981), S. 116 ff.

[6]Dazu bietet sich das Verfahren der linearen Regression an.

5.4. PERFORMANCEMASSE

σ_P^2 : Residualvarianz (unsystematisches Risiko)
β_P : β-Faktor des Portfolios (systematisches Risiko)
σ_B^2 : Benchmarkvarianz

Die Volatilität ergibt sich aus der Summe des systematischen und unsystematischen Risikos.
Sowohl der Tracking Error als auch die Residualvolatilität können als eigenständige Risikomaße fungieren. Während der Tracking Error sich mehr auf Portefeuilles bezieht und das systematische Risiko miteinbezieht, wird die Residualvolatilität eher für die Einzeltitelbewertung eingesetzt. Tracking Error und Residualvolatilität sind identisch bei einem β-Faktor von eins.

5.4.3.3 Semivarianz

Als Konsequenz der theoretischen Bedenken gegenüber der Volatiliät als Risikomaß entstanden alternative Risikomaße. Diese erheben den Anspruch, intuitiver als die Volatilität zu sein und werden als *Downside*-Risikomaße bezeichnet. Hierbei steht die Frage im Vordergrund, inwieweit eine negative Abweichung von einem Erwartungswert wahrscheinlich ist. Zu diesen Risikomaßen gehört die *Semivarianz, Ausfallwahrscheinlichkeit* und *Value at Risk*.
Anders als bei der Varianz gehen in die Semivarianz nur negative Renditeabweichungen vom Mittelwert ein. Die Berechnung erfolgt über:

$$SV = \frac{1}{n}\sum_{i=1}^{n}(R_i^- - \mu)^2.$$

mit

R_i^- : negative Renditeabweichung
μ : Erwartungswert
n : Anzahl der möglichen Renditeausprägungen

Liegt eine symmetrische Renditeverteilung vor, beträgt die Semivarianz die Hälfte der Varianz. Andernfalls liegt eine asymmetrische Verteilung vor. Damit reicht aber die alleinige Angabe der Semivarianz zur vollständigen Risikobeschreibung nicht aus, da Form und Ausmaß der Asymmetrie spezifiziert werden müssen.
Zusatzinformationen zur Semivarianz liefert das Ausfallrisikomaß (Lower Partial Moments). Auch hierbei wird nur die linke Hälfte der Renditeverteilung betrachtet:

$$\text{LPM}_m = \sum_{i=0}^{n} p_i (R_{\min} + R_i^-)^m$$

LPM : Lower Partial Moments
n : Anzahl der möglichen Renditeausprägungen, die kleiner als R_{min} sind
i : Index der Renditeausprägungen, die kleiner als R_{min} sind
p_i : Eintrittswahrscheinlichkeit der Abweichung
$R_{\min}$: geforderte Mindestrendite
m : Höhe des Moments.

Mit dem Exponenten m werden hohe negative Abweichungen von der Mindestrendite differenziert. Für $m = 1$ werden Abweichungen von der Mindestrendite entsprechend ihrer Höhe bewertet. Gegenüber $m = 0$ bedeutet dies, daß zusätzlich das erwartete Ausmaß, mit dem die geforderte Mindestrendite unterschritten wird, gemessen wird. Mit $m > 1$ werden höhere negative Abweichungen stärker gewichtet. Damit wird eine höhere Risikoaversion bekundet. Aus zwei Renditeverteilungen mit gleichen Mittelwerten, Varianz und Mindestrendite wählt der Investor diejenige aus, die die größte Rechtsschiefe aufweist. Ist R_{min} gleich dem Erwartungswert μ, dann entspricht LPM$_2$ der Semivarianz.

Das Ausfallrisikomaß LPM hat den Vorteil, daß es in Abhängigkeit von unterschiedlichen Mindestrenditen für beliebige Verteilungsfunktionen bestimmt werden kann. Somit ist man nicht nur auf symmetrische Verteilungen fixiert.

5.4.3.4 Mean-Gini

Der *Mean-Gini-Koeffizient* (MGK) quantifiziert die Variabilität einer Zufallsvariablen. Er beruht auf erwarteten absoluten Differenzen zwischen allen Renditeausprägungen eines Assets [BRUNS & MEYER-BULLERDIEK (1996), S. 28] und wird auch als *Gini-Mittelwert-Differenz* bezeichnet. Anders als die Varianz, die von den Abweichungen um einen Mittelwert abhängt, ist der MGK von den Abweichungen einzelner Renditeausprägungen untereinander abhängig.

Da der Mean-Gini-Ansatz in Portfolio- und Kapitalmarktmodelle integrierbar ist [MEYER (1994), S. 208 ff.], kann er als Risikomaß für Portefeuilles eingesetzt werden.

Der MGK ist für Wahrscheinlichkeitsverteilungen von Renditen definiert als:

$$\text{MGK} = \frac{1}{n^2} \sum_{i=1}^{n} \sum_{j>i}^{n} |R_i - R_j|.$$

Allgemein müssen $(n-1) \cdot n/2$ Differenzen ermittelt werden, um die MGK für n Renditerealisationen zu berechnen. Im Gegensatz zum (μ/σ)-Ansatz der Portfoliotheorie ist die Verwendung des Mean-Gini-Ansatzes nicht an die Existenz einer Normalverteilung geknüpft. Für die logarithmierte Normal-, Exponential- und Gleichverteilung stimmen der

5.4. PERFORMANCEMASSE

(μ/σ)-Ansatz und der Mean-Gini-Ansatz überein[7] [BEY & HOWE (1984)].
Die Interpretation des Mean-Gini-Ansatzes ist analog zum (μ/σ)-Ansatz. Bei gleichem Renditeerwartungswert wird das Portfolio mit dem kleinsten MGK (Risiko) gewählt [vgl. SHALIT & YITZHAKI (1984), S. 1453].

5.4.4 Information für das Timing und die Selektion

Der Erfolg eines aktiven Portfoliomanagement hängt von mehreren Faktoren ab, die BÜHLER (1994), S. 17, auf drei dichotome Begriffspaare zusammenfaßt:

1. Glück versus Fähigkeit
2. Öffentliche versus private Informationen[8]
3. Rendite versus Risiko

Der Portefeuille-Manager kann seinen Erfolg zwar über getroffene Anlageentscheidungen beeinflussen, doch sein erzieltes Ergebnis hängt auch von nicht kontrollierbaren Faktoren ab, die man als Zufall subsumieren kann. Diese Faktoren beruhen auf marktimmanente stochastische Prozesse, die sich nicht erklären lassen. Eine Investitionsentscheidung basiert also stets auf einer systematischen, auf theoretische Modelle beruhenden Komponente und einer auf Zufall basierende Komponente.

Es wird nun allgemein angenommen, daß sich eine überdurchschnittliche risikoadjustierte Performance nur dann erreichen läßt, wenn der Investor über Informationen zukünftiger Kursentwicklungen verfügt, die durch die aktuellen Kurse noch nicht eskomptiert sind [BÜHLER (1994)].

Um die Timing- und Selektionsfähigkeit eines Investors unter Informationsasymmetrien zu analysieren, soll ein kleines Modell betrachtet werden. Ein Portfoliomanager kann zu Beginn von insgesamt T Anlageperioden sein Portefeuille aus n riskanten und einem risikolosen Wertpapier zusammensetzen. Die Anlageergebnisse sind ex ante sowohl bei öffentlichen als auch bei Insiderinformationen Zufallsgrößen. Ex-post läßt sich eine Performanceanalyse vornehmen, da Realisationen der Ergebnisse vorliegen.

Gibt es nur öffentliche Informationen, können die Überschußrenditen R^e als unabhängig, identisch verteilte Zufallsgrößen definiert werden. Somit sind die ersten und zweiten Momente der Überschußrenditen aus Sicht des Investors mit öffentlichen Informationen konstant:

$$E(R^e_{jt}|I^p_t) = \mu_j$$

---

[7]Dies gilt, obwohl mit dem MGK extreme Abweichungen in geringerem Maße gewichtet werden als bei der Standardabweichung [CAROLL et al. (1992)].

[8]Unter privaten Informationen soll hier Insiderwissen verstanden werden, während BÜHLER (1994) den Begriff private Informationen nicht näher spezifiziert.

$$Cov(R_{it}^e; R_{it}^e | I_t^p) = \sigma_{ij}$$

Ein passives Portfolio, das zeitunabhängige Portfolioanteile $x_{jt} = x_j$ hat, besitzt die gleiche Eigenschaft. Betrachtet man nun ein im Sinne des (μ/σ)-Prinzip effizientes Benchmarkportfolio x_B mit der erwarteten Rendite μ_E und der Renditevolatilität σ_E, dann ergibt sich das Beta eines Wertpapiers aus:

$$\beta_j = \frac{Cov(R_{jt}; R_{Et}|I_t^p)}{\sigma_E^2}.$$

Auch β_j ist zeitunabhängig. Mit Hilfe der Überschußrendite R_{Et} des effizienten Portefeuilles und dem Beta eines Wertpapiers kann seine Überschußrendite wie folgt dargestellt werden:

$$R_{jt} = \beta_i R_{Et} + \varepsilon_{jt}.$$

Die Überschußrendite eines Portfolio bestimmt sich nach

$$R_{pt} = \beta_{pt} \cdot R_{Et} + \varepsilon_{pt}.$$

Hierbei muß das Beta β_{pt} des Portefeuilles nicht konstant sein, da es von den Portfolioanteilen x_{jt} in der Form:

$$\beta_{pt} = \sum_j \beta_j x_{jt}$$

abhängt. Ferner gilt

$$E(\varepsilon_{jt}) = E(\varepsilon_{pt}) = 0,$$

da alle Informationen öffentlich sind.

Ein Portfoliomanager besitzt die Timing-Fähigkeit, wenn

$$E(R_{Et}|I_t^I) > \mu_E$$

für mindestens eine Periode t gilt. D.h., daß die erwartete Rendite des Benchmarkportefeuilles sich von der Rendite des Investors mit Insiderinformationen unterscheidet. Je nachdem, ob die Insiderrendite größer oder kleiner μ_E ist, wird das Portfolio-Beta erhöht oder vermindert. Somit weicht auch der erwartete Wert des Residuums ab, und es gilt

$$E(\varepsilon_{jt}|I_t^I) \neq 0.$$

Ist dieser Zusammenhang für mindestens eine Anlageperiode erfüllt, dann besitzt der Portfoliomanager die Selektionsfähigkeit.

5.4.5 Differenzierte Performancemessung

Wie UHLIR (1981) zu recht kritisiert, reichen eindimensionale Performancekriterien wie die Renditemessung nicht aus, um Wertpapierportefeuilles objektiv zu beurteilen. Die Berücksichtigung des Risikos neben den Renditekriterien ist für eine objektive Messung der Performance unerläßlich. Performancemaße, die dieser Forderung nachkommen, werden in den folgenden Abschnitten vorgestellt.

5.4.5.1 Risikoadjustierung nach Sharpe

Das von SHARPE (1977) vorgestellte risikoadjustierte Performancemaß leitet sich aus der *Capital Market Line* ab[9]:

$$E(R_e) = R_F + \left(\frac{E(R_M) - R_F}{\sigma_M}\right)\sigma_e \tag{5.3}$$

R_F = Rendite eines risikolosen Anlagetitels
R_M = Rendite eines risikobehafteten Anlagetitels
e = Subskript zur Kennzeichnung des effizienten Portfolios, das auf der Capital Market Line liegt
σ_e = Risiko des effizienten Portfolios
σ_M = Marktrisiko

Formt man Gleichung (5.3) in eine empirische Funktion um, in dem man die Erwartungsgrößen durch deren Mittelwerte über den Beobachtungszeitraum ersetzt, erhält man

$$\overline{R}_e = R_F + \left(\frac{\overline{R}_M - R_F}{\sigma_M}\right)\sigma_e. \tag{5.4}$$

Die Terme in den Klammern von Gleichung (5.3) und Gleichung (5.4) stellen die Steigungen der beiden Kapitalmarktlinien dar. In ihnen sieht SHARPE (1977) einen kritischen Wert, an den er sein Performancemaß knüpft.

Die Kapitalmarktlinie ergibt sich aus der Möglichkeit das Marktportfolio M mit einer risikolosen Anlage F zu kombinieren. Eine Gerade des gleichen Typs erhält man auch mit einem beliebigen risikobehafteten Portfolio P kombiniert mit der risikolosen Anlage [vgl. SHARPE (1966), S. 122.], also

$$\overline{R}_i = R_F \left(\frac{\overline{R}_P - R_F}{\sigma_P}\right)\sigma_i.$$

Je größer die Steigung einer solchen Gerade ist, desto höher muß das dazugehörige Portfolio bewertet werden. Abbildung 5.2 zeigt diesen Zusammenhang graphisch [vgl. LEVY & SARNAT (1984), S. 522]. Die Kombination von Portfolio A mit der risikolosen Anlage

---

[9]Siehe dazu Gleichung (4.5) in Abschnitt 4.2.1 auf Seite 121. Die Herleitung des Performancemaßes nach SHARPE (1977) hängt stark mit dem CAPM-Modell aus SHARPE (1964) zusammen.

144 KAPITEL 5. PERFORMANCEMESSUNG IM ASSET ALLOCATION

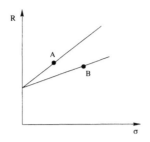

Abbildung 5.2: Risikomaß nach Sharpe

F erzielt bei jedem Risiko eine höhere Rendite als die Kombination von Portfolio B mit F, und damit ist A höher zu bewerten. Als Performancekriterium verwendet SHARPE (1977) den Risikomarktpreis I_S eines bestimmten Portfolios P, mit

$$I_S = \frac{E(R_P) - R_F}{\sigma_P}$$

R_P = Rendite des Portfolios P
R_F = Fester risikofreier Zinssatz
σ_P = Standardabweichung des Portfolios P

Das Performancemaß von SHARPE (1977) wird auch als *Reward to Variability Ratio*, kurz R/V-Ratio, bezeichnet und gibt an, um wieviel sich der Ertrag des Portfolios bei Veränderung des Risikos erhöht bzw. vermindert. Man könnte den R/V-Ratio auch als Risikomarktpreis I_S bezeichnen. Ein Portfolio mit einem hohen R/V-Ratio ist einem mit niedrigem Wert vorzuziehen. Um I_S zu berechnen, werden die Werte $E(R_P), R_F$ und σ_P durch die in der Untersuchungsperiode realisierten Werte ersetzt. Einzelne Portefeuilles können dann miteinander verglichen werden.

Rechnerisch ist auch ein negatives R/V-Ratio denkbar und durchaus zulässig. Dies wird immer dann der Fall sein, wenn die Rendite der risikolosen Anlage höher ist als die Rendite des betrachteten Portfolios. Man könnte dann den risikolosen Zinssatz kleiner wählen, denn die Wahl einer hohen oder niedrigen Verzinsung besitzt keinerlei Einfluß auf die relative Einordnung der Portefeuilleperformance. Der risikolose Zins ist eine Konstante, die für alle Portefeuilles gleichermaßen gilt. Die Variation dieses Zinses ändert lediglich die absoluten Werte des R/V-Ratios. Das Performancemaß gibt durch die Verwendung von σ_P auch Auskunft über die Diversifikation des Portfolios.

5.4.5.2 Risikoadjustierung nach Treynor

Das von TREYNOR (1966) vorgeschlagene Performancemaß ähnelt dem von SHARPE (1966). Auch hier wird die Überschußrendite pro Risikoeinheit gemessen. Die einzelnen Performancekennzahlen erlauben eine Rangfolge der untersuchten Portefeuilles aufzustellen.
Ausgangspunkt von TREYNOR (1966) ist die Wertpapiermarktlinie (Security Market Line) [vgl. ELTON & GRUBER (1981), S. 266]. Daraus ergibt sich die Konsequenz, daß alle Investoren im Gleichgewicht eine identische Zusammensetzung ihrer Portefeuilles haben, da alle nur noch Kombinationen aus dem risikolosen Wertpapier und dem Marktportfolio halten. Sie unterscheiden sich nur durch die unterschiedlichen Anteile dieser beiden Komponenten, die wiederum von der Risikobereitschaft des Investors abhängen. Da das Marktportfolio hinreichend diversifiziert ist, reduziert sich das relevante Risiko des Investors auf das systematische Risiko, das sich im Portfolio-Beta ausdrückt. Im Rendite-Beta-Raum läßt sich zeigen, daß alle Wertpapiere eines Portfolios auf einer Gerade liegen.

$$E(R_P) = R_F + \beta_P(E(R_M) - R_F) \tag{5.5}$$

Diese Gerade wird als Wertpapiermarktlinie bezeichnet [vgl. ELTON & GRUBER (1981), S. 266]. Abb. 5.3 zeigt diesen Zusammenhang graphisch.

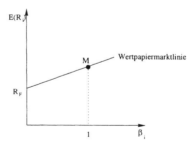

Abbildung 5.3: Wertpapiermarktlinie

Dabei entspricht die Renditeerwartung eines Wertpapiers dem risikolosen Zins plus einer Risikoprämie, die sich aus dem Zusammenhang von Wertpapierrendite mit dem Marktrisiko (Beta) ergibt.
Im Gleichgewicht sind unterschiedliche Renditen beliebiger Wertpapiere nur auf deren unterschiedliche Betawerte zurückzuführen. Arbitrageprozesse sorgen dafür, daß Portefeuilles außerhalb der Linie wieder ins Gleichgewicht kommen. Definitionsgemäß liegt das

KAPITEL 5. PERFORMANCEMESSUNG IM ASSET ALLOCATION

Marktportfolio im Punkt $\beta = 1$, da es vollständig mit sich selbst korreliert ist. Es wird ein linearer Zusammenhang zwischen Rendite und Risiko unterstellt. Solange sich der Kapitalmarkt im Gleichgewicht befindet, können keine außerordentlichen Gewinne bei der Wertpapieranlage erzielt werden, und alle Wertpapiere sind korrekt bewertet. Bei einer Verletzung der im $CAPM$-Modell getroffenen Annahmen kann jedoch ein Ungleichgewicht entstehen, das eine außerordentliche Gewinnerzielung ermöglicht. Statt der Gleichung (5.5) gilt dann für jedes Wertpapier

$$E(R_i) = R_F + \beta_i \left(E(R_M) - R_F \right) + \eta_i, \tag{5.6}$$

wobei η den außerordentlichen Gewinn oder Verlust bezeichnet. Bei $\eta > 0$ ist das Wertpapier unterbewertet, weil ein höherer Gewinn erwartet wird als im Gleichgewicht. Umgekehrt ist bei $\eta < 0$ das Wertpapier überbewertet.

Um das Performancemaß von TREYNOR (1966) zu erhalten, zieht man auf beiden Seiten von Gleichung (5.5) R_F ab, dividiert dann durch β_P, und erhält

$$I_T = \frac{E(R_P) - R_F}{\beta_P} = E(R_M) - R_F. \tag{5.7}$$

Gleichung (5.7) entspricht dem Performancemaß von TREYNOR (1966). Im Gleichgewicht ist das Verhältnis von Überschußrendite zu dem Portfolio-Beta konstant und gleich der Überschußrendite des Marktportfolios. Der Unterschied zwischen dem Performancemaß von SHARPE (1966) und TREYNOR (1966) besteht in der Modellierung des Risikos. Während SHARPE (1966) als Risikokennzahl die Standardabweichung wählt, verwendet TREYNOR (1966) den β-Wert des Portfolios β_P:

$$I_T = \frac{E(R_P) - R_F}{\beta_P},$$

wobei β_P als lineare Regression geschätzt wird [siehe dazu ELTON & GRUBER (1981), S. 117]. I_T bezeichnet man als *Reward to Volatility Ratio*. Auch hier gilt, daß je größer I_T ist, desto besser ist die Performance. Die in der Vergangenheit realisierten Werte dienen wie bei SHARPE (1966) zur Berechnung des Performancemaßes. Aussagen über die Diversifikation des Portfolios sind nicht möglich [vgl. REILLY (1989), S. 803]. Ist ein Portfolio so diversifiziert, daß es nur noch das systematische Risiko trägt, sind die Bewertungen von TREYNOR (1966) und SHARPE (1977) identisch [vgl. REILLY (1989), S. 804]. Bei unterschiedlich diversifizierten Portefeuilles liefern beide Maße unterschiedliche Ergebnisse, die vom Grade der Diversifikation abhängen. Beide Maße sind somit komplementär und daher für jedes Portfolio zu bestimmen.

5.4. PERFORMANCEMASSE

5.4.5.3 Jensen's Alpha als Performancemaß

Ebenso wie bei TREYNOR (1966) bildet auch bei JENSEN (1968) die Wertpapiermarktlinie den Ausgangspunkt seines Performancemaßes. Da die Annahme des CAPM, die zur Kapitalmarktlinie führen, die Realität nicht ausreichend beschreiben, ist davon auszugehen, daß die Erzielung außerordentlicher Gewinne durchaus möglich ist.
Der Ansatz von JENSEN (1968) zielt nun darauf ab, die Höhe des außerordentlichen Gewinns zu messen. Dadurch kann er die Fähigkeit des Portfoliomanagers messen, inwieweit dieser in der Lage ist, unterbewertete Wertpapiere zu finden. Dazu muß man Gleichung (5.6) in eine ex-post-Funktion überführen. Es ergibt sich im Ungleichgewicht für die Rendite eines Portfolios

$$\overline{R}_P = R_F + \beta \left(\overline{R}_M - R_F\right) + \alpha_P. \tag{5.8}$$

Die Leistung des Managers muß umso höher bewertet werden, je höher α_P ist, da α_P den außerordentlichen Gewinn bezeichnet. α_p ist somit ein Performancemaß für die Qualität des Portfoliomanagers.
Das Performancemaß von JENSEN (1968) mißt die Differenz zwischen der tatsächlich realisierten Rendite und der theoretischen Rendite, die sich im Gleichgewicht bei gleichem Risiko ergeben hätte. Diese Differenz läßt sich durch die vertikale Distanz zwischen Wertpapiermarktlinie und Portfolio darstellen:

$$\begin{aligned}
\alpha &= \overline{R}_P - R_P^* \\
&= \overline{R}_P - \left(R_F + \beta_P(\overline{R}_M - R_F)\right) \\
&= \underbrace{\left(\overline{R}_P - R_F\right)}_{\text{realisierte Risikoprämie}} - \underbrace{\left(\beta(\overline{R}_M - R_F)\right)}_{\text{erwartete Risikoprämie}}
\end{aligned}$$

Nur positive Abweichungen bedeuten auch ein besseres Abschneiden des Portfolios gegenüber dem Markt, wie in Abb. 5.4 veranschaulicht wird.
Die Berechnung des Performancemaßes erfolgt mit einer Regressionsschätzung

$$R_{P,t} - R_F = \alpha_P + \beta_P \left(R_{M,t} - R_F\right) + \epsilon_{P,t},$$

wobei α_P das Absolutglied der Regressionsgleichung darstellt.

5.4.5.4 Jensen's Alpha versus R/V-Ratio von Treynor

Zwischen dem Reward-to-Volatility-Ratio von TREYNOR (1966) und dem α_P von JENSEN (1968) besteht erwartungsgemäß ein enger Zusammenhang, da sie beide auf der Wertpapiermarktlinie beruhen.
Formt man Gleichung (5.8) um, erhält man

$$\overline{R}_P - R_F = \alpha + \left(\beta(\overline{R}_M - R_F)\right).$$

148   KAPITEL 5. PERFORMANCEMESSUNG IM ASSET ALLOCATION

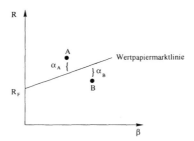

Abbildung 5.4: Jensen's Alpha

Teilt man diese Gleichung durch β, erhält man

$$\frac{\overline{R}_P - R_F}{\beta} = \frac{\alpha}{\beta} + \overline{R}_M - R_F. \tag{5.9}$$

Die linke Seite von Gleichung (5.9) entspricht dem Performancemaß von TREYNOR (1966) in Gleichung (5.7). Sind überdurchschnittliche Gewinne möglich, gilt

$$I_T = \frac{\overline{R}_P - R_F}{\beta} > R_M - R_F.$$

Damit muß α/β positiv sein. Da $\beta > 0$ ist, muß auch $\alpha > 0$ sein. Daraus folgt, daß immer dann, wenn bei TREYNOR (1966) überdurchschnittliche Gewinne erzielt werden, dies auch für JENSEN (1968) gilt [vgl. LEVY & SARNAT (1984), S. 531].

Da bei JENSEN (1968) keine explizite Berücksichtigung des Risikos in der Maßzahl erfolgt, ergeben beide Maße die gleiche Reihenfolge in der Bewertung, wenn Portefeuilles mit gleichem Beta verglichen werden. Bei unterschiedlichen Betas können auch unterschiedliche Bewertungen resultieren [vgl. LEVY & SARNAT (1984)]. Dadurch, daß JENSEN (1968) das Risiko vernachlässigt, eignet es sich nur, um eine Performance relativ zum Markt zu messen. Der Vergleich zwischen zwei Portefeuilles ist nicht möglich.

5.4.5.5 Performancemessung nach Fama

Die bisherigen Performancemaße erfassen nur die Komponenten Risiko und Rendite. Die Qualität eines Portfoliomanager muß aber auch hinsichtlich seiner Selektionsfähigkeit gemessen werden. Diesem Umstand wird mit dem Ansatz von FAMA (1972) Rechnung getragen.

Auch der Ansatz von FAMA (1972) basiert auf der Wertpapiermarktlinie. Ist der Kapitalmarkt im Gleichgewicht, liegen alle Portefeuilles auf der Wertpapiermarktlinie. Man kann nun analog zum Verfahren von Jensen ein Vergleichsportfolio bilden, das mit einem

5.4. PERFORMANCEMASSE

bei entsprechend gleichem Risiko auf der Wertpapiermarktlinie befindlichen Portfolio verglichen werden kann.

Schätzt man das β_p in der Regressionsgleichung 5.4.5.3, ermittelt sich die Rendite des Vergleichsportfolios über

$$\overline{R}_P^* = R_F + \beta \left(\overline{R}_M - R_F\right).$$

Dadurch läßt sich der Überschußgewinn in zwei Komponenten aufteilen [vgl. FAMA (1972) S. 557]. Eine Komponente des Überschußgewinns ergibt sich aus dem eingegangenen Risiko. Dies entspricht dem vertikalen Abstand zwischen dem risikolosen Zins und der Rendite des Vergleichsportfolios auf der Wertpapiermarktlinie:

$$Risiko = \overline{R}_P^* - R_F.$$

Zieht man von dem Überschußgewinn den Anteil ab, der sich aus dem Risikoengagement ergibt, ist der verbleibende Teil des Überschußgewinns der, der auf die Selektionsfähigkeit des Managers zurückzuführen ist. Dies entspricht dem vertikalen Abstand zwischen tatsächlicher Portfoliorendite und der Rendite des Vergleichsportfolios:

$$Selektion = \overline{R}_P - \overline{R}_P^*.$$

Der Überschußgewinn ist somit die Summe aus Selektion und Risiko, also

$$\begin{aligned}\overline{R}_P - R_F &= Selektion - Risiko \\ &= \left(\overline{R}_P - \overline{R}_P^*\right) + \left(\overline{R}_P^* - R_F\right)\end{aligned}$$

Dies läßt sich aus Abb. 5.5 entnehmen.

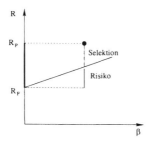

Abbildung 5.5: Selektions- und Risikokomponente der Performance

Die Selektionsfähigkeit läßt sich weiter aufteilen. Durch die Selektion bestimmter Wertpapiere ist davon auszugehen, daß das Portfolio nicht vollständig diversifiziert ist, d. h. zu dem systematischen kommt auch ein unsystematisches Risiko hinzu. Bei unvollständiger Diversifikation gilt[10]

$$\sigma_P > \beta_P \cdot \sigma_M.$$

Um den Einfluß der Diversifikationskomponente zu ermitteln, muß ein theoretisches Beta für das Portfoliorisiko berechnet werden. Dies erreicht man mit

$$\beta_h = \frac{\sigma_P}{\sigma_M}$$

Die Folge der Diversifikation kann als Differenz zwischen Gleichgewichtsrendite bei einem Risiko Beta und einer Gleichgewichtsrendite des Vergleichsportfolio mit dem Risiko β_P gemessen werden.

$$\begin{aligned} \text{Diversifikation} &= R_F + \beta_h \left(\overline{R}_M - R_F \right) - \overline{R}_P^* \\ &= \overline{R}_h^* - \overline{R}_P^* \end{aligned}$$

Es bleibt eine Größe, die die Netto-Selektionsfähigkeit des Managers bewertet.

$$\text{Netto-Selektion} = \overline{R}_P - \overline{R}_h^*$$

Die Selektionsfähigkeit ist damit die Summe aus Netto-Selektion und Diversifikation [vgl. ELTON & GRUBER (1981)], oder anders ausgedrückt:

$$\begin{aligned} \overline{R}_P - \overline{R}_P^* &= \text{Netto-Selektion} - \text{Diversifikation} \\ &= \left(\overline{R}_P - \overline{R}_h^* \right) - \left(\overline{R}_h^* - \overline{R}_P^* \right) \end{aligned}$$

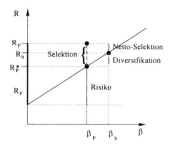

Abbildung 5.6: Aufteilung der Selektion in Netto-Selektion und Diversifikation

Abbildung 5.6 zeigt die beiden Komponenten der Selektion [vgl. LEVY & SARNAT (1984), S. 537].

---

[10] Bei vollständiger Diversifikation gilt das Gleichheitszeichen.

5.4.5.6 Das Konzept der potentiellen Performance

Mit dem Konzept der potentiellen Performance ist es möglich, die Entstehung des Anlageerfolges besser zu analysieren, als es mit alleiniger Berücksichtigung der Rendite und des Risikos eines Portfolios möglich ist. Dieses Konzept baut auf dem R/V-Ratio von SHARPE (1966) auf und wurde von JOBSON & KORKIE (1981) vorgeschlagen. Dabei wird als potentielle Performance das höchstmögliche R/V-Ratio verstanden. Dies entspricht dem R/V-Ratio, den ein Portfoliomanager hätte erreichen können, wenn er eine bestimmte Kombination von Wertpapieren gehalten hätte. Damit zeigt dieses Performancemaß auf, wie stark sich der Portfoliomanager vom optimalen Ergebnis unterscheidet und beurteilt somit die Qualität seiner Anlageentscheidungen. Mit dem Konzept der potentiellen Performance kann die Leistung der Portfoliomanager untereinander verglichen werden. Es läßt sich zeigen [vgl. ROSSBACH (1991), S.71], daß ein höherer R/V-Ratio nicht mit einer besseren Qualität des Portfoliomanagers gleichzusetzen ist. Die Leistung eines Managers, der einen niedrigeren R/V-Ratio erzielt als ein anderer, ist höher zu bewerten, wenn er näher am maximal möglichen R/V-Ratio liegt als der Vergleichsmanager. Die unterschiedliche potentielle Performance zweier Portefeuilles kann mehrere Ursachen haben. Voraussetzung ist zunächst, daß die Portefeuilles unterschiedliche Wertpapiere halten. Dies kann bei einem Fonds beispielsweise dann der Fall sein, wenn aus politischen Gründen nur Engagements in bestimmte Branchen möglich sind. Die Zusammensetzung von Portefeuilles kann aber auch auf der Anwendung verschiedener Anlagestrategien beruhen, wie sie in Kapitel 4 vorgestellt wurden. Berücksichtigt man die Umstände nicht, wird immer das Portfolio als überlegen bewertet, das die höchsten R/V-Ratios besitzt. Eine relative Bewertung bezüglich der maximal möglichen Performance wäre jedoch fairer.

Die potentielle Performance läßt sich wie folgt herleiten:

Ausgehend von einem Portfolio P mit n Aktien wird deren Anteil gesucht, so daß die Portfoliovarianz σ_P bei gegebener Überschußrendite μ_P minimal und somit das Portfolio effizient ist.

Die Anteile können über einen Lagrange-Ansatz ermittelt werden [vgl. JOBSON & KORKIE (1982), S. 434],

$$L = X'_P \Sigma X_P - \lambda_1 (\mu' X_P - \mu_P) - \lambda_2(X'_P e - 1),$$

wobei

X_P = Vektor (Nx1) der Anteile der Aktien im Portfolio
μ = Vektor (Nx1) der Überschußrenditen
Σ = Varianz-Kovarianz-Matrix (NxN)
e = Einheitsvektor (Nx1)

gilt.

Die Nebenbedingungen lauten:

$$X'_P e = 1 \iff 1 = \sum_{i=1}^{N} x_i \text{ und}$$
$$\mu' X_P = \mu_P \iff \mu_P = \sum_{i=1}^{N} x_i \mu_i$$

Den Vektor der Portfolioanteile erhält man durch Ableiten und Nullsetzen der entsprechenden Gleichungen über

$$X_P = \frac{\Sigma^{-1}\mu}{e'\Sigma^{-1}\mu}$$

und dies entspricht dem Tangentialportfolio im Mittelwert-Standardabweichung-Raum. Für die Überschußrendite gilt

$$\mu_P = \mu' X_P = \frac{\mu'\Sigma^{-1}\mu}{e'\Sigma^{-1}\mu} = \frac{a}{b}$$

mit

$$a = \mu'\Sigma^{-1}\mu \text{ und } b = e'\Sigma^{-1}\mu.$$

Für die Varianz gilt:

$$\sigma_P^2 = X'_P \Sigma X_P = \frac{{\mu'\Sigma^{-1}\mu}^2}{e'\Sigma^{-1}\mu} = \frac{a}{b^2}.$$

Zur Ermittlung der potentiellen Performance muß man nun den R/V-Ratio für das effiziente Portfolio berechnen, mit

$$S_P = \frac{\overline{R}_P - R_F}{\sigma_P} = \frac{\mu_P}{\sigma_P}.$$

Daraus ergibt sich die potentielle Performance für das effiziente Portfolio

$$S_P^* = \frac{\mu_P}{\sigma_P} = \frac{ab}{b\sqrt{a}} = \sqrt{a}.$$

Das Konzept der potentiellen Performance liefert gegenüber den einfachen Maßen von SHARPE (1977) und TREYNOR (1966) detailliertere Informationen, jedoch tauchen in der Praxis einige Probleme auf. Diese ergeben sich aus der Invertierung der Varianz-Kovarianz-Matrix. Der Rang der Matrix muß gleich der Anzahl der linear unabhängigen Spalten bzw. Zeilen sein. Deshalb ist dieses Verfahren oft nur dann anwendbar, wenn große Beobachtungszeiträume zur Verfügung stehen.

5.4.5.7 Performancemessung nach Bower und Wippern

Das Performancemaß von BOWER & WIPPERN (1969) baut auf dem 'downside risk' auf. D.h. es wird davon ausgegangen, daß nur fallende Kurse ein Risiko darstellen. Positive Abweichungen von den Erwartungen gehen daher nicht in die Risikomessung ein. Da

5.4. PERFORMANCEMASSE

die Erwartungen des Portfoliomanagers nicht meßbar sind, konzentrieren sich BOWER & WIPPERN (1969) auf alle Fälle, die für den Portfoliomanager unerwünschte Entwicklungen sind. Dies ist genau dann der Fall, wenn die Portfoliorendite stärker fällt oder geringer steigt als die Marktrendite. Dies läßt sich berechnen mit

$$S = \sqrt{\frac{1}{n} \sum_{t=1}^{n} d_t^2}$$

mit

$$d_t = (R_{P,t} - R_{P,t-1}) - (R_{M,t-1})$$

und

$$d_t = \begin{cases} d_t, & \text{wenn} \quad d_t < 0 \\ 0, & \text{wenn} \quad d_t > 0 \end{cases}$$

In Anlehnung an die Performancemaße von SHARPE (1966) und TREYNOR (1966) bezeichnen BOWER & WIPPERN (1969) die Performance als

$$S_{BW} = \frac{\overline{R}_P - R_F}{S}.$$

Das Maß drückt die Risikoprämie pro Einheit eingegangenem Risiko aus. Bei der Berechnung dieses Performancemaßes muß auf einen Marktindex als Marktportfolio zugegriffen werden. Aber gerade hier liegt die Schwachstelle dieses Performancemaße, weil die Wahl des Marktindex subjektiv erfolgen kann und diese Wahl dann das Maß bestimmt. ROSSBACH (1991), S. 165, konstatiert, daß dieses Maß zu anderen Konklusionen gelangt als das Maß von Sharpe und Treynor. Er kommt zu dem Schluß, daß das Maß für eine Performancemessung ungeeignet ist, weil es extrem sensibel auf den verwendeten Index reagiert und die Wahl der Schätzperiodenlänge ebenso stark wie instabil die Bewertungsergebnisse beeinflußt.

5.4.5.8 Performancemessung nach Cornell

Das Performancemaß nach CORNELL (1979) basiert nicht auf dem CAPM-Modell und stellt somit eine völlige Abkehr von den bisher besprochenen Maßen dar, die auf der Modernen Portfoliotheorie beruhen. Damit verzichtet CORNELL (1979) auf die Einbeziehung des Risikos und begründet dies damit, daß eine objektive Risikomessung nicht möglich ist. Zudem sei das Risiko schon in den Wertpapierrenditen widergespiegelt, was eine gesonderte Risikobetrachtung obsolet macht.

Das Verfahren greift den von Fama eingeführten Begriff der Informationseffizienz von Wertpapiermärkten auf. Grundannahme ist dabei, daß alle Investoren über unterschiedliche Informationsgrade verfügen. Damit wird unterstellt, daß der Wertpapiermarkt nicht effizient ist. Investoren, die über mehr relevante Informationen verfügen als andere, können höhere Renditen erzielen. CORNELL (1979) teilt folgegemäß die Marktteilnehmer in zwei Gruppen ein: in informierte und nichtinformierte Investoren. Die nichtinformierten Marktteilnehmer, die über keine zusätzlichen Informationen als die vom Markt bereitgestellten verfügen, leiten ihre Renditeerwartungen aus der historischen Entwicklung der entsprechenden Marktdaten ab.

Die Rendite eines Wertpapiers i für den nichtinformierten Investor ergibt sich aus

$$R_i = E^N(R_i) + \epsilon_i^N$$

E^N = erwartete Rendite des Wertpapiers i für den nichtinformierten Investor
ϵ_i^N = stochastischer Störterm

Anhand der Marktinformationen I_k kann der nichtinformierte Investor den Erwartungswert für die Rendite bilden, mit

$$R_{i,t} = \sum_{k=1}^{m} \delta_k I_{k,t} + \epsilon_{i,t}.$$

Dem informierten Investor stehen nun weitere Informationen zur Verfügung, so daß er in der Lage ist, den für den nichtinformierten Investor zufälligen Störterm $\epsilon_{i,t}$ aufzuteilen. Die zusätzlichen Informationen können sowohl Insiderwissen als auch ein besonderes Geschick in der Aktienanalyse sein.
Mit den zusätzlichen Informationen I_{n+1} läßt sich $\epsilon_{i,t}$ in den Komponenten $(\epsilon_{i,t}|I_{n+1})$ UR$_{i,t}$ und $U_{i,t}$ zerlegen: Die erste Renditekomponente UR$_{i,t}$ stellt eine nichtstochastische Größe dar, die sich aus den zusätzlichen Informationen ergibt. Die zweite Komponente $U_{i,t}$ ist weiterhin ein Teil des zufälligen Störterms. Der informierte Investor erzielt eine höhere Rendite, wenn er Wertpapiere kauft, für die gilt:

$$E(\epsilon_{i,t}|I_{n+1}) > 0$$

und Wertpapiere mit

$$E(\epsilon_{i,t}|I_{n+1}) < 0$$

verkauft bzw. nicht kauft. CORNELL (1979) setzt die 'unerwartete' Rendite gleich der Performance.
Für den praktischen Einsatz des Performancemaßes wird die Betrachtungsperiode in n gleichlange Subperioden aufgeteilt. Für jede Subperiode wird die Rendite des Portfolios mit

$$R_{P,t} = \frac{P_t - P_{t-1} - D_t}{P_{t-1}}$$

5.4. PERFORMANCEMASSE

berechnet. Die Rendite wird nun mit der Rendite des nichtinformierten Investors verglichen. Dazu müssen diese Renditen jedoch geschätzt werden. Da der nichtinformierte Investor nur über die Marktdaten verfügt, kann seine Renditeerwartung aus den Mittelwerten aus k vorhergehenden Renditen[11] der zugrundeliegenden Aktien berechnet werden, also

$$E(R_{i,t}) = \frac{1}{k} \sum_{j=1}^{k} R_{i,t-j}.$$

Mit den erwarteten Renditen $E(R_{i,t})$ der Aktien läßt sich für jede Subperiode die erwartete Portfoliorendite ermitteln, mit

$$E(R_{P,t}) = \sum_{i=1}^{m_t} g_{i,t} * E(R_{i,t})$$

m_t = Anzahl der Aktien im Portfolio zum Zeitpunkt t
$g_{i,t}$ = Anteil der Aktie im Portfolio zum Zeitpunkt t

Die unerwartete Rendite errechnet sich für jede Subperiode aus

$$\text{UR}_{P,t} = R_{P,t} - E(R_{P,t})$$

Das Performancemaß von CORNELL (1979) ergibt sich nun aus dem Durchschnitt der unerwarteten Renditen. Mit diesem Maß können Rangfolgen für verschiedene Portefeuilles gebildet und Portfoliomanager bewertet werden.
Dieses Performancemaß baut weder auf restriktiven Annahmen auf, noch beruht es auf Modellen, deren Gültigkeit gegeben sein muß. Zudem wird kein Index als Vergleichsmaßstab benötigt, und dadurch sind subjektive Momente durch die Auswahl eines Indexes ausgeschlossen. Diesen Vorteilen steht aber der Nachteil gegenüber, daß keine Aussage über Wertschwankungen des Portfolios gemacht werden.
Ungeklärt bleibt auch die Frage, über welche Informationen die nichtinformierten Investoren verfügen. In der Bestimmung ihrer erwarteten Renditen liegt ein wichtiger Parameter, der zu unterschiedlichen Erwartungswerten und somit Performancemessungen führen kann. Die Perfomancemessung nach Cornell ist nicht haltbar, wenn nicht alle zur Verfügung stehenden Informationen zur Schätzung der Erwartungswerte berücksichtigt werden, denn dann sind die Bewertungsergebnisse falsch. Wegen der hohen Unsicherheit ist dieses Performancemaß abzulehnen.

---
[11] Die Länge von k wird subjektiv festgelegt.

5.5 Vorabselektion von KNN

Bevor KNN in aufwendige Portfolioverwaltungen eingebunden werden, müssen sie einigen Tests unterzogen werden, die Aufschluß darüber geben sollen, ob sich deren Einsatz lohnt. Es handelt sich dabei um eine Vorabselektion, die bereits KNN auswählt, die allein genommen schon bestimmte Fähigkeiten aufweisen, um im Portfoliomanagement erfolgreich eingesetzt werden zu können. Zu diesen Selektionsverfahren gehören sowohl einfache statistische wie auch ökonomische Kennzahlen, auf die je nach vorausgesetztem Bekanntheitsgrad in den nächsten Abschnitten unterschiedlich detailliert eingegangen wird.

5.5.1 Statistische Meßgrößen

Der *Korrelationskoeffizient* ist eine nützliche Größe, um zu messen, ob eine Prognose tendenziell richtige Ergebnisse liefert. Dabei wird die lineare Abhängigkeit zwischen prognostizierten Werten y_i und tatsächlichen Werten x_i über alle Beobachtungen gemessen. Die Formel dazu lautet:

$$R = \frac{\sum\limits_{i=1}^{n}(x_i - \bar{x})(y_i - \bar{y})}{\sqrt{\sum\limits_{i=1}^{n}(x_i - \bar{x})^2}\sqrt{\sum\limits_{i=1}^{n}(y_i - \bar{y})^2}},$$

wobei $\bar{x} = 1/n \sum_{i=1}^{n} x_i$, und $\bar{y} = 1/n \sum_{i=1}^{n} y_i$. [12]

Sehr häufig ist man daran interessiert, ob die Prognose bessere Ergebnisse liefert als die 'naive Prognose'. Dazu dient der sogenannte t-Test. Es wird angenommen, daß der beste Schätzer für den Kurs in $t+1$ der Kurs aus t ist. Dies entspricht der naiven Prognose aus der Random-Walk-Hypothese. Mit der folgenden Größe, die als *Theil-Koeffizient* bekannt ist, wird die Güte der Prognose relativ zur naiven Random-Walk-Hypothese betrachtet:

$$T^\theta = \frac{\sqrt{\sum\limits_{i=1}^{n}(y_t - x_t)^2}}{\sqrt{\sum\limits_{i=1}^{n}(x_t - x_{t-1})^2}}.$$

Die Größe T unterscheidet zwischen guten und schlechten Schätzern. Dabei bedeutet ein $T \geq 1$, daß der Schätzer schlechter als die naive Prognose ist. Werte von $T < 1$ deuten darauf hin, daß der Schätzer bessere Prognosen liefert als die naive Prognose. Eine andere naive Prognose ist die Annahme, daß der zukünftige Preis gleich dem Mittelwert der Vergangenheit ist. Die Formel hierzu lautet:

---

[12] In vielen Arbeiten wird oft auch R^2 als Meßgröße angegeben.

5.5. VORABSELEKTION VON KNN

$$T^{\mu} = \frac{\sqrt{\sum_{i=1}^{n}(y_t - x_t)^2}}{\sqrt{\sum_{i=1}^{n}(\bar{x} - x_{t+1})^2}}.$$

Die Interpretation von T_μ und T_θ ist identisch. Das Ziel eines KNN ist nicht immer den Wert einer Aktie zu prognostizieren, sondern ebenso wertvoll ist die Prognose der zukünftigen Kursrichtung. Das Interesse konzentriert sich also ebenso häufig auf die *Vorzeichenwechsel* einer Zeitreihe. Eine Größe, die die Prognose-Richtung mißt, ist

$$d = \frac{1}{n}\sum_{i}^{n} a_i,$$

mit

$$a_i = \begin{cases} 1 & , \text{ wenn } (x_{t+1} - x_t)(y_{t+1} - y_t) > 0 \\ 0 & , \text{ sonst} \end{cases}$$

Der Schätzer kann alle Richtungsänderungen vorhersagen, wenn $d = 1$ ist. Ist $d > 0.5$, ist der Schätzer immer noch besser als eine Prognose durch Münzwurf.

Ein weitverbreitetes Maß zur Beurteilung der Güte eines KNN-Modells ist der *Mean Square Error* (MSE). Die Berechnung erfolgt nach

$$\text{MSE} = \frac{1}{n}\sum_{i=1}^{n}(y_i - x_i)^2$$

5.5.2 Ökonomische Meßgrößen

Zu den ökonomischen Meßgrößen gehört der *Nettoertrag*. Das oberste Ziel jeglicher Prognose bzw. Schätzung auf dem Aktienmarkt ist die Profitmaximierung. Der Profit wird immer im Zusammenhang mit Transaktionsregeln oder Portfolio-Strategien gemessen. Dazu muß der vom KNN geleistete Output in Transaktionen umgewandelt werden. Diese ergeben einen Ertrag, den man objektiv messen kann. Transaktionsregeln können sehr komplex sein, so daß sich die Performance eines KNN nicht ohne weiteres messen läßt. Eine einfache und sehr häufig verwendete Strategie ist, Long-Positionen immer dann einzugehen, wenn steigende Kurse erwartet werden. Erwartet man sinkende Kurse, werden Short-Positionen eingegangen. Vernachlässigt man Steuern und Spesen, ergibt sich der Nettoertrag einer solchen Vorgehensweise aus:

$$r = \sum_{t}^{n} P_t(x_{t+1} - x_t), \tag{5.10}$$

wobei

$$P_t = \begin{cases} 1 & , \text{ wenn } (x_{t+1} - x_t) > 0 \\ -1 & , \text{ wenn } (x_{t+1} - x_t) < 0 \\ 0 & , \text{ wenn } (x_{t+1} - x_t) = 0 \end{cases}.$$

In der Regel wird der erzielte Profit zum Vergleich anderen Größen gegenübergestellt. Eine klassische Größe ist die Buy&Hold-Performance. Analysiert man den Markt mit einer *Buy&Hold*-Strategie (B&H-Strategie), läßt sich die durchschnittlich am Markt erzielbare Rendite berechnen. Dies impliziert, daß jede Strategie, die der B&H-Strategie überlegen ist, übermäßige Profite ermöglicht. Die Renditeberechnung einer B&H-Strategie berechnet sich aus:

$$r_{B\&H} = \frac{r_d + (x_{t+n} - x_t)}{x_t},$$

wobei r_d die sonstigen mit den Aktien verbundenen Erträge (z.B. Dividendenzahlungen) berücksichtigt.

Schließlich ist noch interessant, wie weit sich die eigene Prognose von der 'optimalen Prognose' (Kurse werden immer richtig prognostiziert) unterscheidet. Diese *Entfernung vom Optimum* (Distance From Ideal) läßt sich mit

$$\text{DFI} = \frac{\sum\limits_{i}^{n} P_t(x_{t+1} - x_t)}{\sum\limits_{i}^{n} |(x_{t+1} - x_t)|}$$

ermitteln. *DFI* bezeichnet man als *Wegstrecke* und wird häufig verwendet. Das optimale Modell hat eine Wegstrecke von +1, während -1 ein stets falsch prognostizierendes Modell kennzeichnet. Für P_t gilt das gleiche wie in Gleichung (5.10). *DFI* bezieht sich nur auf die Richtung der Prognose und nicht auf die Differenz zwischen prognostiziertem und tatsächlichem Kurs.

5.5.2.1 Ertragsentwicklung

Eine einfache Form verschiedene Strategien zu vergleichen, ist die Betrachtung der Ertragsentwicklung über alle Transaktionen in einem Diagramm. Abbildung 5.7 zeigt einen solchen Vergleich über drei Strategien. Alle dort gezeigten Strategien starten mit dem gleichen Startkapital und haben am Ende die gleiche Rendite erzielt. Trotzdem lassen sich die Strategien unterscheiden, wenn man ihre Schwankungen im Laufe des Anlagezeitraums betrachtet. Die Schwankungen sind nicht nur Ausdruck für das Risiko der Strategie, sondern auch ein Merkmal für die mit der Strategie verbundenen Kosten. Buchverluste sind gleichbedeutend mit Opportunitätskosten, wenn die verlustreichen Positionen nicht glattgestellt werden. Ein Anleger, der Strategie B ausgewählt hat, hat über den größten Teil der Ertragsentwicklung keine Ausstiegsmöglichkeit aus seiner Anlage, ohne dabei einen Verlust zu erleiden. Während Kleinanleger ihre Buchverluste oft aussitzen, sind institutionelle Anleger häufig aus politischen Gründen gezwungen, Buchverluste zu realisieren. Anlaß zu einem solchen Handeln ist immer dann gegeben, wenn die vom Risikomanagement gesetzten Risikomargen überschritten werden. In einem solchen Fall muß aus Sicherheitsgründen die Position glattgestellt werden. Für diese angesprochene Problematik sind

5.5. VORABSELEKTION VON KNN

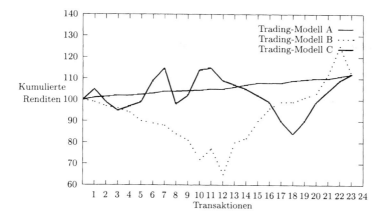

Abbildung 5.7: Ertragsentwicklung

also die sogenannten *drawdowns* der Ertragsentwicklung von Interesse. Ein drawdown ist eine Amplitude in der Ertragsentwicklungskurve. Die Strategie mit kleinsten drawdowns ist allen anderen vorzuziehen, denn zu große drawdowns können den Anleger veranlassen, gewinnträchtige Positionen frühzeitig zu verlassen. Eine weitere charakteristische Größe für die Ertragsentwicklung ist der höchste Transaktionsprofit. Konservative Performancemessungen vernachlässigen den höchsten Transaktionsprofit, um zufällige Glückstreffer aus der Betrachtung auszuschließen oder um zu vermeiden, daß diese Einzelrenditen den Nettoertrag allein bestimmen und diesen damit verzerren. Sei $R = \{r_0, r_2, \ldots, r_n\}$ eine aufsteigend sortierte Reihe der erzielten Renditen, dann zeigt der folgende Quotient, wie stark der höchste Transaktionsprofit den Nettoertrag beeinflußt:

$$g = \frac{max_g(R)}{\sum\limits_{i}^{n} r_i} \qquad (5.11)$$

Der Quotient g wird von REFENES (1995) S.73 als *luck coefficient* bezeichnet, weil bei größerem g die gesamte Strategie umso stärker nur von einem einzigen Ereignis (Glückstreffer) abhängt, der das Ergebnis verzerrt.

5.5.2.2 Gini-Koeffizienten

Führt man die Idee des "Glückskoeffizienten" weiter, so kann man den Quotienten aus Gleichung (5.11) auch schreiben als

$$g_\beta = \frac{\sum\limits_{i=1}^{k} max_g^i(R)}{\sum\limits_{i}^{n} r_i},$$

wobei nun g_β nicht nur den höchsten Transaktionsprofit berücksichtigt, sondern die k höchsten Transaktionsprofite. Dabei wird k als das ganzzahlige Produkt aus βn berechnet. Bei $n = 100$ Transaktionen beschreibt $g_{0.025}$ den Anteil der 2% höchsten Gewinne ($k = int(0.025 * 100)$) am Gesamtertrag. Ein Wert von $g_{0.025} = 0.8$ bedeutet, daß 2% der Transaktionen 80% des Nettoertrages bestimmen. Trägt man die kumulierten Renditen einer Strategie auf der Ordinate eines Diagramms auf und den relativen Anteil der Transaktionen auf der Abszisse, dann läßt sich die Verteilung der Renditen auf die Transaktionen analysieren.

5.6 Zusammenfassung

Dieses Kapitel vermittelte einen Eindruck über die Vielschichtigkeit des Begriffes Performance. Ausgehend von klar formulierten Anforderungen, die ein Bewertungssystem erfüllen muß, wurden verschiedene Performancemaße aufgezeigt, ohne daß sich ein einzelnes Maß als das relevante herauskristallisieren lassen konnte. Die Erfolgsmessung von Portefeuilles muß aus mehreren Perspektiven erfolgen, und dies erfordert auch die Verwendung mehrerer unterschiedlicher Performancemaße.

Sowohl die interne als auch die zeitgewichtete Rendite sind entsprechend ihrer Konzeption in der Lage, exakte Renditen zu liefern. Sie können aber zu durchaus unterschiedlichen Ergebnissen gelangen, weil beide Konzepte unterschiedliche Zielsetzungen haben. Die interne Rendite zielt auf die Rentabilität aller Geldeinheiten ab, die dem Portfoliomanager während des Betrachtungszeitraums unter Berücksichtigung ihrer Verweildauer im Portfolio zur Verfügung standen.

Die zeitgewichtete Rendite mißt lediglich die durchschnittliche Wertsteigerung der zu Beginn des Betrachtungszeitraums im Portfolio befindlichen Aktien. Mittelbewegungen und damit die Verfügbarkeit von Geld, die nicht vom Portfoliomanager beeinflußbar sind, finden keine Berücksichtigung. Während also die zeitgewichtete Rendite allein durch die Anlageentscheidungen des Portfoliomanagers beeinflußt wird, ist die interne Rendite sowohl von den Anlageentscheidungen als auch von den externen Mittelbewegungen geprägt. Je größer diese Mittelbewegungen sind, desto größer wird auch der Unterschied zwischen den

5.6. ZUSAMMENFASSUNG

beiden Renditen sein. Keines der beiden Verfahren kann aus theoretisch-methodologischer Sicht als dem anderen überlegen bezeichnet werden.

Wie bei der Bestimmung der Rendite gibt es auch beim Risiko unterschiedliche Meßverfahren. Während die speziellen Risiken eines Portfolios relativ leicht gemessen und im Rahmen dieser Arbeit auch untersucht werden können, sind die Basisrisiken nicht ohne weiteres meßbar. Um Konjunkturrisiken, Länderrisiken etc. zu bestimmen, muß auf eine entsprechende Datenbasis zugegriffen werden können. In der vorliegenden Arbeit werden die in Abschnitt 5.4.2.1 aufgeführten Basisriken nicht weiter untersucht.

Neben den klassischen Performancemaßen von SHARPE (1964), TREYNOR (1966), JENSEN (1968) und FAMA (1972) wurden auch alternative Performancemaße erwähnt, die das Risiko eines Portfolios nicht mit der herkömmlichen Varianz messen. Die Semivarianz ist für einen Portfoliomanager wichtiger, da er von steigenden Kursen stets profitiert und ihm dadurch kein Risiko entsteht. Die Beachtung der Varianz als Risikomaß ist nach Ansicht des Verfassers nur dann relevant, wenn die Struktur eines Portfolios darauf aufbaut, wie es bei MARKOWITZ (1952) der Fall ist. Nachdem das Portfolio gebildet wurde, ist auch hier nur noch die Ausfallwahrscheinlichkeit interessant.

Bevor KNN in das Portfoliomanagement eingebunden werden, muß geprüft werden, ob sie sich überhaupt eignen, Aufgaben innerhalb der anfallenden Tätigkeiten zu übernehmen. Dazu wurden Selektionskriterien aufgezeigt, die eine Vorentscheidung unter der Vielzahl von KNN ermöglichen und nur die relevanten KNN in die Untersuchung einbeziehen.

Teil IV

Empirischer Teil

Kapitel 6

Einsatz von KNN

> *Die Zukunft kann man am besten dann voraussagen, wenn man sie selbst gestaltet.*
>
> **Alan Kay**

Die Feststellung von REHKUGLER & ZIMMERMANN (1994), daß die

> ... *Anzahl der empirischen Studien am Aktienmarkt wie auch auf anderen Kapitalmärkten, die dem Problem des Overlearning mittels der dargestellten Optimierungsmethodik Rechnung tragen, [...] bis dato gering*

ist, läßt sich damit begründen, daß es allgemein keine empirische Validierung von KNN gibt. Alle publizierten Arbeiten beschränken sich auf die Untersuchung weniger Aktien über Zeiträume von wenigen Jahren. Zudem sind viele dieser Arbeiten nicht ausführlich dokumentiert. Es ist daher schwer, diese Arbeiten methodisch nachzuvollziehen.

KNN können wegen ihrer Eigenschaften als Prognoseinstrumente verwendet werden. Ihre Funktionsweise weicht jedoch von den konventionellen statistischen Prognoseverfahren ab. Letztere unterstellen die Kenntnis eines vorab wohldefinierten Modells, dessen Wirkungszusammenhänge determiniert sind. Mit einem Modell verbunden ist die a priori Festlegung von bestimmten Variablen und ihren mathematischen Abhängigkeiten, die konkrete Funktionstypen verlangen.

Im Gegensatz dazu kennen KNN die zugrundeliegende Funktion nicht, die auch a priori nicht bekannt sein muß. Das KNN kann relevante Strukturzusammenhänge in den Daten im Rahmen seiner Lernregel erkennen und selbständig gewichten. Auf den Aktienmarkt angewandt lernt das KNN das Modell, das der Preisbildung von Aktienkursen zugrundeliegt [KRATZER (1991), S. 177]. Es wurde bereits in früheren Abschnitten erwähnt, daß KNN nicht ohne jegliche Annahmen auskommen. Hier sei insbesondere die Datenwahl erwähnt. Es werden zwei grundsätzliche Vorgehensweisen unterschieden.

Zum ersten werden in der Anfangssituation des Netzes viele Variablen und daraus abgeleitete Zeitreihen zugelassen, denen ein kausaler oder indikativer Zusammenhang zur interessierenden Größe unterstellt wird [REHKUGLER & ZIMMERMANN (1994), S. 137]. Dies erfordert die Anwendung einer Optimierungsmethodik in Form eines Selektionsmechanismus, der im Zuge der Modellerstellung relevante im Sinne von längerfristig stabilen Zeitreihen von unrelevanten Zeitreihen herausfiltert.

Neben diesem Ansatz ist es auch möglich, vorab eine Selektion von Einflußfaktoren vorzunehmen. Hier wird also nicht dem Netzwerk die Auswahl der relevanten Dateninputs überlassen. Die Auswahl der Daten kann auf Erfahrungen basieren oder durch statistische Analysen ermittelt werden [HILLMER & GRAF (1994), S. 179].

Durch die Verwendung der neuronalen Methodik erhofft man sich, Aufschlüsse über Art und Umfang des Erklärungsmusters des Aktienmarktes zu finden. Die mittels KNN gebildeten Prognosemodelle können als Hilfsmittel bereits bestehende Portfoliomodelle ergänzen oder eigenständig verwendet werden.

6.1 Aktueller Stand der Forschung

Die Arbeiten, die sich mit KNN beschäftigen, lassen sich in zwei Gruppen aufteilen. In die erste Gruppe fallen die Beiträge, die sich ausschließlich mit der Entwicklung und technischen Realisierung von KNN beschäftigen. In der anderen Gruppe wird die Eignung bereits existierender Lernverfahren auf verschiedenen Gebieten untersucht. Mögliche Einsatzgebiete sind beispielsweise die Mustererkennung in der Medizin oder in der Ökonomie etc. In den einzelnen Bereichen werden die KNN sehr unterschiedlich eingesetzt. So findet man in der Ökonomie den Einsatz von KNN in der Industrie [HEUER (1997), SCHÖNEBURG (1993)] wie auch im Finanzbereich [AZOFF (1994), FÜSER (1995)].

Im Bereich der Ökonomie lassen sich wiederum zwei Untergruppen unterscheiden. Vorwiegend in der Ökonometrie werden die KNN herkömmlichen Verfahren gegenübergestellt. Dort versucht man, Parallelen zwischen ökonometrischen Verfahren und KNN zu untersuchen und im direkten Vergleich zu bestimmen, welche Verfahren anderen überlegen sind. Arbeiten in diesem Bereich sind theoretisch orientiert. Der andere Zweig der Ökonomie ist anwendungsorientiert und konzentriert sich darauf, bestehende KNN zur Lösung bestimmter Probleme einzusetzen und ihre Eignung zu untersuchen. In diesem Umfeld ist auch die vorliegende Arbeit zu betrachten.

Einen Versuch, neuronale Netze für Prognosen zu verwenden, findet man in der Arbeit von RIESS (1994). Dabei werden den KNN vergleichbare statistische Methoden gegenübergestellt. Für die Untersuchung wird sowohl synthetisches als auch empirisches Datenmaterial verwendet. Bei künstlich generierten Zeitreihen sind die zugrundeliegenden Wechselwir-

6.1. AKTUELLER STAND DER FORSCHUNG

kungen transparent. Dies gilt bei empirischen Zeitreihen nicht. Bei der Erzeugung der synthetischen Zeitreihen wurden drei Modelle Y^t konzipiert, die sich durch vier exogene Variablen x_i^t erklären lassen, also

$$Y^t = f(x_1, x_2, x_3, x_4).$$

Die exogenen Variablen werden folgendermaßen erzeugt[1]:

$$x_1^t = 10 \cdot \sin(\frac{t}{40}) + 25 \qquad (6.1)$$

$$x_2^t = \frac{50}{1 + e^{\frac{250-t}{60}}} \qquad (6.2)$$

$$x_3^t = 0.3 \cdot (180 - (310 - t)^2) \cdot 0.0016 \qquad (6.3)$$

$$x_4^t = 0.001 \cdot (220 - t)^2 \qquad (6.4)$$

$$\text{mit} \quad t = 1, 2, \ldots, 500. \qquad (6.5)$$

Mit diesen Variablen wurde ein lineares, ein trigonometrisches und ein Modell mit Strukturbrüchen erzeugt. Das lineare Modell verknüpft die exogenen Variablen additiv und ergänzt diese Summe um den Störterm ϵ, wobei ϵ eine Zufallsvariable mit Erwartungswert $\mu = 0$ ist:

$$Y_1 = x_1 + x_2 + x_3 + x_4 + \epsilon. \qquad (6.6)$$

Das zweite Modell lautet:

$$Y_2 = 5 \cdot (\sin(x_1) + \sin(x_2) + \cos(x_3) + \cos(x_4)) \qquad (6.7)$$

und das dritte Modell ist

$$Y_3 = x_1^{0.3} + 0.5 \cdot \alpha \cdot x_2 + \beta \cdot x_4. \qquad (6.8)$$

Für jede Zeitreihe wurden 500 Datenpunkte erzeugt, die in eine Trainingsmenge mit 448 Daten und eine Testmenge mit 52 Daten unterteilt wurden. Aus der Trainingsmenge wurde weiterhin eine Validierungsmenge mit 112 zufällig ausgewählten Punkten gebildet[2]. Der Prognosehorizont betrug 3 und 12 Perioden. Als KNN wurden sehr einfache feedforward Netze mit vier Eingangs- und einem Ausgangsneuron verwendet. Die Anzahl der verdeckten Neuronen variiert zwischen 4 und 12 units. Als Transferfunktionen wurden die Identitätsfunktion für die Eingangsschicht, die tanh-Funktion für die verdeckte Schicht

---

[1] Die Variable x_2^t wird in der Arbeit von RIESS (1994) als $x_2^t = \frac{50}{1+e^{\frac{t-250}{60}}}$ spezifiziert. Jedoch wird in der graphischen Darstellung des Modells dieselbe exogene Variable mit $x_2^t = \frac{50}{1+e^{\frac{250-t}{60}}}$ verwendet.

[2] D.h., daß nur 336 Daten zum Lernen verwendet werden.

und die logistische Funktion für die Ausgabeschicht verwendet. Die Startgewichte werden mit Werten aus dem Intervall [-0.001,+0.001] initialisiert. Als Zielfunktion dient die Summe der absoluten Abweichungen zwischen tatsächlicher und gewünschter Ausgabe. Damit die Daten dem Netz zugeführt werden konnten, wurden sie auf Werte zwischen 0 und 1 transformiert[3]. In der Untersuchung werden Ausdünnungsverfahren verwendet, was angesichts der bereits einfachen Netztopologie etwas überrascht. Die Mindestlerndauer beträgt 50 Epochen und kann bis zu maximal 1000 Epochen reichen. Um die KNN mit den statischen Verfahren zu vergleichen, wurde der absolute Fehler als Maß verwendet. Das Ergebnis der Untersuchung zeigt, daß die Generalisierungsfähigkeit extrem sensitiv auf die Netzwerktopologie reagiert. Sowohl das Konzept der Validierungsmenge als auch das verwendete Ausdünnungsverfahren führt nicht zu systematisch besseren Ergebnissen. Die Gegenüberstellung von KNN und statistischen Verfahren erbrachte die Erkenntnis, daß sowohl die lineare Regression als auch die nichtlineare Regression bessere Ergebnisse liefern als die KNN. Dies wird auf das Overlearning-Problem zurückgeführt. Lediglich beim trigonometrischen Modell ist das Netz der linearen Regression überlegen. Über das Abschneiden der nichtlinearen Regression wird in diesem Modell keine Angaben gemacht. In der empirischen Analyse wurde der langfristige Kapitalzins als Zeitreihe verwendet. Als Inputgrößen wurden 20 ökonomische Variablen benutzt, und der Prognosehorizont betrug einen Monat. Die KNN mußten sich mit autoregressiven und dynamischen Ansätzen messen. Auch hier wurden die Daten in eine Generalisierungs- und eine Trainingsmenge unterteilt. RIESS (1994) kommt zu dem Ergebnis, daß die Funktionsapproximationsfähigkeit in der Trainingsmenge bei den Netzwerken besser ist als bei den statistischen Verfahren. In der Generalisierungsfähigkeit sind die KNN jedoch bei einem Prognosehorizont von 1 und 3 Monaten den statistischen Verfahren unterlegen. Hier schneidet die lineare Regression deutlich besser ab. Bei 12-Monatsprognosen leistet das Netz die besseren Prognosen. Folgende Punkte sind in der Arbeit von RIESS (1994) zu kritisieren:

1. Ein KNN kann nur dann eine Struktur lernen, wenn eine existiert. Die betrachteten synthetischen Modelle T_1, T_2 und T_3 haben zwar eine Struktur, diese wird dem Netz jedoch nur in einem kleinen Auszug präsentiert.

2. Wichtige Parameter wie die Lernrate werden konstant gehalten, und die Initialisierung der Gewichte erfolgt mit sehr kleinen Werten. Dies verlangt eine Erhöhung der Lernzyklen, deren Anzahl in der Arbeit nicht als groß bezeichnet werden kann.

3. Es ist nicht sinnvoll, eine große Anzahl von Variablen an ein KNN zu leiten, um einen bestimmten Output zu erhalten. Vielmehr sollte man in einer Art Pre-Processing

---

[3] $x_i^{scal} = \frac{x_i - \min_i^{x_i}}{\max_i^{x_i} - \min_i^{x_i}}$.

6.1. AKTUELLER STAND DER FORSCHUNG

herausfinden, welche Variablen von Bedeutung sind. Hier wäre auch ein Input-Pruning-Verfahren sicherlich von Vorteil.

4. In der Analyse werden nur dreilagige Feedforward-Netze und die Backpropagation-Lernregel betrachtet. Backpropagation hat seit der Einführung viele Verbesserungen und Ergänzungen erfahren, die nicht berücksichtigt wurden. Moderne Lernregeln wie QuickProp, RProp etc. kommen ebenfalls nicht zum Einsatz.

6.1.1 Modell von Kimoto

Nachdem bei WHITE (1988) im Grunde nur die prinzipielle Anwendung von KNN als Prognoseinstrument im Vordergrund stand, entwickelten KIMOTO et al. (1990) ein erstes ausgereiftes Handelssystem *SMPS*[4] (Stock Market Prediction System). Dieses System ist in der Lage, selbständig Kauf- und Verkaufsentscheidungen zu generieren. Es wird beabsichtigt die Entwicklung des TOPIX zu prognostizieren. Der Prognosehorizont beträgt einen Monat. SMPS besteht aus mehreren KNN, deren Zielsetzung es ist, die Abhängigkeit zwischen verschiedenen technischen bzw. ökonomischen Indikatoren und dem Transaktionstiming herauszufinden. Die KNN werden mit einem selbstentwickelten, modifizierten Backpropagation-Verfahren, das von den Autoren als *Supplementary Learning*-Methode genannt wird, simuliert. Die Funktionalität dieser Modifizierung ist im SNNS reproduzierbar und ist im Grunde nur der Versuch, das langsame Backpropagation-Verfahren zu beschleunigen. Dazu werden für alle Ausgangsneuronen Toleranzwerte definiert. Nur für Output-Neuronen, die diesen Toleranzwert überschreiten, wird der Fehler zurückpropagiert[5]. Die Anpassung der Gewichte wird erst nach der Präsentation aller Pattern vorgenommen. Als Input dienen wöchentlich geglättete Daten wie z.B. Wechselkurse, Zinssätze und technische Indikatoren.

Die Netze werden in regelmäßigen Intervallen trainiert und danach für die Prognose verwendet. Das heißt, daß eine konstante Menge von Trainingsdaten über die Zeitachse rolliert wird. Veraltete Daten werden nicht mehr für das Training berücksichtigt. Diese Vorgehensweise mag gerechtfertigt sein, wenn man davon ausgeht, daß die Regeln, die den Aktienkursbewegungen zugrundeliegen, sich kontinuierlich ändern.

Das System wurde über einen Zeitraum von 33 Monaten zwischen Januar 1987 und September 1989 getestet. Dabei wurden vier voneinander unabhängige KNN mit unterschiedlichen Daten trainiert. Die daraus resultierenden unabhängigen Einzelprognosen wurden zu einer Gesamtentscheidung zusammengefaßt. Die generierten Transaktionen

---
[4] Dieses System ist das Produkt der Kooperation zwischen dem führenden japanischen Industrieunternehmen Fujitsu und dem Kreditinstitut Nikko Securities.
[5] Im Grunde wird beim *Supplementary Learning* jedem Ausgangsneuron ein Schwellenwertneuron nachgelagert.

erreichten über den betrachteten Zeitraum einen Gewinn von 98%, während im Vergleichszeitraum die Buy&Hold-Methode einen Gewinn von 67% verzeichnete[6]. Aus der Erläuterung der Autoren kann man rückschließen, daß bei den durchgeführten Tests keine Transaktionskosten berücksichtigt wurden. Die Beschreibung des System ist nicht detailliert, was sich damit erklären läßt, daß das System kommerzielle Ziele verfolgt und keine Nachahmung erwünscht wird. Ergänzende Ausführungen von YODA (1994) legen offen, daß nach dreijährigem Einsatz von *SMPS* 145 Steigt-Fällt-Prognosen erstellt wurden, von denen 62 % korrekt waren.

6.1.2 Das Modell der SGZ-Bank

Von der SGZ-Bank gibt es zwei nennenswerte Untersuchungen, die KNN als Prognoseinstrument für den Aktienmarkt einsetzen. Das sind die Arbeiten von BAUN (1994) und GRAF (1991) bzw. HILLMER & GRAF (1994).

GRAF (1991) entwickelte ein System zur Vorhersage von Kauf- und Verkaufszeitpunkten bezogen auf den DAX. Das System sollte in der Lage sein, mit Hilfe von technischen und ökonomischen Indikatoren optimale Transaktionszeitpunkte auf Monatsbasis zu bestimmen. Das KNN besteht aus einer Eingangs-, zwei verdeckten Schichten und einer Ausgabeschicht. Die benachbarten Schichten sind vollständig vermascht. Als Aktivierungsfunktion wird die *Tangens-Hyperbolicus*-Funktion verwendet, die FÜSER (1995) vermuten läßt, daß das verwendete Feedforward-Netz eine modifizierte Backpropagation als Lernregel benutzt. Die Trainingsdatenmenge wird aus dem Zeitraum zwischen 1.1.1988 und 8.10.1990 gebildet. Die daran anschließenden 10 Monate wurden als Testdatenmenge verwendet. Die Gruppen von Einflußfaktoren, die die Eingangsinformation bestimmen, sind:

- technische Indikatoren,

- ausländische Aktienindizes,

- Wechselkurse,

- Zinsen und

- Turnovers.

Das KNN übertraf mit 17.70 % Gewinn die Buy&Hold-Strategie, die einen Gewinn von 11.26% erreicht.

---

[6]Der hohe Gewinn der Buy&Hold-Methode zeigt, daß sich der TOPIX zwischen Januar 1987 und September 1989 trotz des Oktober-Crashs 1987 in einem Aufwärtstrend befand. Vor diesem Hintergrund relativiert sich der Gewinn von 98%.

6.1. AKTUELLER STAND DER FORSCHUNG

Die Arbeit von HILLMER & GRAF (1994) versucht, mit Hilfe statistischer Verfahren eine Tendenzprognose für den Deutschen Aktienindex DAX zu erstellen. Der Prognosehorizont liegt zwischen sechs und zwölf Monaten. Die Informationsbasis des Prognosemodells bilden länger vorauslaufende, ökonomische und technische Indikatoren. Der von HILLMER & GRAF (1994) gewählte Ansatz unterscheidet sich von den bisherigen dahingehend, daß neben den KNN auch das statistische Instrumentarium der kointegrierten Zeitreihen und der Fehler-Korrektur-Modelle zur Prognoseerstellung eingesetzt werden. Neu ist ebenfalls die Ausrichtung auf fundamentale Faktoren. Die Autoren gehen davon aus, daß längerfristige fundamentale Aspekte den Aktienmarkt bestimmen, und diese Zusammenhänge können mit KNN erkannt und ausgenutzt werden.

Finanzmarktanalytische Überlegungen lassen HILLMER & GRAF (1994) eine plausible Selektion von Daten treffen und erzeugen ein Modell mit einer überschaubaren Anzahl von Einflußfaktoren[7]. Nach einer Vielzahl von Tests konzentrierten sich HILLMER & GRAF (1994) auf die Inputgrößen:

- Auftragseingang im verarbeitenden Gewerbe,

- DM/US-Dollar Wechselkurs und

- Rendite von Bundesanleihen mit zehnjähriger Restlaufzeit.

Die Auswahl dieser Variablen begründet sich durch ihre Eigenschaft als Leading-Indikatoren. Als Output dient der DAX auf Sicht eines Jahres. Die Trainingsmenge besteht aus 24 Quartalwerten. Das verwendete Netz ist ein vollständig vermaschtes Feedforward Netz[8] mit drei Eingangs,- drei Zwischen- und einem Ausgangsneuron. Diese Netzstruktur, die als Aktivierungsfunktion die Tangens-Hyperbolicus-Funktion verwendet, wurde mit dem Tool von *Neural Netware* generiert. Als Lernregel dient der Backpropagation-Algorithmus. Zur Beurteilung der Güte des Prognosemodells werden die Größen Trefferquote, Tradinggewinn sowie Mehrgewinn angeführt. Die Trefferquote ist als Anzahl der richtigen Prognosen im Verhältnis zur Gesamtzahl der Prognosen definiert. Der Trading-Gewinn ermittelt sich durch ein Tradingmodell, das während der Simulationsphase eingesetzt wird. Da nur eine Steigt-Fällt-Prognose erstellt wird, geht das Tradingmodell eine Short-Position auf den Index ein, wenn eine Fällt-Prognose erstellt wird. Bei einer Steigt-Prognose hingegen wird eine Long-Position auf den Index eingegangen. Als Mehrgewinn wird der zusätzliche

---

[7]Diese Vorgehensweise ist das genaue Gegenteil der Vorgehensweise von BAUN (1994), bei der eine Vielzahl von Einflußfaktoren verwendet wird, die ein komplexes Netz bestimmen. Bei komplexen Netzen sind Pruning-Verfahren fast unumgänglich.

[8]Die sinnvolle Anwendung von Pruning-Verfahren ist bei vollständig vermaschten Netzen nicht möglich, deshalb ist davon auszugehen, daß solche Verfahren nicht zum Einsatz kamen. Zudem gibt die einfache Struktur des Netzes keinen Anlaß dazu, Pruning-Verfahren zu verwenden.

Gewinn des Tradingmodells gegenüber dem Buy&Hold-Modell bezeichnet. Die erzielten Ergebnisse sind in der folgenden Tabelle aufgezeigt.

Tabelle 6.1: Ergebnisse von Hillmer und Graf

Trefferquote, Tradinggewinn und Mehrgewinn			
Modell	Trefferquote in %	Tradinggewinn in %	Mehrgewinn in %
4/80-4/90	68.4	503.6	130.9
1/83-4/90	76.7	493.8	189.2

Die Tabelle 6.1 zeigt, daß das neuronale Netz sehr oft in der Lage war, den DAX richtig zu prognostizieren. Entfernt man in dem 10-jährigen Betrachtungszeitraum die Jahre 1981 und 1982, so lassen sich die Ergebnisse verbessern. Auf Seite 176ff. versuchen HILLMER & GRAF (1994) eine Erklärung dafür zu liefern. Die Autoren weisen darauf hin, daß sich das vorgestellte Modell trotz hoher Trefferquoten nicht für den Einsatz in der Praxis eignet.

6.1.3 SENN von SNI

An der Entwicklung von KNN zur Aktienkursprognose arbeitet auch die Firma Siemens-Nixdorf-Informationssysteme AG (SNI) zusammen mit mehreren Partner aus der Finanz- und Versicherungswirtschaft. Es handelt sich dabei um ein laufendes Projekt, aus dem bereits Teilergebnisse publiziert wurden. Das verwendete KNN trägt den Namen *SENN*[9] (Software Environment for Neural Networks) und ist nicht ausschließlich für Finanzprognosen konzipiert. BAUN (1994) beschreibt eine vielversprechende Vorgehensweise, um mit SENN Prognosen zu erstellen, auf die im folgenden eingegangen wird.

BAUN (1994) versucht die Ein-Tages-Rendite des DAX zu prognostizieren. Das Netz besteht aus einer Input-, einer Hidden und einer Output-Schicht. Letztere beinhaltet die Renditeprognose für den nächsten Tag. Bei dem Netz handelt es sich um eine vollständig vermaschte Feedforward-Architektur eines Multilayer-Perzeptrons. Die für die Untersuchung verwendeten Daten sind 34 technische und fundamentale Indikatoren deren Zeitreihen sich über ca. 10 Jahre erstrecken. Aus ökonomischen Überlegungen werden 7 Input-

---

[9]SENN ist ein leistungsfähiges Werkzeug, das auf UNIX-Workstations unter der Programmiersprache C++ implementiert ist. Diese Tool ermöglicht die Simulation verschiedener Techniken, Typen und Topologien von KNN. Dabei erlaubt eine einfache Beschreibungssprache Aufgabenstellungen zu formulieren, ohne den Anwender mit Detailwissen über die Netzfunktionalität zu überfordern.

6.1. AKTUELLER STAND DER FORSCHUNG

Cluster gebildet [siehe BAUN (1994) S. 174]:

1. Zeitvariablen, DAX und angelehnte Variablen
2. Geld- und Kapitalmarktzinsen,
3. Monetäre Aggregate,
4. ausländische Aktienindizes,
5. Währungen und Gold,
6. Geld- und Kapitalmarktzinsen im Ausland und
7. Güter und Arbeitsmarkt.

Die Zeitreihen werden einer Transformation unterzogen. Dazu gehören:

- die Skalierung der Zeitreihen auf einen einheitlichen absoluten Wertebereich,
- die Logarithmierung von Zeitreihen, die inflationären Einflüssen unterliegen (z.B. DAX) und
- die Differenzbildung der Zeitreihenwerte zwischen Tag t und Tag t-i

Im Anschluß an die Aufbereitung der Rohzeitreihen wurden Time-Lag-Strukturen analysiert. Ziel dieser Maßnahme war es, die Indikatorfunktion der Eingabeinformation bezüglich des DAX aufzuzeigen und diesen Leading-Zeitraum zu ermitteln. Dazu wurde jede Zeitreihe um 1 bis 10 Tage auf der Zeitachse verschoben, und für jedes Time-Lag wurde die Korrelation zum DAX ermittelt. Das Time-Lag mit dem höchsten Korrelationskoeffizienten wurde für die jeweilige Zeitreihe gewählt. Erstaunlich ist, daß in dem Modell 190 transformierte Zeitreihen als Input verwendet werden, die jedoch auf lediglich 27 Rohdatenreihen beruhen [vgl. BAUN (1994) S. 182]. Zu den Einflußfaktoren für die Prognose des DAX gehören:

- technische sowie fundamentale Kriterien,
- Umschichtungen zwischen inländischem Bond- und Aktienmarkt,
- Zinspolitische Reaktionen der Bundesbank auf Inflationsrate und Geldmengenentwicklung,
- Umschichtungsvorgänge zwischen einzelnen Aktienmärkten im Inland,
- Zinsdifferenz im Ländervergleich,

- konjunkturelle Einflüsse seitens des Gütermarktes,

- Arbeitsmarktlage

- und andere Einflußgrößen.

Ziel dieses Systems war nicht die wertmäßige exakte Prognose, sondern nur eine korrekte Trendaussage. Wegen der hohen Anzahl von Parametern wurden Netzoptimierungsmethoden verwendet. Dazu gehörten das Weight-Pruning, Input-Pruning und das Hidden-Merging. Diese Verfahren führten zu einer enormen Netzwerkreduktion innerhalb des Lernvorgangs. Tabelle 6.2 gibt einen Überblick über die Auswirkungen der Netzwerkoptimierungsverfahren. Über den Testzeitraum vom 5.1.1993 bis 1.12.1993 (237 Tage) wurde

Tabelle 6.2: Netzwerkreduktion

	vorher	nachher
Gewichte	1520	195
Inputzeitreihen	190	90
Verdeckte Neuronen	8	3
Rohdatensätze	27	23

eine Wegstrecke von 27% und eine Rendite von 41% erreicht. Im Gegensatz dazu erreicht die naive Prognose 21% und die Buy&Hold-Strategie 34%.

6.1.4 Modell von Ruggiero

RUGGIERO (1994) versucht, den *S&P-500*-Index fünf Wochen im voraus zu prognostizieren[10]. Als Eingangsinformation verwendet RUGGIERO (1994) neben dem Index selbst den *30-year T-Bond* und den *CRB Index*[11]. Als Begründung für die Auswahl dieser Einflußfaktoren führt RUGGIERO (1994) an, daß die Kurse am Bond- und am Aktienmarkt zwischen Januar 1988 und April 1994 fast parallel verlaufen. Der Zusammenhang zwischen *30-year T-Bond* und dem *CRB*-Index ist negativ[12]. Allerdings kann man bei Trendumkehrungen beobachten, daß sich beide Märkte kurzfristig in die gleiche Richtung entwickeln.

---

[10]Die Begründung für die Dauer des Prognosehorizonts bleibt RUGGIERO (1994) dem Leser schuldig.
[11]In seiner Arbeit weist RUGGIERO (1994) deutlich darauf hin, daß sein Modell 'marktübergreifend' ist. Dies gilt jedoch für viele KNN-Modelle, so daß eine besondere Hervorhebung dieser Tatsache nicht notwendig wäre.
[12]Sinkende Zinsen wirken sich immer positiv auf die Aktienkursentwicklung aus.

6.2. EIGENE UNTERSUCHUNGEN

RUGGIERO (1994) teilt die ihm zur Verfügung stehende Datenmenge, die aus Wochenschlußnotierungen besteht, in Trainings-, Validierungs- und Generalisierungsmenge auf. Die Trainingsdaten erstrecken sich über den Zeitraum vom 01.06.1988 bis 31.12.1992. Die an diesen Zeitraum anschließenden Daten bis zum 28.02.1994 dienen als Validierungsdaten, und der Generalisierungszeitraum reicht vom 01.01.1994 bis 20.05.1994.

Das KNN wird mit dem Back-Percolation-Algorithmus[13] von JURIK (1992) trainiert. Die Aufbereitung der Daten erfolgt manuell mit einer Tabellenkalkulation, die als Ergebnis 63 Input-Zeitreihen liefert. Die dafür verwendeten Rohdaten sind:

1. Eröffnungskurse des *S&P-500*-Futures,

2. Eröffnungs-, Hoch-, Tief- und Schlußkurse aus dem *S&P-500-Cash*,

3. Schlußkurse des T-Bond-Futures und

4. Schlußkurse des *CRB*-Index.

Somit werden mitunter Daten aus dem Futures-Markt des *S&P-500* zur Prognose herangezogen.

Danach erfolgt ein aufwendiges Suchen nach dem KNN mit den besten Eigenschaften. Es wird mit einer sehr großen Anzahl von KNN experimentiert und mittels *trial and error* oder genetischen Algorithmen die optimale KNN-Architektur ermittelt. Das verbleibende KNN kommt mit 18 der ursprünglich 63 Input-Zeitreihen aus. Die Anzahl der verdeckten Neuronen in der verdeckten Schicht ist 5, und die Ausgabeschicht besteht aus einem Neuron. RUGGIERO (1994) erreicht eine Trefferquote zwischen 75% und 90%.

Zu bemängeln ist bei der Untersuchung, daß die Auswahl der Einflußfaktoren auf ex-post Wissen basiert. Damit werden nur Einflußgrößen betrachtet, von denen man zu Beginn der Untersuchung eigentlich nicht wissen kann, daß sie relevant sind. Für den praktischen Einsatz ist die Untersuchung somit nicht von direkter Relevanz.

6.2 Eigene Untersuchungen

Bevor die empirische Studie erfolgt, soll aufgezeigt werden, welche Probleme bei der Erstellung von Prognosen mittels KNN auftreten. Dazu wird das verwendete Instrumentarium vorgestellt. Für die empirische Untersuchung wurde im Rahmen dieser Arbeit ein *C++*-Programm entwickelt, das den in diesem Kapitel postulierten Anforderungen genügt. Dieses Programm besteht aus drei großen Segmenten, die als *Pre-Processing, Main-Processing*

---

[13]Siehe dazu auch Abschnitt 1.2.4

und Post-Processing bezeichnet werden. Die einzelnen Segmente spiegeln sich in diesem Kapitel wider, ohne jedoch auf das Programm einzugehen[14].

Das *Pre-Processing* nimmt eine Datenvorbehandlung vor und liefert als Ergebnis einen *batch script*, indem die detaillierten Steuerungsanweisungen für den Ablauf aller Untersuchungsdurchläufe festgehalten sind. Ein Durchlauf untersucht die Prognoseeigenschaften eines KNN mit einer festgelegten Struktur und Prozeßumgebung. Die Abarbeitung des *batch scripts* bildet das *Main-Processing*, das eine Vielzahl von Ergebnisdateien generiert, die im *Post-Processing* analysiert werden.

Das Ziel der Untersuchung ist es, herauszufinden, ob mit KNN Kursprognosen möglich sind und damit bisherige Studien bestätigt werden können. Die Untersuchung konzentriert sich auf den Aktienmarkt. Der Versuch, Intra-Day Kursprognosen für den Devisenmarkt zu erstellen, mußte wegen der Beschaffenheit der Daten abgebrochen werden. Hierzu war der Zugriff auf hochfrequente Daten[15] über den Zeitraum vom 25.01.1995 bis 05.05.1995 möglich[16]. Es handelt sich dabei um 1231 Dollar/DM-Kursnotierungen. Es mußte sehr schnell erkannt werden, daß die Daten zu ähnlich sind, und das KNN nicht in der Lage war, Strukturen zu erkennen. Zudem sind KNN durch die extrem hohen Lernzeiten ohnehin nicht für Intra-Day Prognosen geeignet.

Für die Untersuchung des Aktienmarktes lagen die täglichen Kassakursnotierungen von 26 Aktien vor, die an der Börse Frankfurt gehandelt werden und im DAX vertreten sind. Der Zeitraum erstreckt sich vom 2. Januar 1980 bis zum 3. März 1990[17]. Die Abbildung 6.1 zeigt die Kursentwicklung des DAX in dem untersuchten Zeitraum. Ziel der Untersuchung ist es zunächst, herauszufinden, welche KNN für den Einsatz im Portfoliomanagement in Frage kommen. Die wichtigste Erkenntnis, die erwartet wird, ist die Antwort auf die Frage, ob sich KNN für Aktienkursprognosen überhaupt eignen. Im Anschluß an die KNN-Selektion sollen dann klassische Anlageverfahren um die KNN-Komponente erweitert werden, um empirisch zu testen, ob sich diese Verfahren verbessern lassen.

Die Untersuchung kann aus verschiedenen Perspektiven gewertet werden. Sollte dies möglich sein, könnten diese Modelle zur Klärung der klassischen Frage über die Effizienzmarkthypothese dienen. Dies wurde bereits von TSIBOURIS & ZEIDENBERG (1992) versucht[18].

---

[14] Zur Funktionsweise der Simulationsinstrumente wird auf Kapitel 3 verwiesen.

[15] Aufzeichnung von minütlichen Marktpreisen.

[16] Die Daten wurden freundlicherweise von ABB Treasury Center Germany in Frankfurt zur Verfügung gestellt.

[17] Somit ist dies die bisher umfangreichste Untersuchung des deutschen Aktienmarktes mit KNN.

[18] TSIBOURIS & ZEIDENBERG (1992) beschränken ihre Untersuchung auf den New York Stock Exchange Transportation Index, den *Standard and Poors' s Composite Index* und sechs weitere ausgesuchte Blue Chips der NYSE.

6.2. EIGENE UNTERSUCHUNGEN

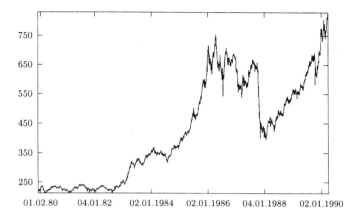

Abbildung 6.1: Entwicklung des DAX zwischen 02.01.1980 und 03.03.1990

6.2.1 Pre-Processing

Netzwerke können Beziehungen zwischen den Eingabe- und Ausgabedaten erkennen. Dabei wird jedoch vorausgesetzt, daß es welche gibt. In den Anfängen der Experimente mit KNN wurden riesige Datenmengen mit dem Hintergedanken an das Netz angelegt, daß sich die relevanten Inputdaten darunter befänden und das Netz in der Lage wäre, diese selbständig zu erkennen. Eine zu große Inputdatenmenge führt jedoch zu einer Überlastung des Netzes in Form von längeren Trainingszeiten, ohne seine Leistungsfähigkeit zu verbessern. Damit zeigt sich, daß eine Datenvorbehandlung (Pre-Processing) notwendig ist. Alle Aktionen, die dem eigentlichen Lernprozeß des KNN vorausgehen, werden im folgenden als Pre-Processing bezeichnet.

Ein wesentlicher Punkt des Pre-Processing ist u.a., die Anzahl von korrelierten Eingabedaten zu reduzieren, beispielsweise durch Elimination korrelierter und damit redundanter Daten oder durch Transformation der korrelierten Daten in eine Menge unkorrelierter Daten. Letzteres bezeichnet man als *Principal Components Analysis* (PCA) [REFENES et al. (1993)] oder Hauptachsentransformation[19]. Dabei projiziert man die Daten in einen linearen Unterraum mit einem Minimum an Informationsverlust durch die Multiplikation der Kovarianzmatrix der Trainingsdaten mit der Eigenvektormatrix[20].

Zum Pre-Processing gehören weiterhin eine Reihe von Überprüfungen und Transformationen mit dem Ziel, sie für die Verarbeitung im Netz zu optimieren. Dazu gehören:

---

[19] Zur Verwendung von PCA in Verbindung mit KNN siehe BHARATH & DROSEN (1994), S. 159.
[20] Die Eigenvektoren einer Matrix haben die Eigenschaft, daß sie linear unabhängig sind.

1. **Ausreißer:** Sie bewirken, daß die anderen Variablen auf ein kleineres Intervall komprimiert werden, und sie erfordern eine erhöhte Präzision bei der Berechnung während der Trainingsphase. REFENES et al. (1993) schlägt vor, diese Ausreißer zu entfernen, selbst wenn sie nicht auf fehlerhafte Eingaben zurückzuführen sind. Ausreißer lassen sich u.a. optisch innerhalb der Daten erkennen. Allerdings gibt es formale Möglichkeiten, sie zu finden. Eine geeignete Methode, statistische Ausreißer aus einer Datenmenge zu erkennen, ist die Berechnung der Mahalanobis Distanz:

$$D^2_{(t)} = \sum_{i=1}^{N} \sum_{j=1}^{P} \left(Z_i(t) - \overline{Z}_i\right) V^{ij} \left(Z_j(t) - \overline{Z}_j\right)$$

P	:	Dimension des Inputvektors
N	:	Anzahl der Inputvektoren
Z_i	:	i-teWert des Vektors zum Zeitpunkt t
$\overline{Z}_i$	:	Mittelwert
V^{ij}	:	i-te Zeile und j-te Spalte der Inversen aus der Kovarianzmatrix der Inputvektoren

2. **Malicious (contradictory) Pattern:** sind dann gegeben, wenn ähnliche Inputs zu verschiedenen Outputs gehören. Man muß zunächst definieren, was ähnlich ist. Die allgemeinste Methode zur Messung von Ähnlichkeit ist die Euklidische Distanz. Zuvor müssen die Daten allerdings normalisiert werden.

3. **Verrauschte Daten:** an den Finanzmärkten sind verrauschte Daten der Regelfall. Ab einem gewissen Grad kann diese negative Eigenschaft die Verallgemeinerungsfähigkeit eines Netzes beeinflussen. Im allgemeinen ist das Rauschen umso stärker, je kurzfristiger die finanzwirtschaftlichen Zeitreihen sind. Um diesem Umstand Rechnung zu tragen, ist es durchaus sinnvoll, die Rohdaten mittels geeigneter Verfahren zu glätten. Im Bereich des Kapitalmarktes werden meist gleitende Durchschnitte gebildet. Die Normalisierung bezieht sich auf die Transformation der Input- und Output-Daten von ihrer ursprünglichen zu einer neuen Skala. Dies ist erforderlich, weil sowohl für die Input- als auch für die Outputwerte bestimmte Bedingungen genügen müssen, um die Funktionsapproximation mit dem Netz zu ermöglichen.

6.2.1.1 Hauptkomponentenanalyse

Die Hauptkomponentenanalyse, im weiteren als PCA bezeichnet, ist eine Methode aus der Multivariaten Statistik, die von *Karl Pearson* und *Harold Hotelling* entwickelt wurde und in der deutschen Literatur teilweise auch als Hauptachsenanalyse bezeichnet wird

6.2. EIGENE UNTERSUCHUNGEN

[21]. Ziel dieses Verfahrens ist es, aus einer Menge von linear abhängigen Vektoren eine Untermenge neuer Vektoren zu generieren, die linear unabhängig sind und den größten Teil der Varianz auf sich vereinen. Auf die KNN übertragen bedeutet dies, daß man den maximalen Informationsgehalt einer Datenmenge extrahiert und dadurch nur relevante Daten als Netzinput verwendet. Das Ziel von PCA ist, nicht interpretierbare Komponenten zu konstruieren. Vielmehr werden komplexe Beziehungen in beobachteten Daten auf eine einfache Form reduziert [HARTUNG & ELPELT (1989), S. 528].

Angenommen, man hätte eine Anzahl n von Variablen und m Realisierungen pro Variable. Dann läßt sich eine quantitative Datenmatrix $\mathbf{D}$ der Dimension $m \times n$ bilden, bei der die Spalten die Variablen und die Zeilen die Realisierungen der Variablen darstellen. Die i-te Zeile enthält die n Merkmalswerte $d_{i1}, d_{i2}, d_{i3}, \ldots, d_{in}$ der interessierenden Merkmale $D_1 \ldots D_n$, die am i-ten Objekt beobachtet wurden:

$$\mathbf{D} = \begin{pmatrix} d_{11} & d_{12} & \ldots & d_{1n} \\ \vdots & & & \\ d_{i1} & d_{i2} & \ldots & d_{in} \\ \vdots & & & \\ d_{m1} & d_{m2} & \ldots & d_{mn} \end{pmatrix}$$

Weiterhin sei angenommen, daß $m > n$ und die Matrix $\mathbf{D}$ in standardisierter Form vorliegt. Dazu wird von jeder Realisierung in einer Spalte der quantitativen Datenmatrix die Abweichung um den Mittelwert berechnet und durch die Standardabweichung geteilt. Für jeden Spaltenvektor der Matrix $\mathbf{D}$ gilt dann:

$$x_i^{std} = \frac{x_i - \frac{1}{n}\sum_{k=1}^{m} x_k}{\sqrt{\frac{n \sum_{k=1}^{m} x_k^2 - \left(\sum_{k=1}^{m} x_k\right)^2}{n(n-1)}}}$$

wobei x_i^{std} der standardisierte Wert von x_i (i=1,...,m) ist [22]. Bildet man die empirische Korrelationsmatrix $\mathbf{R}$ der beobachteten n Merkmale, so erhält man diese aus:

$$\mathbf{R} = \frac{1}{n-1} \cdot \mathbf{D}^T \cdot \mathbf{D} = \begin{pmatrix} 1 & r_{12} & r_{13} & \ldots & r_{1n} \\ r_{12} & 1 & r_{23} & \ldots & r_{2n} \\ \vdots & & & & \\ r_{1n} & r_{2n} & r_{3n} & \ldots & 1 \end{pmatrix}$$

---

[21] Strenggenommen ist die Hauptkomponentenanalyse nicht mit der Hauptachsenanalyse gleichzusetzen, obwohl die Berechnung identisch ist. Die Interpretation zwischen den beiden Methoden ist unterschiedlich. Details dazu können in BACKHAUS et al. (1994) S. 221 ff. nachgelesen werden.

[22] Jede Spalte der standardisierten Matrix hat demnach einen Mittelwert von Null und eine Varianz von Eins.

Wären die Variablen linear unabhängig, wären alle Werte $r_{ij} \forall i \neq j$ gleich Null.
Es soll aber davon ausgegangen werden, daß die Variablen linear abhängig sind. Somit sind alle Werte der Korrelationsmatrix ungleich 0.
Die Gesamtvarianz von **D** ergibt sich als Summe der Einzelvarianzen der Variablen. Da **D** standardisiert vorliegt, ist die Gesamtvarianz die Summe (bzw. Anzahl) der Variablen. PCA ersetzt nun die ursprünglichen n beobachteten Variablen mit n neuen nichtbeobachteten, linear unabhängigen Variablen, deren Realisationen aus den originären Werten gebildet werden. Die neuen, abgeleiteten Variablen sind die *Principal Components* (Hauptkomponenten) der ursprünglichen Datenmatrix, und sie bilden die Matrix **P**. Diese Matrix hat die gleiche Anzahl Beobachtungen wie die ursprüngliche Datenmatrix und damit die gleiche Anzahl Zeilen wie **D**. Die Spalten von **P** sind Linearkombinationen der Spalten von **D**, demnach läßt sich die Matrix **P** aus der Gleichung

$$\mathbf{P} = \mathbf{D} \cdot \mathbf{E}$$

ermitteln, wobei **E** die sog. Ladungsmatrix ist[23]. Die Matrix **E** muß nun so gewählt werden, daß die Korrelation zwischen den Variablen von **P** gleich Null ist. Die Gesamtvarianz von **P** ist die gleiche wie die von **D**, aber die Einzelvarianzen der Variablen werden nicht mehr die gleichen sein wie bei **D**. Man kann die Gewichte aus **E** nun so wählen, daß die erste Hauptachse die größte Varianz beinhaltet, die zweite Hauptachse die zweithöchste Varianz usw. Das Ergebnis ist, daß wenige Hauptachsen die größte Varianz auf sich vereinen, und einige Hauptachsen eine Varianz von Null haben, so daß sie als Informationsträger wegfallen. Da sich die Gesamtvarianz der Daten auf wenige Variablen konzentriert, und dadurch Variablen als bedeutungslos wegfallen, bezeichnet man PCA als Datenreduktionstechnik.

Bleibt nur noch das Problem zu lösen, wie man die Matrix **E** ermittelt. Hierzu kann man sich eine Eigenschaft von quadratischen Matrizen zunutzemachen nähmlich die der mit ihnen verbundenen Eigenvektoren und Eigenwerte.

Die Eigenwerte einer Matrix **M** sind die Werte λ_i, für die man von Null verschiedene Vektoren $\mathbf{x}^i$ bestimmen kann, so daß $\mathbf{M} \cdot \mathbf{x}^i = \lambda_i \cdot \mathbf{x}^i$ gilt. Die Eigenvektoren der Matrix **M** sind die Vektoren $\mathbf{x}^i$ [vgl. OPITZ (1992), S. 355].

---

[23]Stellt man die Matrix **D** als Produkt zweier Matrizen dar, mit

$$\mathbf{D} = \mathbf{P} \cdot \mathbf{E}^T = \begin{pmatrix} p_{11} & \cdots & p_{1k} \\ \vdots & & \\ p_{m1} & \cdots & pmk \end{pmatrix} \begin{pmatrix} e_{11} & \cdots & e_{1k} \\ \vdots & & \\ e_{n1} & \cdots & enk \end{pmatrix}^T,$$

dann sind die Koeffizienten e_{jq} mit $i = 1 \ldots n$, $q = 1 \ldots k$ die Ladungen (Gewichte) des q-ten nichtbeobachteten Faktors P_q bezüglich des j-ten beobachteten Merkmals. Diese Koeffizienten bezeichnet man als Faktorladungen und deren Matrix als Ladungsmatrix. Vgl. dazu HARTUNG & ELPELT (1989), S. 508.

6.2. EIGENE UNTERSUCHUNGEN

Die Matrix **E** besteht aus den Eigenvektoren der Korrelationsmatrix von **D**. Damit können die Hauptachsen bestimmt werden. Es stellt sich nun die Frage, ob man PCA als Pre-Processing-Verfahren anwenden soll, um dem KNN nur die relevanten Informationen anzubieten, oder ob dies dem KNN selbst überlassen werden soll.

> ... with a simple modification of the basic learning rule for perceptrons [...], the neuron will adjust its weights in such a way that the set of weights it finally adopts is in fact the largest eigenvector of the correlation matrix of the input data.

Damit ist der Output eines Neurons die erste Hauptachse der Daten- bzw. Input-matrix. Dies wurde in OJA (1982) bewiesen. HERTZ et al. (1991) heben hervor, daß der Vorteil von PCA in der Reduktion der Variablen liegt. Dadurch können Cluster leichter ausfindig gemacht werden. Da das KNN nach Clustern sucht, kann praktisch der Suchaufwand des KNN reduziert werden. Der Hauptvorteil von PCA liegt somit in der geringeren Laufzeit des KNN. Dieser Vorteil kann bei sehr großen Datenmengen, wie z.B. in der Bildverarbeitung, enorm ausgenutzt werden.

6.2.1.2 Normalisierung

Die Normalisierung bezieht sich auf die Transformation der Input- und Output-Daten von ihrer ursprünglichen zu einer neuen Skala. Dies ist erforderlich, weil sowohl für die Input- als auch für die Outputwerte bestimmte Bedingungen genügen müssen, um die Funktionsapproximation mit dem Netz zu ermöglichen. Backpropagation bearbeitet nur Inputwerte, die im Intervall [0,1] liegen. Deshalb muß der Definitionsbereich der exogenen Variablen auf dieses Intervall normiert werden. Ist der Definitionsbereich allerdings sehr groß, liegen die Inputwerte sehr dicht zusammen. Die Propagierung ähnlicher Inputwerte durch die verdeckten Schichten mittels Transferfunktionen führt dazu, daß die geringe Inputdiversifizierung zum gleichen Output führt. Damit das Netz die Inputwerte besser unterscheiden kann, wird die Dimensionalität des Inputraums erhöht.

Die Divergenz der Inputvektoren ist maximal, wenn sie orthogonal sind. Die Forderung nach Orthogonalität der Inputvektoren ist allerdings kaum zu erfüllen, wenn man stetige Inputräume hat. Deshalb reicht es bereits, wenn die Inputwerte 'genügend' orthogonal sind [SCHMITTER (1991)]. Der Grad der notwendigen Orthogonalität hängt dabei von der zu approximierenden Funktion ab. Hat man über die zugrundeliegende Funktion allerdings keine Information, so muß man verschiedene Codierungsformen ausprobieren. Interessant ist in diesem Zusammenhang die Frage, inwieweit verschiedene Codierungsalternativen die Problemlösung beeinflussen. KNN können aufgrund der Aktivierungsfunktion nur Werte zwischen bestimmten Intervallen verarbeiten. Deshalb können viele Codierungsvarianten nicht verwendet werden. Dazu gehört beispielsweise die folgende Variante:

$$\tilde{Y}_{(t)} = \frac{Y_{(t)} - \bar{Y}}{s_Y}. \tag{6.9}$$

Hier bezeichnet $\bar{Y}_{(t)}$ den Mittelwert der Reihe und s_Y die Standardabweichung. Mit dieser Normalisierungsvariante werden die Inputwerte auf eine gleiche mittlere Signalvariabilität transformiert. Allerdings können hier Werte außerhalb des Intervalls [0, 1] enstehen, die nicht verarbeitet werden können[24].

Eine Alternative, mit der man die Intervallgrenzen angeben kann, in denen sich die skalierte Zeitreihe bewegen soll, ist in Gleichung 6.10 aufgezeigt. Sie wird von REFENES (1995) bevorzugt.

$$\begin{aligned}
\tilde{Y}_{(t)} &= SCALE * Y_{(t)} + OFFSET \\
SCALE &= \frac{MAX - MIN}{Y_{\max} - Y_{\min}} \\
OFFSET &= MAX - \frac{MAX - MIN}{Y_{\max} - Y_{\min}} Y_{\max} \\
MAX &= 0.99 \\
MIN &= 0.01
\end{aligned} \tag{6.10}$$

Dabei ist $\tilde{Y}_{(t)}$ der skalierte Output, und $Y_{(t)}$ der ursprüngliche nichtskalierte Wert. MAX und MIN sind die Ober- und Untergrenze des skalierten Bereichs, während $Y_{\max}$ den größten und $Y_{\min}$ den kleinsten Wert der originären Reihe darstellen.

Wählt man in Gleichung 6.10 die Intervallgrenzen MAX = 1 und MIN = 0, so erhält man die folgende Normierung, die von REHKUGLER & ZIMMERMANN (1994) verwendet wird:

$$\tilde{Y}_{(t)} = \frac{Y_{(t)} - Y_{\min}}{Y_{\max} - Y_{\min}} \tag{6.11}$$

Bei dieser [0, 1]-Normierung bezeichnen $Y_{\min}$ und $Y_{\max}$ jeweils das Minimum und das Maximum der Zeitreihe. Skalierungen der Form von Gleichung (6.10) oder Gleichung (6.11) haben jedoch den Nachteil, daß sie von den Ausreißern der Zeitreihe bestimmt werden. Somit können wenige Extremwerte dazu führen, daß das normale Inputsignal zu einer Konstanten wird. Der Vorschlag von GRINO (1992), die Extremwerte um einen gewissen Prozentsatz zu reduzieren, versucht diesen Nachteil zu mildern.

Es gibt eine Reihe weiterer alternativer Normierungsvarianten, auf deren Aufzählung hier verzichtet wird. Zur weiteren Ergänzung wird auf REHKUGLER & ZIMMERMANN (1994) verwiesen.

---

[24]Wegen der Verwendung der logistischen Aktivierungsfunktion in der Ausgabeebene können nur Werte innerhalb des Intervall [0,1] verwendet werden.

6.2.1.3 Eliminierung korrelierter Inputwerte

Durch die Verwendung vieler Inputwerte, die aus einer großen Zahl von Beobachtungszeitreihen resultieren, oder wegen der Verwendung von Indikatoren, die aus einzelnen Zeitreihen abgeleitet werden, kann es zu einer starken Korrelation der Inputwerte untereinander kommen. Korrelierte Daten bedeuten jedoch keine zusätzliche Information für das Netz. Vielmehr reduzieren sie die Konvergenzgeschwindigkeit des Lernverfahrens wegen der großen Datenmenge. Nimmt man weiter an, daß die einzelnen Zeitreihen zusätzlich zu ihrem Signal auch Rauschen beinhalten, so ist es für das Netz umso problematischer herauszufinden, welcher der sehr ähnlichen Inputs einen eigentlichen bzw. wesentlichen Erklärungsbeitrag zur Modellbildung liefert. Hat man zwei stark korrelierte Inputreihen gefunden, kann man eine beliebige Reihe entfernen. Ein Kriterium für die Selektion der Reihe könnte auch die Komplexität eines Indikators sein. Von zwei korrelierten Reihen sollte man diejenige entfernen, deren Bildung am kompliziertesten war. Dieses Vorgehen erleichtert die Interpretierbarkeit des Modells. Problematisch bei dieser Vorgehensweise ist allerdings die Festlegung der konkreten Größe des Koeffizienten, ab der zwei Reihen korreliert sind und somit redundante Informationen für das Netz beinhaltet. Weiterhin sind diese statistischen Größen global und gelten für die komplette Trainingszeitreihe. Lokal, d.h. über bestimmte Zeitintervalle, können die Reihen durchaus unkorreliert sein. Dies würde bedeuten, daß man eine zusätzliche Analyse auf der Basis kurzfristig rollierender Zeitfenster benötigen würde. Zudem kann eingewendet werden, daß stets nur zwei Inputreihen betrachtet werden. Um dies zu verhindern, muß man sich komplexerer Verfahren wie beispielsweise der Hauptachsentransformation bedienen. Ziel dieser Transformation ist die Kompression aller Inputs auf eine minimale Zahl notwendiger Informationen.

6.2.1.4 Bestimmung der Inputvariablen

Die Auswahl der Inputvariablen des Netzes richtet sich nach der Art der Prognose und nach dem Prognosehorizont. Je nach Problemstellung können sowohl quantitative als auch qualitative[25] Variablen benutzt werden. Nicht alle Daten sind problemlos verfügbar. Bei der Verwendung verschiedener Inputdaten stellt sich das Problem der unterschiedlichen Periodizitäten der Daten. Je nach Periodizität der Daten können bestimmte Prognosehorizonte nicht modelliert werden. Eine minimale Anforderung an die Inputdaten ist, daß sie in einem Zeitraster vorliegen, der dem Prognosehorizont entweder entspricht oder sogar kleiner ist. Wird diese Anforderung nicht erfüllt, müssen die Daten, die in einem großen Zeitraster vorliegen, in das gewünschte kleinere Zeitraster interpoliert werden. Dabei sollte die Zahl der interpolierten Werte nicht die der in der richtigen Periodizität vorliegenden

---

[25]Voraussetzung für die Verwendung qualitativer Daten ist deren Skalierung in quantitative Werte. Mit der Verarbeitung qualitativer Daten beschäftigt sich u.a. SCHMIDT & MAY (1993).

Zeitreihen übersteigen, da die interpolierten Werte über mehrere Zeiteinheiten hinweg keine neuen Informationen beinhalten. Im Rahmen eines Inputoptimierungsverfahrens können diese Inputreihen sehr schnell als nichtsignifikant ausgeschlossen werden.

Eine weitere Anforderung, die an die Daten gestellt wird, ist eine ausreichende Mindestlänge der Zeitreihen. Die Daten, mit denen das Netz trainiert wird, müssen einen derart großen Umfang haben, daß die Struktur, die das Netz lernen muß, in den Daten vorkommt. Ideal wäre es, dem Netz alle entscheidungsrelevanten Phasen des Marktes zu präsentieren. Um die Prognoseergebnisse nicht zu verzerren oder gar zu verfälschen, sollten die Trainingsdaten nicht für die Prognosetests verwendet werden. Deshalb ist auch hier ein genügend großer Umfang der Daten erforderlich.

Alle aufgezählten Anforderungen werden von den Indikatoren der technischen Aktienanalyse optimal erfüllt. Da technische Indikatoren aus der Zeitreihe der Aktie selbst ermittelt werden, ist ihre Periodizität manipulierbar. Die Längen der Indikatorenzeitreihen sind in der Regel bedingt durch Lags nur geringfügig kleiner als die der Aktie. Damit ist das Problem der Datenmenge gelöst, wenn die Länge der originären Zeitreihe hinreichend lang ist.

Als Input sollten nur relevante Informationen dienen. Als relevant kann eine Inputinformation immer dann eingestuft werden, wenn sie für den gewünschten Output einen Erklärungsbeitrag leistet. Dies gilt insbesondere für Indikatoren mit Leading-Eigenschaften. Doch gerade für den Aktienmarkt sind diese Indikatoren sehr schwer ausfindig zu machen, da der Aktienmarkt selbst eine Leading-Funktion hat. So sind die meisten fundamentalen Konjunkturindikatoren wie Bruttosozialprodukt, Zahl der Erwerbstätigen, etc. in der Regel als Leading-Faktoren ohne Bedeutung, da sie der Aktienmarktentwicklung hinterherlaufen. Jedoch werden trotzdem viele Indikatoren an der Börse als Entscheidungsgrundlage verwendet. Ein großer Teil der Marktentscheidungen wird auf der Basis technischer Indikatoren getroffen. Es ist zunächst nicht wichtig, ob es sich bei diesen aus der Zeitreihe selbst ermittelten Indikatoren tatsächlich um Leading-Indikatoren handelt. Allein die Tatsache, daß sich eine große Zahl von Marktteilnehmern nach ihnen richtet, macht sie als Inputfaktoren für ein neuronales Netz interessant. Die Beliebtheit technischer Indikatoren begründet sich nicht zuletzt in ihrer relativ einfachen Ermittlung. So kann sich jeder Marktteilnehmer innerhalb kürzester Zeit eine große Informationsbasis schaffen, während die Beschaffung fundamentaler Informationen mit einem erheblich größeren Aufwand verbunden ist. Zudem ist die fundamentale Informationsflut so groß und die Wirkungszusammenhänge so komplex, daß man ohne Übertreibung von einer Flucht der Marktteilnehmer in einfache Systeme sprechen kann.

Als Konklusion der obigen Überlegungen werden für die Modellbildung die folgenden technischen Indikatoren herangezogen, die in MURPHY (1986) und KAUFMAN (1978) beschrieben sind:

6.2. EIGENE UNTERSUCHUNGEN

1. Relative Stärke Indikator (RSI) nach Wilder,

2. Momentum,

3. gleitende Durchschnitt (Moving Average),

4. Oszillator aus zwei gleitenden Durchschnitten (MA_{20} - MA_{10}),

5. $MACD_{19,20}$,

6. $Signal_{10,20,20}$ und

7. Advance Decline Line.

Diese Indikatoren können mit unterschiedlichen Lags gebildet werden. Es gibt jedoch allgemein benutzte Werte für diese Lags, auf die hier zurückgegriffen wird. Die verwendeten Lags sind 9- und 14-Tage beim RSI, 10-Tage beim Momentum und 38- und 200-Tage beim Moving Average. Der Vorteil der technischen Indikatoren ist nicht nur die relativ leichte Verfügbarkeit. Ebenso wichtig ist ihre Bedeutung auf den Finanzmärkten. In ZURVERTH (1994), S. 113, wird in einer empirischen Studie festgestellt, daß 69% der Anlageberater und Portfoliomanager technische Indikatoren verwenden. Tabelle 6.3 zeigt einen Auszug der Ergebnisse von ZURVERTH (1994), S. 115.

Tabelle 6.3: Bekanntheitsgrad von technischen Indikatoren

Technische Indikatoren	Bekanntheitsgrad in % der Befragten	Anwendungshäufigkeit in % der Bekanntheitshäufigkeit
Moving Average	91.2	100
Advance Decline Line	91.2	98
Momentum	76.8	91.9
Oszillator	52.7	86.2

Unter den Befragten wurden die bekanntesten technischen Indikatoren ermittelt. Am bekanntesten ist der MA, den 91.2% der Befragten kennen und alle wenden diesen auch für die Analyse an. Tabelle 6.3 zeigt, daß sofern ein Indikator bekannt ist, dieser auch sehr häufig eingesetzt wird.

6.2.1.5 Einteilung der Daten in Teilmengen

Für das Netztraining benötigt man zunächst eine Teilmenge der gesamten Daten als Trainingsmenge. Mit diesen Daten wird das Netz bis zu einem gewünschten Punkt trainiert[26]. Um die Qualität des Prognosemodells zu analysieren, benötigt man weiterhin eine Testmenge. In ernstzunehmenden Untersuchungen sind Trainings- und Testmenge disjunkt. Dies muß auch zwingend vorausgesetzt werden, denn es ist klar, daß ein KNN auf der Basis der Trainingsmenge die besten "Prognosen" liefert. Jedoch kann man in diesem Zusammenhang nicht von Prognose sprechen. Vielmehr handelt es sich hierbei um eine Reproduktion der gelernten Strukturen. Die Prognose selbst wäre der Transfer von gelernten Strukturen auf unbekannte Daten, um diese vorherzusagen.

Zur Lösung des Problem des Overlearnings wird die Testmenge selbst in zwei weitere Untermengen *Validierungs-* und *Generalisierungsmenge* aufgeteilt. Damit wird vermieden, daß die Prognoseergebnisse verfälscht werden. Die Validierungsmenge wird für die Fehlerrückberechnung in die Trainingsphase direkt miteinbezogen. Mit ihr soll festgestellt werden können, ob in der Trainingsmenge ein Overlearning-Effekt einsetzt, während die Generalisierungsmenge die eigentliche Prognosefähigkeit des KNN testen soll. Die Bedeutung der Datenaufteilung im Hinblick auf die Untersuchungsergebnisse sollte nicht unterschätzt werden. Häufig sind Untersuchungen wegen falscher Dateneinteilung wenig aussagefähig.

Für jeden Untersuchungsdurchlauf (Sample) wurden drei Teilmengen gebildet. Die Daten bestehen ausschließlich aus Tageskursen. Der gesamte Datenbestand betrug 2562 Daten. Somit war ein großer Spielraum bei der Bestimmung der Teilmengengrößen gegeben. Die Größeneinteilung der Datenmengen wurde wie folgt variiert:

- Trainingsmenge
    - 1000
    - 700
    - 500
- Validierungsmenge
    - 300
    - 200
    - 100
- Generalisierungsmenge

---

[26]Die Anzahl der Trainingszyklen ist eine sehr problematische Größe. Sie ist maßgebend für Erfolg und Mißerfolg des KNN.

6.2. EIGENE UNTERSUCHUNGEN

— 100

— 50

Die Gesamtdatenmenge konnte demnach in folgende Samples unterteilt werden:

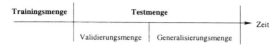

Abbildung 6.2: Trainings-, Validierungs- und Generalisierungsmenge

Dabei wurde jede der aufgeführten Teilmengengrößen mit jeder anderen getestet. Demnach sind 18 Möglichkeiten gegeben, Trainings-, Validierungs- und Generalisierungsmenge miteinander zu kombinieren. Wurde beispielsweise die Mengeneinteilung 1000-200-50 für ein Sample gewählt, so bildeten die ersten 1000 Daten die Trainingsmenge. Für die Validierungsmenge wurden die darauffolgenden 200 Tagesdaten verwendet, und als Generalisierungsmenge dienten die letzten 50 Daten. Die einzelnen Datenmengen waren demnach strikt disjunkt.

Um die zur Verfügung stehende Datenmenge möglichst effizient auszunutzen, wurde mit der jeweils festgelegten Mengeneinteilung die größtmögliche Anzahl Samples gebildet[27].

Die Modellentwicklung wurde nach dem folgenden Algorithmus ausgeführt:

1. Lerne die Struktur der Trainingsmenge mit 500 Epochen.

2. Berechne das Gütekriterium[28] der Validierungsmenge mit der gelernten Struktur.

3. Speichere die gelernte Struktur.

4. Lerne mit weiteren 500 Epochen die Struktur der Trainingsmenge.

5. Berechne mit der gelernten Struktur das Gütekriterium der Validierungsmenge.

6. Wenn sich das neue Gütekriterium der Validierungsmenge verbessert hat, gehe zu Punkt 3.

---

[27] Bei einer Mengeneinteilung von 1000-200-50 konnten insgesamt zwei Samples gebildet werden, die zusammen 2500 Daten benötigten. Somit würde man bei dieser Mengeneinteilung nur 2562-2500 = 162 Tagesdaten der Datenbasis nicht verwenden können.

[28] Als Gütekriterium können verschiedene Kennzahlen verwendet werden. In vielen Untersuchungen wird das R^2 als Gütekriterium verwendet

7. Hole die zuletzt gespeicherte Struktur und wende sie auf die Generalisierungsmenge an.

6.2.1.6 Abbruchbedingung für das Lernen

Der Abbruchbedingung kommt eine große Bedeutung zu, denn sie beeinflußt die Generalisierungsfähigkeit eines KNN. Unter der Voraussetzung, daß ein KNN zu einem Minimum konvergiert, nimmt mit zunehmender Trainingsdauer der Netzfehler ab. Das KNN lernt die Trainingsmuster immer besser. Mit zunehmender Trainingsdauer wird das KNN immer mehr auf die Trainingsmenge fixiert. Das Ergebnis wird eine optimale Reproduktion der Trainingsmenge sein, verbunden mit einer sehr schlechten Verallgemeinerungsfähigkeit des KNN.

Abbildung 6.3 zeigt die Fehlerentwicklung von Trainings- und Validierungsmenge über die Epochen hinweg. Der optimale Punkt, um das Training zu beenden, ist dort erreicht, wo der Netzfehler der Validierungsmenge sein Minimum erreicht. Wird das Netz ab diesem Punkt weiter trainiert, verringert sich zwar der Netzfehler bezüglich der Trainingsmenge weiterhin, aber die Verallgemeinerungsfähigkeit des Netzes nimmt ab (*Overlearning-Problem*).

Abbildung 6.3: Fehler der Trainings- und Validierungsmenge

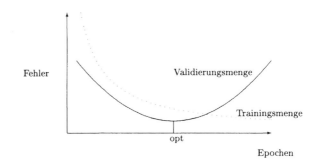

Zur Lösung des *Overlearning*-Problems wird in der Literatur die *Cross Validation* Vorgehensweise gewählt[29]. Da für die vorliegende Arbeit auf eine verhältnismäßig große Datenmenge zugegriffen werden konnte, wurde nicht von *Cross Validation* Gebrauch gemacht[30]. Vielmehr wurde eine an die Trainingsmenge zeitlich anschließende Datenmenge

---

[29] siehe 1.3.1.2
[30] *Cross Validation* ermöglicht eine effiziente Ausnutzung des vorhandenen Zahlenmaterials. Da aber die

6.2. EIGENE UNTERSUCHUNGEN

als Validierungsmenge gewählt[31].

In den meisten Arbeiten wird das Training dann abgebrochen, wenn der Netzfehler, in den meisten Fällen der MSE, in der Validierungsmenge nicht mehr fällt. Das Abbruchkriterium muß aber nicht zwingend der Netzfehler (MSE oder MAE) sein. Vielmehr haben eigene Tests gezeigt, daß die Generalisierungsfähigkeit eines KNN verbessert werden kann, wenn die Abbruchbedingung individuell aus dem Problem selbst bestimmt wird. Dazu wurde in der Validierungsmenge nicht der Netzfehler berechnet sondern die Trefferquote, wenn das Netz eine Steigt-Fällt-Prognose erstellen sollte. Das Netz wurde dann solange trainiert, bis die Trefferquote in der Validierungsmenge anfing, sich zu verschlechtern. Weitere Abbruchkennzahlen waren die Rendite oder die Anzahl der richtig klassifizierten Richtungsänderungen.

Das Training wurde so teilweise über das Minimum der Fehlerfunktion der Validierungsmenge hinweg trainiert, ohne daß ein nachteiliges *Overlearning* stattfand. Ebenso häufig wurde das Training lange vor Erreichung des Fehlerminimums abgebrochen. Die Ergebnisse waren oft besser als bei Verwendung des MAE oder MSE-Minimums[32].

Der Lernprozeß des Netzes wurde in zwei Gruppen unterteilt. In der ersten Gruppe wurde die einmal festgelegte Struktur des Netzes während der gesamten Untersuchung nicht mehr geändert. Diese Vorgehensweise wurde in der zweiten Gruppe aufgegeben. Hier wurde mit Pruning-Verfahren in die Netzwerkstruktur eingegriffen. Dabei wurden die Gewichtsausdünnungsverfahren *optimal brain damage*[33] und *optimal brain surgeon*[34] verwendet. Nach jeder Trainingseinheit wurde geprüft, ob eine Ausdünnung des Netzes möglich war, und gegebenenfalls wurde eines der Ausdünnungsverfahren angewendet. Dies hatte zur Folge, daß vor Anwendung des Netzes auf die Testmenge nicht nur -wie in der ersten Gruppe- die Gewichte sondern auch deren Anzahl verändert wurden.

6.2.1.7 Bestimmung des Netzwerkdesigns

Bei Verwendung eines KNN muß die richtige Netzwerkstruktur gefunden werden, die zu dem Problem paßt. Es muß sowohl die Dimension der Ein- und Ausgabeschicht als auch die Anzahl sowie Dimensionen der verdeckten Schichten ermittelt werden. KNN haben keine

---

Validierungsmenge aus dem Zeitraum der Trainingsmenge stammt, ist diese Vorgehensweise nicht ganz unproblematisch. Zudem werden aus der Trainingsmenge zufällig Pattern ausgewählt, die die Testmenge darstellen. Dadurch geht eine sehr wichtige Information verloren, nämlich die zeitliche Entwicklung einer Zeitreihe.

[31] siehe Abschnitt 6.2.1.5
[32] Dem erstellten Programm kann die Abbruchbedingung über die Kommandozeile übergeben werden. In einem Durchlauf können mehrere Abbruchbedingungen gleichzeitig getestet werden.
[33] vgl. Abschnitt 2.2.3.5
[34] vgl. Abschnitt 2.2.3.6

einheitliche Struktur. Vielmehr muß man einzelne Bestandteile zu einem Netzwerk zusammenfügen. Ist die Netzwerkkomplexität zu klein, wird das Netz auch keine komplexeren Influenzen von Eingangsparametern modellieren können. Ist die Netzwerkkomplexität zu groß, kann dies zu einer Überanpassung des Netzes an die Trainingsmenge kommen, ohne daß das KNN strukturstabile Informationen aus den Trainigsdaten gewinnt. Da der Bestimmung des Netzwerkdesigns eine zentrale Bedeutung zukommt, sind viele Konzepte entwickelt worden. Die dazu benötigten Grundlagen wurden bereits in Kapitel 2 erläutert.

6.2.2 Lernprozeß des Netzes

Während das komplette Pre-Processing durch ein eigenes Programm realisiert wurde, konnte im Rahmen der KNN-Simulation auf ein bestehendes Programm zurückgegriffen werden, dessen Einzelkomponenten in das eigene Programm aufgenommen wurden. Das Programm ist das SNNS Version 4.1[35] vom Institut für Parallele und Verteilte Höchsleistungsrechner der Universität Stuttgart. SNNS bietet den Vorteil, daß es im Quellcode vorliegt. Damit war es auch möglich, bestimmte Routinen des Programms zu verändern und individuell anzupassen[36]. Die Simulationen wurden ausschließlich im Batchmodus ausgeführt, obwohl das SNNS auch im interaktiven Modus betrieben werden kann. Der Zeitaufwand wäre allerdings um ein Vielfaches gestiegen. Über ca. sechs Monate hinweg konnte die Simulation rund um die Uhr auf einer IBM RS 6000/530 und einem Sparc 10 Clone parallel laufen. Als Lernverfahren konnte auf folgende in SNNS implementierte Algorithmen zurückgegriffen werden:

1. Backpropagation,

2. Backpropagation Momentum,

3. Backpropagation Weight Decay,

4. Resilient Propagation,

5. Backpercolation,

---

[35] Die Beschreibung von SNNS ist Gegenstand von Kapitel 3.

[36] Obwohl es sich beim SNNS um einen sehr leistungsfähigen KNN-Simulator handelt, war auch dieses Programm nicht frei von Programmierfehlern. In diesem Zusammenhang war es natürlich besonders vorteilhaft, über den Quellcode zu verfügen, um Korrekturen vornehmen zu können. Zudem konnte eine Reihe von undokumentierten Funktionen nur mit dem Programmlisting ausfindig gemacht werden, da sie im Handbuch überhaupt nicht erwähnt sind. Dies war im besonderen Maße für die Verwendung von "*batchman*" wichtig, da es mit dem im Handbuch beschriebenen Instrumentarium nicht möglich ist, den Cascade Correlation Algorithmus im Batchmodus auszuführen.

6.2. EIGENE UNTERSUCHUNGEN

6. Quickprop und

7. Cascade Correlation.

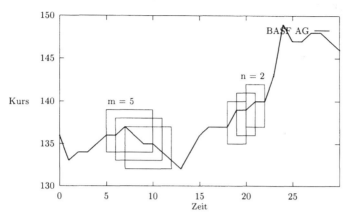

Abbildung 6.4: Windowing

6.2.2.1 Präsentation der Daten an das Netz

Eine wichtige Aufgabe des Pre-Processings ist u.a. die Bestimmung der Datenpräsentation. Dabei geht es um die Bestimmung rollierender Zeitfenster, mit denen dem Netz die zu lösende Problematik mitgeteilt wird. Dieses Vorgehen wird allgemein als *Windowing* bezeichnet. Beim *Windowing* wird die Länge der Zeitintervalle (bzw. Anzahl der Zeiteinheiten) festgelegt, die den Output bestimmen. Dazu verwendet man ein Beobachtungs- und ein Prognosefenster. Die Werte des Beobachtungsfensters sollen alle nötigen Informationen für die Prognose der Werte im Prognosefenster beinhalten. Für die Modellbildung werden 5-Tages-Fenster benutzt, was jeweils einer Handelswoche entspricht. Somit bestimmen immer jeweils fünf Tage einen Outputwert. Abbildung 6.4 zeigt eine mögliche Einteilung der Zeitfenster. m steht für die Anzahl der Beobachtungen, die notwendig sind, um die Anzahl der Outputs n zu prognostizieren. Für die vorliegende Arbeit wurde stets $n = 1$ gewählt.

Zu jedem dieser fünf Tage liegt eine gewisse Anzahl von Inputvariablen vor, so daß die Anzahl der Inputzellen immer ein Vielfaches von fünf sein muß. Wählt man beispielsweise den RSI, MA, MACD und den Kurs der Aktie als Input, hat man für jede Inputvariable ihre Ausprägungen der letzten fünf Tage. Damit beträgt die Dimension des Inputvektors 20x1. Die Zeitfenster für die einzelnen Inputindikatoren können durchaus variieren. Nimmt man beispielsweise einen sehr kurzfristigen Indikator wie das Momentum, ist es nicht sinnvoll, länger zurückliegende Perioden zu betrachten, während dies für die Moving-

Average-Auswertung durchaus sinnvoll sein kann. Das erstellte Programm erlaubt zwar eine Variation der Fenstergröße, allerdings gilt die festgelegte Fenstergröße für alle Inputvariablen. Eine individuelle Veränderung der Zeitfenster für einzelne Inputvariablen würde dazu führen, daß eine große Anzahl verschiedener Netzstrukturen konzipiert werden müßte.

Zusätzlich zur Fenstergröße konnte der Lag zwischen Beobachtungs- und Prognosefenster bestimmt werden. Somit kann die Verzögerung manipuliert werden, mit der die beobachteten Indikatoren auf den Prognosewert wirken[37].

6.2.2.2 Performancemessung der KNN

Wie in Abschnitt 6.2.1.6 erwähnt, wurde das Training abgebrochen, sobald eine Abbruchbedingung erfüllt wurde. Diese auf die Validierungsmenge angewandte Abbruchbedingung kann zugleich das Gütekriterium der Prognose sein, wenn sie auf die Generalisierungsmenge angewendet wird. Die Performance der Prognose wurde anhand verschiedener Größen gemessen, die in statistische[38] und ökonomische Größen[39] eingeordnet wurden.

6.2.2.3 Bestimmung der Parameter für die einzelnen Lernregeln

Die KNN-Parameter können individuell für jede Lernregel eingestellt werden. Die Festlegung ihrer Werte ist nicht deterministisch bestimmt. Häufig werden diese Werte experimentell oder willkürlich festgelegt. In dieser Arbeit wurde der Versuch unternommen, diese Parameter durch evolutionstheoretische Algorithmen bestimmen zu lassen. Dazu wurde ein C++-Programm geschrieben, das alle Parameter eines KNN als Gene betrachtet und unter den daraus gebildeten Phänotypen mit evolutionsstrategischen Optimierungsverfahren das KNN mit den besten Genen bestimmt[40]. Das Ergebnis war also stets eine Parameterkonstellation für ein KNN, das anderen KNN überlegen war.

Zur Bestimmung der optimalen Parameter wurde eine Populationsgröße von zehn KNN gewählt. Die Dimensionierung der Population sollte nicht zu klein gewählt werden, weil durch eine zu geringe Anzahl von Individuen (KNN) die Vielfältigkeit nicht gegeben ist und sich damit die Auswahl der besten Individuen auf wenige beschränkt. Eine zu große Populationsgröße ist allerdings auch nicht erstrebenswert, weil man für jedes Individuum sehr lange braucht, bis seine Fitneß ermittelt werden kann. Es muß dabei beachtet werden, daß alle Individuen über alle Generationen trainiert werden müssen. Dabei muß in jeder Generation die Fitneß aller Individuen ermittelt werden.

---

[37]Diese Eigenschaft kann für hochfrequente Daten ausgenutzt werden.
[38]vgl. Abschnitt 5.5.1
[39]vgl. Abschnitt 5.5.2
[40]Eine Beschreibung des Programms wird in Kapitel 2 gegeben.

6.2. EIGENE UNTERSUCHUNGEN

Die Suche nach der optimalen Paramterkonstellation wurde nach fünf Generationen abgebrochen. Die Parameter der besten am Schluß übriggebliebenen KNN wurden für die weitere Untersuchung verwendet. In den Tabellen 6.4-6.10 sind alle verwendeten Parameter festgehalten. Im Tabellenkopf sind jeweils die Wertebereiche der jeweiligen Parameter angegeben, deren Funktion bereits in Abschnitt 1.2.7.2 erläutert wurde.

Tabelle 6.4: Backpropagation

Lernrate $\eta(0.1\ldots 1.0)$	Toleranz $d_{\max}(0, 0.1, 0.2)$
0.2	0
0.2	0.1

Tabelle 6.5: Backpropagation Weight Decay

Lernrate $\eta\ (0.1\ldots 1.0)$	Momentum $(0\ldots 0.25)$	$d_{\max}$
0.2	0.02	0
0.2	0.02	0.1

Tabelle 6.6: Backpropagation Momentum

Lernrate $\eta\ (0.1\ldots 1.0)$	Momentum $\mu\ (0\ldots 1.0)$	c $(0\ldots 0.25)$	$d_{\max}$
0.3	0.8	0	0
0.3	0.8	0.1	0
0.2	0.4	0.1	0.1

Tabelle 6.7: Quickprop

Lernrate η (0.1...0.3)	max. Gewichtsänderung μ (1.75...2.25)	weight decay v 0, 0.0001	$d_{\max}$
0.2	1.9	0	0
0.1	2.1	0	0

Tabelle 6.8: Backpercolation

Lernrate λ (1...10)	max. Gewichtsänderung Θ	$d_{\max}$
1.0	0.2	0
2.0	0.4	0

Tabelle 6.9: Resilient Propagation

Startwert $\triangle_{ij}$	delta$_{\max}$	α
0.4	40	4
0.8	40	4

Tabelle 6.10: Cascade Correlation

Lernrate η_1	max. Gewichtsänderung μ_1	c	weight decay v	$d_{\max}$
0.0001	2.0	0.0001	0.0007	2

6.2. EIGENE UNTERSUCHUNGEN

6.2.3 Post-Processing

6.2.3.1 Rückskalierung der Daten

Die Rückskalierung soll die zuvor im *Pre-Processing* durchgeführte Skalierung[41] rückgängig machen. Diese Rücktransformation der Kurse ist für die Ermittlung der Trefferquoten nicht erforderlich, da sich das Ergebnis nicht ändert. Im Gegensatz dazu muß aber sowohl für die Ermittlung der Prognoserenditen als auch für den Vergleich von prognostizierten und tatsächlichen Kursen der prognostizierte Kurs zurückskaliert werden. Technisch ist dieser Vorgang unproblematisch. Allerdings sind die Folgen einer solchen Rücktransformation nicht zu vernachlässigen. Die meisten Skalierungstechniken lassen typische Merkmale der zu skalierenden Daten in die Skalierung einfließen. Dazu gehören beispielsweise der maximale oder minimale Wert[42] oder die Standardabweichung[43] einer Zeitreihe. Da sich aber die Rücktransformation über einen anderen Zeitraum erstreckt als zuvor die Skalierung und die Zeitreihen einer ständigen Veränderung unterliegen, sind die bei der Skalierung verwendeten Größen nicht mehr gültig. Es wäre wohl eher zufällig, wenn Minimal- und Maximalwert der Trainingsmenge gleichzeitig auch Grenzwerte der Validierungs- sowie Generalisierungsmenge wären. Als Konsequenz dieser Problematik kann man keine MSE oder MAE zwischen prognostiziertem und tatsächlichem Wert ermitteln. Das bedeutet aber auch, daß man keine Vergleiche zwischen KNN und beispielsweise ökonometrischen Verfahren anstellen kann. Man kann sich nur damit behelfen, daß man die tatsächlichen Grenzwerte der Testmenge nimmt. Diese sind bekannt, da die Untersuchung eine ex-post Betrachtung ist. Zwar verwendet man zukünftige Informationen, die zum Zeitpunkt der Rückskalierung in realiter nicht vorliegen, allerdings werden die Prognoseergebnisse dadurch nicht beeinflußt, da nur Zustände nach erfolgter Prognose gemessen wurden.

6.2.3.2 Auswertung

Nach Abschluß des *Main-Processing* und der Rückskalierung lagen pro Handelstag der Generalisierungsmenge zwei Kurse vor: der prognostizierte und der tatsächliche Kurs. Abbildung 6.5 stellt die tatsächliche und die prognostizierte Kursentwicklung gegenüber. In der Auswertungsphase wurden alle Größen berechnet, die für die Ermittlung der Ergebnisse erforderlich waren[44].

---

[41] vgl. Abschnitt 6.2.1.2
[42] vgl. Skalierungsvorschrift 6.10
[43] vgl. Skalierungsvorschrift 6.9
[44] vgl. Abschnitt 6.2.4

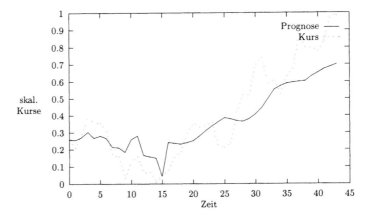

Abbildung 6.5: Kursentwicklung und Prognose

6.2.4 Ergebnisse der Aktienkursprognosen

Die Ergebnisse der Untersuchungen werden in den nächsten Abschnitten für die jeweiligen Lernregeln zusammengefaßt. Alle Aktien waren über den Zeitraum von 10 Jahren mit verschiedenen Samples Gegenstand der Untersuchung. Durch die in Abschnitt 6.2.1.5 beschriebene Datenaufteilung wurden pro Lernregel 26 Samples gebildet.

Die Geschwindigkeit der Verfahren ließ sich durch die Anwendung von Optimierungsstrategien im Durchschnitt um 16% reduzieren[45]. Sowohl beim *RProp* als auch beim *Bp* konnten nach Durchführung eines Gewichtsprunings und einem daran anschließenden Inputpruning auf diverse Inputzeitreihen verzichtet werden. Diese wurden von dem KNN nicht als relevant erachtet bzw. durch Nullen der Gewichte nicht weiter betrachtet. Mit diesem Pruning fielen der *MACD* und der kurzfristige *MA* aus. Die Gründe dafür sind darin zu sehen, daß die Korrelation zwischen dem *MA(200)* und dem *MA(30)* sowie dem *MACD* sehr groß ist. Dadurch entsteht dem KNN durch Eliminierung der beiden gesamten Input-Zeitreihen kein Informationsverlust. Die Entscheidung für eine der drei Zeitreihen, die zugunsten des *MA(200)* ausfiel, wurde vom Verfasser vorgenommen und ist damit begründet, daß dieser Indikator in der Praxis häufig vorzufinden ist.

Das Gewichtspruning selbst bewirkte im Vergleich zum Inputpruning keine nennenswerten bzw. meßbaren Geschwindigkeitsvorteile beim Lernen des Netzes.

---

[45] Die Zeitmessung für die Lerndauer eines KNN läßt sich durch die Verwendung von Log-Dateien exakt ermitteln.

6.2. EIGENE UNTERSUCHUNGEN

6.2.4.1 Resilient Propagation

Obwohl Rprop unter den getesteten Verfahren das schnellste ist, benötigt ein Durchlauf für alle Samples auf einer IBM RS6000 acht Tage. Die höchste Trefferquote, die mit Rprop erzielt wurde, lag bei 69 %. Diese wurde gleich von mehreren Samples erreicht, wie Tabelle 6.11 belegt.

Tabelle 6.11: Höchste und durchschnittliche Trefferquoten bei Rprop

Sample	Trefferquote	durchschnittliche Trefferquote
$S^1_{(1000,200,50)}$		53%
$S^1_{(500,200,50)}$	69%	48%
$S^2_{(500,200,50)}$		47%

In Tabelle 6.11 ist zunächst auffällig, daß die Größe der Generalisierungsmenge aller Samples gleich groß ist. Da diese Datenmenge über die Performance des KNN entscheidet, wäre es wünschenswert, wenn die Ergebnisse von einer größeren Generalisierungsmenge bestätigt werden würden.

Tabelle 6.12: Anzahl von Trefferquoten bei Rprop

Sample	Anzahl Aktien mit Trefferquoten	
	> 50%	< 50%
$S^1_{(1000,200,50)}$	19	7
$S^1_{(500,200,50)}$	6	20
$S^2_{(500,200,50)}$	6	20

In Tabelle 6.12 werden für die in Tabelle 6.11 aufgeführten Samples die Anzahl der Aktien angegeben, die eine Trefferquote über und unter 50% erreicht haben. Man kann feststellen, daß in den letzten beiden Samples 20 der 26 Aktien Trefferquoten unter 50% erreichen. D.h., daß 76% der Aktien im Portfolio nicht einmal eine Trefferquote von 50% erzielen. Dies wird von den durchschnittlichen Trefferquoten der Samples in die Tabelle 6.11 bestätigt.

Die Tabellen 6.11 und 6.12 geben Anlaß zur Vermutung, daß nur wenige Aktien hohe Trefferquoten erreichen, während der Rest sehr schlechte Trefferquoten vorzuweisen hat. Deshalb werden auch alle anderen Samples analysiert. Die tabellierten Ergebnisse finden sich im Anhang B.1.

Man kann beobachten, daß bei fast allen Samples nicht einmal die Hälfte der Aktien Trefferquoten über 50% erreichen. Eine Ausnahme bilden nur die Samples $S^1_{(1000,200,100)}$ und $S^1_{(1000,200,50)}$, bei denen 20 bzw. 19 Aktien Trefferquoten über 50% erreichen. Man kann zusammenfassend festhalten, daß Rprop relativ schlechte Trefferquoten erzielt, und nur wenige Aktien gute Trefferquoten erreichen.

Da die Trefferquote eine qualitative Kenngröße ist und allein betrachtet nur eine begrenzte Aussagefähigkeit über den Erfolg der Prognose hat, sollen auch die Nettogewinne betrachtet werden, die bei einer simplen Anlagestrategie erzielt worden wären. Dabei wird eine Long-Position eingegangen, wenn ein Kursanstieg prognostiziert wird und eine Short-Position, wenn ein fallender Kurs vorausgesagt wird.

Der höchste erzielte Gewinn betrug 361.47 DM mit $S^1_{(1000,200,100)}$ und der höchste Verlust belief sich auf 283.27DM mit $S^1_{(500,200,100)}$. Betrachtet man ein Sample als ein Portfolio mit 26 Aktien, erhält man den Nettoertrag eines Samples durch die Aufsummierung der einzelnen Nettoerträge aller 26 Aktien. Wie die Tabellen 6.13 und 6.14 zeigen, haben nur 6 Portefeuilles negative Gewinne erzielt, alle anderen haben zum Teil hohe Erträge erreicht.

Tabelle 6.13: Nettoerträge pro Sample für Generalisierungsmenge = 100

Rprop	Validierungsmenge		
Trainingsmenge	300	200	100
1000	846.18	2441.2	553.01
700	147.76	-68.76	-275.51
500	-275.51 (-907.77)	77.88 (79.25)	442.78 (623.32)

Tabelle 6.14: Nettoerträge pro Sample für Generalisierungsmenge = 50

Rprop	Validierungsmenge		
Trainingsmenge	300	200	100
1000	612.23	1184.03	192.36
700	-329.29	-499.75	134.66 (243.72)
500	134.66 (487.00)	112.46(390.7)	442.78 (623.32)

Die Tabellen lesen sich wie folgt: Der Kreuzungspunkt zwischen Spalte und Zeile zeigt das Ergebnis von Sample $S_{(spalte,zeile,100)}$ bzw. $S_{(spalte,zeile,50)}$. In Klammern sind die Ergebnisse der zweiten Samples mit identischer Mengenaufteilung enthalten[46].

An dieser Stelle ist ersichtlich, daß die Angabe der Trefferquote, wie sie in der Literatur leider häufig zu finden ist, für die Qualität der Prognose keine besondere Aussagekraft hat. Es lassen sich mehrere Portefeuilles finden, die durchschnittliche Trefferquoten unter 50% haben und trotzdem positive Erträge vorweisen können.

---

[46]Es ist nicht weiter verwunderlich, daß sich in den Tabellen die Werte der Portefeuilles $S^1_{(700,100,100)}$ und $S^1_{(500,300,100)}$ gleichen, da diese über die identische Generalisierungsmenge verfügen. Dies gilt für das Portfolio der gleichen Mengenaufteilung (siehe Werte in Klammern) nicht, weil die Zeiträume strikt disjunkt sind.

6.2. EIGENE UNTERSUCHUNGEN

Interessant wäre es an dieser Stelle zu wissen, wie in den gleichen Zeiträumen eine B&H-Strategie abgeschnitten hätte. Die B&H-Strategie wird häufig verwendet, um den Erfolg von technischen Anlagestrategien oder allgemein aktive Portfoliostrategien zu messen. Schneidet B&H besser ab, dann hat sich das Portfolio mit der aktiven Anlagestrategie schlechter entwickelt als der Gesamtmarkt. Um dies zu analysieren, wurden für die gleichen Zeiträume wie in Tabelle 6.13 und 6.14 bei identischer Datenmengenaufteilung die B&H-Nettogewinne ermittelt. Diese sind in den Tabellen 6.15 und 6.16 aufgezeigt. Da sich die Werte dieser Tabellen bei Betrachtung anderer Lernregeln nicht verändern, werden sie nur an dieser Stelle angegeben. Auf den folgenden Seiten wird dann auf sie referenziert werden.

Tabelle 6.15: Nettoerträge durch Buy&Hold und Generalisierungsmenge = 100

B&H	Validierungsmenge		
Trainingsmenge	300	200	100
1000	-926.34	2646.89	825.24
700	419.64	164.88	-437.86 (-1298.19)
500	-437.86(-1522.06)	399.52(1058.76)	512.79 (725.45)

Im direkten Vergleich zwischen Rprop und B&H schneidet die passive Strategie bei einer Generalisierungsmenge von 100 besser ab. Von den 13 betrachteten Portefeuilles sind nur 5 besser als B&H. Bemerkenswert ist der Unterschied bei Portfolio $S^1_{(1000,300,100)}$, bei dem Rprop deutlich besser als B&H gewinnt. Das bedeutet zugleich, daß es im sinkenden Markt möglich war, mit dem KNN einen Gewinn zu erzielen. Ansonsten realisiert Rprop immer dann Verluste, wenn der Gesamtmarkt Verluste verbucht.

Tabelle 6.16: Nettoerträge durch Buy&Hold und Generalisierungsmenge = 50

B&H	Validierungsmenge		
Trainingsmenge	300	200	100
1000	-91.6	1369.82	279.13
700	-37.77	-388.55	-411.08(-650.67)
500	-411.08 (-1173.58)	202.3 (323.82)	

Etwas besser schneidet Rprop bei einer Generalisierungsmenge von 50 ab. Von 13 Portefeuilles schlagen 8 die B&H-Strategie. Auch hier gelingt es dem KNN, im fallenden Markt Gewinne zu erzielen.

6.2.4.2 Backpercolation

Die Ergebnisse von BPerc haben starke Gemeinsamkeiten mit den Ergebnissen von Rprop. Auch dieses Lernverfahren ist verhältnismäßig schnell und liefert stabile Ergebnisse. BPerc benötigt eine höhere Anzahl von Zyklen als Rprop, erreicht aber ein ähnlich gutes Minimum. Bemerkenswert ist auch hier, daß trotz der schwachen Marktverfassung Sample $S^1_{(1000,300,100)}$ einen beachtlichen Gewinn erzielt.

Tabelle 6.17: Anzahl von Trefferquoten Bperc

Sample	Anzahl Aktien mit Trefferquoten	
	> 50%	< 50%
$S^1_{(1000,200,50)}$	20	6
$S^1_{(500,200,50)}$	8	18
$S^2_{(500,200,50)}$	8	18

Tabelle 6.18: Nettoerträge pro Sample für Generalisierungsmenge = 100

Bperc	Validierungsmenge		
Trainingsmenge	300	200	100
1000	1625.73	1793.48	353.86
700	-26.72	-127.72	-913.01 (-921.41)
500	-913.01 (-1012.93)	188.12 (91.72)	455.1 (271.71)

Insgesamt schneidet die B&H-Strategie deutlich besser ab, denn alle Portefeuilles bis auf $S^1_{(1000,300,100)}$ und $S^1_{(500,300,100)}$ erreichen einen höheren Ertrag als Bperc. Dagegen läßt sich bei einer Generalisierungsmenge von 50 keine eindeutige Aussage treffen, welche Strategie besser ist. Weiterhin ist sogar beim Portfolio $S^1_{(700,100,100)}$ keine einzige Aktie dabei, die einen positiven Ertrag hat.

6.2.4.3 Backpropagation mit und ohne Momentum

Erwartungsgemäß war Backpropagation das langsamste Lernverfahren. Ein Durchlauf aller Portefeuilles betrug ca. zwei Wochen. Eine größere Lernrate konnte allerdings die Untersuchungsdauer etwas beschleunigen. Dabei blieben die Ergebnisse unbeeinflußt.

Die Verwendung eines Momentums führte dazu, daß das KNN schneller konvergierte, während ohne Momentum die Untersuchung mehrfach abgebrochen werden mußte, weil das Lernverfahren oszillierte und nicht mehr alleine abbrechen konnte. Bezüglich der Ergebnisse brachte das Momentum keine Verbesserung.

Da die Abweichungen gering waren, werden hier nur die Ergebnisse des Backpropagation mit Momentum aufgezeigt.

6.2. EIGENE UNTERSUCHUNGEN

Tabelle 6.19: Nettoerträge pro Sample für Generalisierungsmenge = 50

Bperc	Validierungsmenge		
Trainingsmenge	300	200	100
1000	827.6	1613.87	101.22
700	-1375.68	-689.93	145.67 (457.56)
500	145.67 (301.21)	480.34 (593.31)	394.19 (462.98)

Tabelle 6.20: Nettoerträge pro Sample für Generalisierungsmenge = 100

BpM	Validierungsmenge		
Trainingsmenge	300	200	100
1000	1781.15	1775.09	505.34
700	8.72	-142.97	-871.67 (-879.43)
500	-871.67 (-1012.93)	188.12 (66.49)	307.35 (496.2)

Das Lernverfahren schneidet bei einer Generalisierungsmenge von 100 deutlich schlechter ab als die B&H-Strategie. Von den 13 Portefeuilles können nur zwei die passive Strategie schlagen. Wie bei den anderen Lernregeln bereits beobachtet, kann bei einer Generalisierungsmenge von 50 keine eindeutige Aussage getroffen werden.

6.2.4.4 Quickprop

Die Verwendung von Quickprop wurde nach mehreren gescheiterten Anläufen abgebrochen. Trotz Veränderung mehrerer Parameter war es nicht möglich, das Lernverfahren stabil einzusetzen. Quickprop war bei dem präsentierten Problem nicht in der Lage, zu einem Minimum zu konvergieren. Der Lernvorgang blieb stecken, und es wurden zu keinem Minimum konvergiert. Mehrfach wurden zwar sehr schnell lokale Minima erreicht, die allerdings nicht mehr verlassen werden konnten und deshalb kein weiteres Lernen erlaubten. Diese Beobachtung scheint sich mit Erfahrungen zu decken, die in verschiedenen Anwendungen gemacht wurden. So schreibt ZELL (1994), S. 124:

> ... bei manchen Problemen war Quickprop eines der schnellsten Lernverfahren, bei anderen Problemen geriet es ins Oszillieren oder blieb in lokalen Minima hängen.

Da Erfolge im Sinne einer Konvergenz nur bei den kleinen Samples wenige Male erreicht wurden, ist davon auszugehen, daß Quickprop an der Problemkomplexität scheitert. Eine Anwendung von Quickprop wäre nur für eine kleine Datenmenge möglich gewesen,

Tabelle 6.21: Nettoerträge pro Sample für Generalisierungsmenge = 50

BpM	Validierungsmenge		
Trainingsmenge	300	200	100
1000	1135.46	1611.26	135.26
700	-1307.79	-688.96	145.67 (439.18)
500	145.67 (301.21)	480.34 (524.42)	462.98 (428.09)

denn es konnte festgestellt werden, daß bei Verwendung einer Trainingsmenge in der Größe von ca. 200 Werten das Lernverfahren relativ stabil in der Lernphase war. Allerdings konnte dann in der Validierungsmenge kein Minimum gefunden werden. Die Folge war ein Overlearning, so daß das KNN sich für die Prognose nicht eignete.

Dieses Resultat ist umso enttäuschender, weil in der theoretischen Betrachtung, diesem Verfahren eine hohe Erwartung entgegengebracht wurde. Leider sind aber die Fähigkeiten von Quickprop für den Aktienmarkt nicht gewinnbringend nutzbar.

Das Scheitern von Quickprop ist wohl darauf zurückzuführen, daß die Annahmen:

1. die Fehlerfunktion kann durch eine nach oben geöffnete Parabel approximiert werden, und

2. die Änderung eines Gewichts w_{ij} kann unabhängig von den Änderungen der anderen Gewichte vorgenommen werden

für das zu lösende Problem nicht erfüllt sind.

6.2.4.5 Cascade Correlation

Die Verwendung von Cascade Correlation (CC) wurde nur auf eine Lernregel beschränkt, nämlich Rprop. Die erste Schicht des Netzes wurde durch die Anzahl der Inputs und dem Windowing bestimmt. Die Ausgabeschicht bestand aus einem einzelnen Neuron. Die Gestaltung der verdeckten Schichten wurde CC überlassen. Die Ergebnisse sind ähnlich enttäuschend wie bei Quickprop. CC tendiert dazu, Trainingsdaten überanzupassen. Dies geschieht durch die entstehende Komplexität, die das KNN generiert. Dadurch ist zwar das Netz sehr schnell in der Lage, die Daten der Trainingsmenge zu erlernen. Dieser Effekt ist jedoch mit dem Overlearning anderer Lernregeln zu vergleichen, denn durch die Überdimensionierung ist das Netz zu stark von der erlerneten Datenbasis abhängig.

Durch die Beschränkung der maximalen Anzahl an verdeckten Schichten und Anzahl Neuronen innerhalb einer Schicht konnte dieses Problem behoben werden. Allerdings glichen dann diese KNN den herkömmlichen Netzen. Die hierbei gewonnen Ergebnisse sind nahezu identisch mit denen von Rprop.

6.2.5 Implikationen aus den gewonnenen Erkenntnissen und Zusammenfassung

Die erzielten Ergebnisse zeigen, daß sich KNN trotz insgesamt eher enttäuschenden Trefferquoten durchaus für das kurzfristige Trading eignen. Es konnten positive Erträge erwirtschaftet werden, die teilweise mit der *Buy&Hold*-Strategie gleichzogen. Es sei an dieser Stelle jedoch angemerkt, daß das vorrangige Ziel nicht das Übertreffen der *Buy&Hold*-Strategie war. Demnach wären Rückschlüsse auf die Effizienzmarkthypothese ebenso verfrüht wie falsch. Die untersuchten Modelle wurden lediglich zur Bestimmung des Timing einer Transaktion verwendet, nicht jedoch zur Selektion von Aktien. D.h., es wurde jeweils eine Aktie und deren Abschneiden bei einer einfachen Trading-Strategie betrachtet. Konklusionen bezüglich der EMH sind erst dann zulässig, wenn Portefeuilles betrachtet werden, die aktiv verwaltet werden, und diese dann der *Buy&Hold*-Strategie gegenübergestellt werden. Wenn sich die KNN-Modelle um eine Selektionskomponente erweitern lassen, können sie aktive Portfoliomanager simulieren und als autonome Marktteilnehmer fungieren.

Weiterhin muß hervorgehoben werden, daß zur Selektion des optimalen KNN die gleiche Datenbasis verwendet wird, wie für die spätere Untersuchung des Portfoliomanagements. Ergebnisverzerrungen können ausgeschlossen werden, weil die Untersuchungsziele vollkommen verschieden sind. In diesem Kapitel ging es darum, KNN-Modelle zu finden, die in der Lage sind, einen maximalen Trading-Ertrag zu erwirtschaften. Über welche Datenmenge dies geschieht, ist von untergeordneter Bedeutung. Zudem ist die Datenmenge zu groß, so daß davon auszugehen ist, daß ein KNN nicht für alle betrachteten Aktien über den gesamten Beobachtungszeitraum von zehn Jahren optimiert wurde. Die Ergebnisse in dieser Vorabselektion erlauben keinen Schluß auf die noch zu ermittelnden Resultate einer Portfolioverwaltung.

In diesem Kapitel wurden bisherige Untersuchungen mit KNN vorgestellt, die dazu motivieren, weitere detailliertere Untersuchungen durchzuführen. In keiner der aufgeführten Arbeiten werden die KNN in ein Portfoliomanagementsystem eingebunden. Vielmehr dienen sie dort als autonome Instrumente zur Kursprognose. In einer eigenen Untersuchung konnte gezeigt werden, daß KNN zu Prognosezwecken eingesetzt werden können, allerdings eignen sich nicht pauschal alle sondern nur wenige KNN dazu.

Für die Untersuchung wurde eine große Zahl von Simulationsdurchläufen benötigt. Die Laufzeiten auf den leistungsfähigen Rechnern nahmen mehrere Monate in Anspruch. Zur Optimierung der Leistungsfähigkeit wurden aufwendige Datenmanipulationen vorgenommen. Daraus resultierten die erfolgreichsten KNN, die für die spätere empirische Untersuchung verwendet werden. Die große Zahl der in Frage kommenden Netze machte es erforderlich, evolutionsstrategische Algorithmen zu verwenden. Diese dienten dazu, optimale KNN zu ermitteln, die hinsichtlich des Timings am Kapitalmarkt optimiert wurden. Als optimal erwiesen sich die folgenden KNN-Modelle:

- RProp,
- BPM und
- Backpercolation.

Inwieweit sich die Performance eines Portfoliomanagers durch die Unterstützung von KNN verbessern läßt, kann zu diesem Zeitpunkt noch nicht gesagt werden. Die Einbindung der KNN in die normative Portfoliotheorie liegt jedoch sehr nahe, und dies wird Gegenstand des folgenden Kapitels sein.

Kapitel 7

Empirische Evidenz der Untersuchung

7.1 Ziel der vorliegenden empirischen Untersuchung

Ziel der empirischen Untersuchung ist es, die in Kapitel 4 behandelten normativen Portfoliotheorien, die nicht auf den Annahmen des (μ/σ)-Kriteriums basieren, mit den KNN zu verknüpfen. Dazu werden die KNN verwendet, die sich gemäß den Ergebnissen von Kapitel 6 als die leistungsfähigsten zeigten.

Es wird in der Literatur immer darauf hingewiesen, daß die Renditen von Aktien nicht normalverteilt sind und damit die Anwendung des (μ/σ)-Kriteriums sehr fragwürdig ist [vgl. zur Verteilung der Renditen auf dem deutschen Aktienmarkt MÖLLER (1986), S. 26 ff., WARFSMANN (1993), S. 90, CORHAY & RAD (1994), S. 272. ff., GOTHEIN (1995), S. 74]. Auch wenn DOMKE (1987), S. 152 ff., die Normalverteilungshypothese nur für Einzelwerte verwerfen muß und nicht für die Renditen von Portefeuilles, so überwiegt mehrheitlich die Meinung, daß die Normalverteilungshypothese für den Aktienmarkt keine Gültigkeit besitzt. In dieser Arbeit wird die Konsequenz daraus abgeleitet, alternative Portfoliotheorien zu untersuchen, die nicht eine Normalverteilung der Renditen voraussetzen. Zu diesen Portfoliostrategien gehört die Relative Stärke nach Levy. Das Verfahren ist vorrangig als Portfolioselektionsverfahren zu verstehen, denn es wählt zwar Aktien aus, hat jedoch keine Timingstrategie, die den optimalen Kauf bzw. Verkaufszeitpunkt bestimmt. Diese fehlende Timingkomponente soll durch die KNN ergänzt werden. Dabei soll die Portfoliostrategie soweit automatisiert werden, daß sie das Verhalten eines Portfoliomanagers simuliert. Das Ergebnis der Synthese von Portfoliostrategie und KNN wird anhand von Portefeuilles gemessen, die von den simulierten Portfoliomanagern verwaltet werden.

Das Ergebnis kann als ein Beitrag zur Diskussion über die Gültigkeit der EMH gewertet werden. Dazu werden die getesteten Portefeuilles den entsprechenden Buy&Hold-Strategien gegenübergestellt. In diesem Zusammenhang ist die Frage zu klären, ob die Buy&Hold-Strategie in ihrer klassischen Form überhaupt eine sinnvolle Größe zum Vergleich von aktiv und passiv verwalteten Portefeuilles ist. Dabei werden Nachteile der Buy&Hold-Strategie aufgezeigt und Verbesserungsvorschläge erörtert.

7.2 Bisherige Untersuchungen zur RSL

Obwohl die RSL seit Ende der 60er Jahre bekannt ist, gibt es nur eine überschaubare Anzahl von veröffentlichten empirischen Untersuchungen mit diesem Formelanlageplan. Einige Untersuchungen interpretieren die relative Stärke von Aktien auf unterschiedliche Weise zu Levy [siehe dazu WASCHKOWSKY (1971), S. 204 oder HOFMANN (1973), S. 130] und können daher nicht gewertet werden.

7.2.1 Untersuchung von Levy

Gegenstand der empirische Untersuchung bei Levy sind 200 an der NYSE notierte Aktien. Dabei betrachtet er jeweils nur die Wochenschlußkurse der einzelnen Aktien, die um Dividenden und Bezugsrechte bereinigt wurden [vgl. LEVY (1967), S. 83]. Der Anlagebetrag beträgt 200,000 US-Dollar, und pro Transaktion wird ein Spesensatz von 1% berechnet. Für die Untersuchung wurden verschiedene Modelle mit unterschiedlichen Anlagekriterien untersucht. Die folgende Modelle erzielten die besten Ergebnisse:

- **Modell A:**
  Anlage der Geldmittel in die 10% relativ stärksten Aktien und Cast Out Rank bei Rangziffer 160,

- **Modell B:**
  Anlage der Geldmittel in die 5% relativ stärksten Aktien und Cast Out Rank bei Rangziffer 140,

- **Modell C:**
  Wie Modell B, jedoch müssen die Aktien zusätzlich zu den volatilsten gehören. Dazu müssen sich die Aktien unter den ersten 25 Plätzen einer Volatilitätstabelle befinden.

Alle liquiden Mittel, die nicht angelegt werden können, werden mit einem risikolosen Zinssatz von 4,75% angelegt.
LEVY (1967) erzielt mit den Modellen A, B und C ein jährliche Rendite, die deutlich höher ist als die der Buy&Hold-Strategie. Tabelle 7.1 [LEVY (1967), S. 74] gibt einen

7.2. BISHERIGE UNTERSUCHUNGEN ZUR RSL

Tabelle 7.1: Ergebnisse der Untersuchung von Levy

	Modell A	Modell B	Modell C	B&H
Nettorendite p.a. (%)	20,0	26,1	29,1	13,4
Standardabweichung der 4-wöchentlichen Renditen	4,6	5,4	5,9	3,5
Durchschnittliche 4-wöchentliche Rendite (%)	1,54	2,01	2,24	1,03
R/V Ratio	0,255	0,304	0,305	0,190

Überblick der Ergebnisse, die von den drei Modellen erzielt wurden. Die höchste Rendite wird mit Depot C erzielt, das jedoch auch die höchsten Schwankungen besitzt. D.h., das Risiko einen Verlust zu erleiden, ist auch höher. Betrachtet man das R/V, so schneiden alle drei Depots besser als die passive Strategie ab.

7.2.2 Untersuchungen von Benischek

Eine vergleichbare Untersuchung zur relativen Stärke für den deutschen Markt ist die von BENISCHEK (1974). In seiner Dissertation kann BENISCHEK (1974), S. 157, zeigen, daß alle technischen Portfoliomodelle der Buy&Hold-Strategie überlegen sind. Wie Tabelle

Tabelle 7.2: Ergebnisse der Untersuchung von Benischek

	Modell A	Modell B	Modell C	B&H
Nettorendite p.a. (%)	7,79	8,41	10,42	6,16
Standardabweichung der 4-wöchentlichen Renditen	-	3,82	4,33	3,09
Durchschnittliche 4-wöchentliche Rendite (%)	-	0,647	0,802	0,474
R/V Ratio	-	0,056	0,086	0,014

7.2 haben die Ergebnisse von BENISCHEK (1974) starke Ähnlichkeit zu denen von LEVY (1967). Bei Berücksichtigung der Rendite und des Risikos schneiden alle drei Depots besser als die Buy&Hold-Strategie ab.

7.2.3 Untersuchungen von Nagler

NAGLER (1979), S. 77, untersucht 46 ausgesuchte Aktiengesellschaften, die repräsentativ für den deutschen Markt stehen. Die Rohdaten liefern die täglichen Kassakurse vom 2.01 1967 bis 30.12.1975, Diesen Zeitraum teilt NAGLER (1979) in zwei sich überlappende Un-

208　　　KAPITEL 7. EMPIRISCHE EVIDENZ DER UNTERSUCHUNG

tersuchungsperioden auf. Periode A ist per Saldo durch steigende Kurse gekennzeichnet, während Periode B durch einen sinkenden Primärtrend geprägt wird. Ziel der Untersuchung ist es, den Einfluß der ausgewählten Untersuchungsperiode auf die Effizienz der RSL zu zeigen. Pro Untersuchungsperiode werden die Modelle A und B von Levy simuliert, der mit DM 30.000 als Startkapital ausgestattet ist. Der risikolose Zins beträgt 5%. Auch die Ergebnisse von NAGLER (1979), S. 95, die in Tabelle 7.3 zusammengefaßt sind, zeigen die Überlegenheit der RSL gegenüber der Buy&Hold-Strategie.

Tabelle 7.3: Ergebnisse der Untersuchung von Nagler

	Modell A	Modell B	B&H
Nettorendite p.a. (%) in der Hausse	206,19	166,3	112,23
Nettorendite p.a. (%) in der Baisse	-4,57	0,77	-16,15
Standardabweichung der 4-wöchentlichen Renditen	5,07	4,66	4,32
Durchschnittliche 4-wöchentliche Rendite (%)	1,23	1,07	0,83
R/V Ratio	0,167	0,148	0,104

Ebenso ist aus der Untersuchung ersichtlich, daß die Erfolge der einzelnen Strategien von der Wahl der Untersuchungsperiode abhängig sind. So erweist sich Modell A bei steigenden Kursen als die bessere Anlagestrategie, während in der Baisseperiode Modell B am besten abschneidet und sogar eine positive Rendite erreicht. Jedoch ist in Tabelle 7.3 nicht ersichtlich, daß in der Baisseperiode dem Investor Opportunitätskosten entstehen, die von der Höhe des risikolosen Zinssatzes abhängen.

7.2.4 Untersuchungen von Benenati und Fahrion

In BENENATI & FAHRION (1993) wurden die Modelle von Levy in ihrer ursprünglichen und in einer modifizierten Form getestet. In der erweiterten Form wurden die Modelle um eine Timing-Komponente ergänzt, die die Transaktionspunkte der Anlage bestimmt. Tabellen 7.4 und 7.5 zeigen die Ergebnisse der Untersuchung mit und ohne Erweiterung um die Timing-Komponente. Untersucht wurden drei Portefeuilles mit unterschiedlichen Anlagestrategien:

- **Portfolio A**:
  Selektion der 10% stärksten Aktien und Cast-Out-Rank von 19%

- **Portfolio B**:
  Selektion der 10% stärksten Aktien und Cast-Out-Rank von 26%

7.2. BISHERIGE UNTERSUCHUNGEN ZUR RSL

- **Portfolio C**:
  Selektion der 5% stärksten Aktien und Cast-Out-Rank von 19%. Die stärksten Aktien müssen zudem zu den 25% volatilsten gehören.

Die Transaktionsspesen wurden wie folgt festgelegt[1]:

- Provision: 1,00% (mindestens DM 7,50)
- Courtage: 0,06% (mindestens DM 0,50)
- Börsenumsatzsteuer: 0,025 %
- Fixkosten: DM 2,50

Tabelle 7.4: Ergebnisse der Untersuchung von Benenati und Fahrion

	Modell A	Modell B	Modell C	B&H
Nettorendite p.a. (%)	13,38	14,95	14,71	9,39
Standardabweichung der 4-wöchentlichen Renditen	5,946	6,032	6,526	5,266
Durchschnittliche 4-wöchentliche Rendite (%)	1,1	1,288	1,28	0,806
R/V Ratio	0,117	0,147	0,134	0,076

Alle Portefeuilles hatten das gleiche Startkapital von DM 50.000 und agierten nach dem Konzept der Operation Blanche. In die Untersuchung gingen 209 Wochen ein, die sich vom 3, Januar 1986 bis 28, Dezember 1989 erstreckten. Als Anlageobjekte dienten nur Aktien des Deutschen Aktienindex.

Tabelle 7.5: Ergebnisse der empirischen Untersuchung mit der modifizierten RSL

	Modell A	Modell B	Modell C	B&H
Nettorendite p.a. (%)	13,94	15,11	14,93	9,39
Standardabweichung der 4-wöchentlichen Renditen	5,912	6,014	6,475	5,266
Durchschnittliche 4-wöchentliche Rendite (%)	1,141	1,298	1,292	0,806
R/V Ratio	0,125	0,149	0,137	0,076

Neben der Überlegenheit der erweiterten Portefeuilles gegenüber den einfachen RSL-Portefeuilles fällt auch das relativ schlechte Abschneiden der Buy&Hold-Strategie auf.

---
[1] Alle prozentualen Größen beziehen sich auf den Kurswert.

210   KAPITEL 7. EMPIRISCHE EVIDENZ DER UNTERSUCHUNG

Diese Anlagevariante war allen untersuchten technischen Portefeuilles unterlegen. Auch nach Berücksichtigung von Risikoaspekten waren die Portefeuilles mit Timing-Indikatoren den einfachen Portefeuilles überlegen.

7.3 Eigene Untersuchungen

7.3.1 Die Wahl des Untersuchungszeitraums

Die Wahl des Beobachtungszeitraums ist für jede empirische Untersuchung von entscheidender Bedeutung. Da Aktienkurse einem aufwärtsgerichteten Primärtrend folgen, ist es sehr schwer, bei langen Zeitreihen eine Ausgewogenheit zwischen Haussen und Baissen zu erreichen. Für die Untersuchung konnte auf Zeitreihen von 67 Aktien zugegriffen werden. Eine Liste der untersuchten Aktien befindet sich in den Anhängen A.1 und A.2. Die meisten von ihnen sind oder waren im DAX oder im MDAX vertreten. Für die DAX-Titel lagen Kassakurse vor, während bei den MDAX-Werten auf Tagesschlußkurse zugegriffen werden konnte. Da der MDAX nicht über die ganze Untersuchungsperiode notiert wurde, kann dieser Index nicht dargestellt werden. Die Entwicklung des DAX hingegen wird durch Abbildung 7.1 beschrieben. Es läßt sich erkennen, daß die ausgewählte Untersuchungsperiode, bedingt durch ihre beachtliche Ausdehnung von 16 Jahren, unterschiedliche Börsenphasen mit teilweise sehr auffälligen Marktirritationen enthält. Zu diesen Kursschwankungen gehört der Börsencrash vom so bezeichneten Schwarzen Montag vom 19.

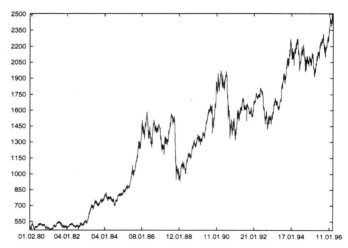

Abbildung 7.1: DAX-Entwicklung zwischen dem 2, Jan. 1980 und dem 21, März 1996

7.3. EIGENE UNTERSUCHUNGEN

Oktober 1987 sowie dem sogenannten Mini-Crash vom 13. Oktober 1989. Beim ersten dieser beiden Kursstürze und der darauffolgenden Baisse verlor der DAX ca. 40% seines Wertes. Der politisch bedingte Mini-Crash von 1989 hatte mit ca. 13% Wertverlust eine weniger spektakuläre Auswirkung auf den DAX. Zudem konnte sich der Index im Vergleich zu 1987 sehr schnell von dem Kurzsturz erholen. Aber auch fundamental bedingte Schwächephasen sind im Untersuchungszeitraum enthalten. Dazu gehört beispielsweise die Baisse zwischen 1992 und 1993. Insgesamt ist jedoch ein deutlicher Aufwärtstrend in der Untersuchungsperiode erkennbar.

Tabelle 7.6: Untersuchungszeiträume und Aktien

Periode	Zeitraum	Aktien
A_{DAX}	02.01.1980 - 31.03.1996	DAX
B_{DAX}	01.01.1990 - 03.01.1993	DAX und MDAX
A_{MDAX}	21.04.1987 - 29.03.1996	MDAX
B_{MDAX}	wie bei B_{DAX}	

Um auch schwächere Börsenphasen mit abwärtsgerichteten Primärtrend zu untersuchen, wurden die in Tabelle 7.6 aufgelisteten Beobachtungszeiträume festgelegt. Die Zeiträume A_{DAX} und A_{MDAX} beinhalten das komplette verfügbare Datenmaterial. Da diese Zeiträume per Saldo eine positive Kursentwicklung aufweisen, wurde auch eine Subperiode B_{DAX} untersucht, die durch eine negative Marktentwicklung geprägt ist. Abbildung 7.2 zeigt die Entwicklung des DAX in dieser kleineren Untersuchungsperiode B_{DAX}, in der der Index um 15,6% fiel. Die DAX-Stände zu Beginn und Ende der untersuchten Zeitabschnitte sind in Tabelle 7.7 angegeben.

Tabelle 7.7: DAX-Stand zu Beginn und Ende der Untersuchungsperiode

Zeitraum	Anfangsstand	Endstand
A_{DAX}	493,47	2504,12
B_{DAX}	1814,38	1531,33
A_{MDAX}	1312,60	2485,87

In den Untersuchungsperioden A_{DAX} und A_{MDAX} reduziert sich die Kursdatenmenge, da die Erstellung der RSL-Rangliste einen Vorlauf von 27 Wochen benötigt. Dieser Datenverlust entfällt bei der Untersuchungsperiode B_{DAX}, weil hier für die Erstellung der Ranglisten Datenmaterial außerhalb der betrachteten Periode verwendet wird.

Die erste Investition für alle Depots in der Periode A_{DAX} wird am 4. Juli 1980 vorgenommen. Der DAX betrug an diesem Tag 529,66 Punkte und entwickelte sich bis zum Ende der Untersuchung auf einen Stand von 2504,12 Punkten, was einem absoluten Plus von rund 373 %, oder einer jährlichen Wertsteigerung von etwa 10,2% entspricht. Für die Periode A_{MDAX} erfolgte die Erstinvestition am 23.10.1987. Der DAX stieg in diesem Beobachtungszeitraum um 24% pro Jahr.

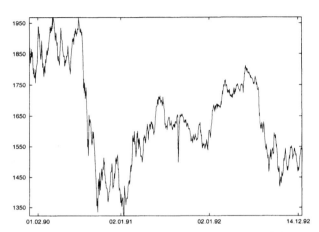

Abbildung 7.2: DAX-Entwicklung zwischen dem 2.1.1990 und dem 3.1.1993

7.3.2 Auswahl und Aufbereitung der Daten

Ähnlich bedeutsam wie die Wahl des Untersuchungszeitraums ist auch die Auswahl der zu untersuchenden Aktien. Die einseitige Selektion bestimmter Branchen, die sich im Beobachtungszeitraum anders als der Gesamtmarkt entwickeln, könnte die Ergebnisse verzerren. Durch die Größe der verfügbaren Datenmenge kann dies vermieden bzw. ausgeschlossen werden. Für die vorliegende Untersuchung konnte auf eine Aktienkursdatenbank zugegriffen werden, die die größten in Deutschland gehandelten Aktien beinhaltet. Darunter befanden sich die Aktien, die im Untersuchungszeitraum den DAX bildeten, der laut Angaben der Deutschen Girozentrale [O. V. (1988)]

> [...] fast 60% des gesamten Grundkapitals aller inländischen Börsengesellschaften [...] [,] mehr als 75 % des im Streubesitz befindlichen Grundkapitals [...] [und] mehr als 80% der Börsenumsätze in deutschen Aktien

repräsentiert.
Weiterhin von großer Bedeutung ist die Aufbereitung der Daten, die eine Korrektur von marktfremden Einflüssen beinhaltet [vgl. HOCKMANN (1979), S. 89]. Unter den marktfremden Einflüssen werden alle Effekte subsumiert, die technischer Natur sind und nicht

7.3. EIGENE UNTERSUCHUNGEN

durch das freie Spiel von Angebot und Nachfrage am Aktienmarkt induziert worden sind [vgl. LERBINGER (1984A), S. 131]. Dazu gehören Dividendenausschüttungen, Bezugsrechtausgaben bei Kapitalerhöhungen und Aktiensplits. Die Datenaufbereitung der vorliegenden Untersuchung basiert auf dem Konzept der Operation Blanche. Diese Bereinigungsmethodik impliziert die fiktive Reinvestition der durch die marktfremden Einflüssen entstandenen Erträge. Man geht davon aus, daß der Investor während der Anlagedauer aus dem Depot weder liquide Mittel abschöpft noch hinzufügt. Für die Kursbereinigung kann sowohl die Vorwärts- als auch die Rückwärtsbereinigung verwendet werden[2]. Da beide Verfahren zu identischen Ergebnissen führen [LERBINGER (1984A), S. 133], wurde für die Untersuchung aus programmspezifischen Gründen für die DAX-Titel die Vorwärtsbereinigung gewählt. Für die Aktien des MDAX lagen keine Bereinigungsfaktoren vor, deshalb wurden diese Daten in ihrer ursprünglichen Form belassen.

Nennwertumstellungen von Aktien, die immer häufiger zu beobachten sind, wirken sich nicht substantiell auf die betroffenen Aktien aus. Deshalb waren Nennwertumstellungen problemlos handzuhaben. Hierbei wurde so verfahren als ob die Aktie seit Anfang an auf ihren aktuellen Nennwert notiert worden wäre.

Bei der Erfassung großer Datenmengen, wie sie für die Untersuchung vorlagen, können Fehler bei der Datenpflege nicht ausgeschlossen werden. Alle Kurse wurden deshalb graphisch auf Ausreißer geprüft. Bei starken, nicht plausibel erscheinenden Kursausschlägen, wurde der entsprechende Kurs im Magazin der Wirtschaftswoche nachgeschlagen und gegebenenfalls verbessert.

7.3.3 KNN in Verbindung mit RSL

Damit die KNN mit der RSL verbunden werden können, muß zunächst erörtert werden, welche Möglichkeiten es für die Synthese gibt. Die bisher gewonnenen Erkenntnisse legen nahe, die Selektionsentscheidung der RSL zu überlassen. Hier werden die relativ stärksten Aktien ausgewählt, von denen das höchste Kurssteigerungspotential erwartet wird. Der Kaufzeitpunkt soll durch KNN ermittelt werden, weil sie für das kurzfristige Timing geeignet erscheinen.

Damit wird die RSL bis zum Zeitpunkt der von ihr vorgeschlagenen Transaktionen in ihrer

---

[2]Ausgehend vom tatsächlichen Kaufkurs zu Beginn der Untersuchungsperiode ermittelt die Vorwärtsbereinigung den fiktiven heutigen Kurs, der ohne Niveauverschiebung durch marktfremde Einflüsse zustandegekommen wäre.
Bei der Rückwärtsbereinigung wird der tatsächliche Kurs einer Aktie am Ende der Investitionsperiode zugrundelegt, um den fiktiven Kaufkurs der Aktie zu Beginn des Untersuchungszeitraumes zu ermitteln. Dieser fiktive Kurs entspricht dann dem Geldbetrag, der am Anfang der Untersuchungsperiode für den Erwerb der bereinigten Aktie hätte aufgewendet werden müssen. [siehe dazu LERBINGER (1984A), S. 132].

Form belassen. Damit obliegt ihr weiterhin die Selektionsentscheidung. Die Modifizierung erfolgt ab der Stelle, in der die RSL Aktien kaufen bzw. verkaufen würde. Die von der RSL ermittelten Transaktionen werden auf einer Liste festgehalten und nicht sofort, wie bei der RSL sonst üblich, ausgeführt. Die Transaktionsliste kommt unter Berücksichtigung des Timings zur Ausführung. Dazu werden Signale von den KNN genutzt, um eine bestimmte auf der Transaktionsliste aufgeführte Aktie zu kaufen bzw. zu verkaufen. Der dieser Beschreibung zugrundeliegende Algorithmus läßt sich wie folgt zusammenfassen:

1. Die Relative-Stärke-Koeffizienten aller betrachteten Aktien werden wöchentlich berechnet. Auf der Basis dieser Koeffizienten wird die Relative-Stärke-Rangliste erstellt.

2. Ebenfalls für alle betrachteten Aktien werden Variationskoeffizienten berechnet und Volatilitätsranglisten (Volatility-Ranks) erstellt.

3. Aktien, die die Cast-Out-Rank-Plätze belegen und deshalb verkauft werden müssen, werden nicht wie bei Levy sofort verkauft, sondern kommen auf eine Verkaufsliste.

4. Soll eine Kauf getätigt werden, werden die nach der RSL zu kaufenden Aktien nicht sofort gekauft, sondern werden in einer Kaufliste eingetragen.

5. Für alle Effekten, die sich auf den Kauf- bzw. Verkaufslisten befinden, wird auf der Basis von täglichen Aktienkursen die Marktverfassung analysiert in dem KNN eingesetzt werden, die ihrerseits Informationen von technischen Aktienindikatoren erhalten. Aktien, die sich auf der Kaufliste befinden, werden gekauft, wenn das KNN ein Kaufsignal liefert. Analog werden Aktien, die sich auf der Verkaufsliste befinden, verkauft, wenn das KNN ein Verkaufssignal liefert.
   Durch das zeitliche Auseinanderfallen von Selektion und Timing muß die Gültigkeit der Transaktionslisten wöchentlich geprüft werden. Aktien, die auf der Kaufliste stehen, werden dort wieder herausgenommen, wenn sie durch den verzögerten Kauf wieder auf den Cast-Out-Plätzen rangieren. Analog werden Aktien aus der Verkaufsliste nicht mehr verkauft, wenn sie wieder zu den relativ stärksten gehören.

Durch die Synthese von RSL und KNN erfährt die RSL eine gewichtige Veränderung, so daß das neue Anlageverfahren nicht mehr mit dem ursprünglich von Levy konzipierten Verfahren vergleichbar ist. Betrachtet man das Portfolio Upgrading von LEVY (1967), stellt man fest, daß, bevor eine Long-Position in eine Aktie eingegangen wird, zuvor ein

7.3. EIGENE UNTERSUCHUNGEN

oder mehrere Posten des Portfolios aufgelöst werden müssen. Das aus dem Verkauf freiwerdende Kapital wird dann in der gleichen Woche zum Erwerb neuer Aktien benutzt, die sich durch die entsprechende Klassifizierung in der Relativen-Stärke-Rangliste zum Kauf qualifiziert haben. Da sich die Ranglistenplätze wöchentlich ändern können, beeinflußt der Verkaufszeitpunkt unmittelbar auch den Zeitpunkt, an dem die Selektionsentscheidung getroffen wird. Da diese über die Zeit variiert, sind Portefeuilles, die mit KNN erweitert wurden, nicht mehr mit den reinen von RSL bestimmten Portefeuilles vergleichbar, weil sie unterschiedliche Transaktionen ausführen. Ein Vergleich wäre nur dann möglich, wenn man den Cast-Out-Mechanismus der RSL in der ursprünglichen Form beließe.

7.3.4 Ablauf der Untersuchung

In der Untersuchung wurden zunächst die KNN isoliert betrachtet und ihre Timingfähigkeit getestet. Das Selektionsproblem wurde gelöst, in dem für alle Aktien zu Beginn der Untersuchung ein Prognosedurchlauf mit einem zuvor optimierten KNN gemacht wurde. Dabei wurden die historischen Kurse mit dem RSI(14), MOM(10) und MA(200) als Input an das KNN gegeben, mit dem Ziel, den Kurs der Aktie einen Tag im voraus zu prognostizieren. Die Aktien wurden entsprechend der Höhe der prognostizierten Kursänderungen in einer Tabelle absteigend geordnet, die als Erfolgspotentialtabelle bezeichnet werden kann. Die ersten 10% der Aktien dieser Tabelle, die die größten Kursgewinne prognostizieren, wurden in das Portfolio aufgenommen. Diese Aktien wurden im weiteren Verlauf der Untersuchung verkauft (gekauft), wenn ein fallender (steigender) Kurs prognostiziert wurde. Da sich immer 10% der insgesamt zur Verfügung stehenden Aktien im Depot befanden, wurde beim Verkauf einer Aktie diese durch die höchstplazierte Aktie in der Erfolgspotentialtabelle ersetzt. Von jeder Aktie wurde immer nur eine gekauft ohne Berücksichtgung von Transaktionskosten. Das Budget wurde durch die Summe aller Kurse zu Beginn der Untersuchung bestimmt. Da nur 10% der Aktien zu Beginn gekauft wurden, betrug die Kassenhaltung nach der Erstselektion 90% des Budgets.

Weiterhin wurden die drei klassischen Modelle A, B, und C von Levy in ihrer ursprünglichen Form und mit den KNN-Modellen von RProp, BpM und Backpercolation erweitert analysiert. Die Modelle sind wie folgt aufgebaut:

- **Portfolio A**:
  Selektion der 10% stärksten Aktien und Cast-Out-Rank von 19%

- **Portfolio B**:
  Selektion der 10% stärksten Aktien und Cast-Out-Rank von 26%

- **Portfolio C**:
  Selektion der 5% stärksten Aktien und Cast-Out-Rank von 19%. Die stärksten Aktien müssen zudem zu den 25% volatilsten gehören.

216　　KAPITEL 7. EMPIRISCHE EVIDENZ DER UNTERSUCHUNG

Dabei wird bei den KNN-erweiterten Modellen das Transaktionstiming von dem KNN bestimmt. Vereinfachend wird ein Spesensatz von 1% pro Transaktion festgelegt[3]. Nicht eingesetzte Mittel werden mit einem Zinssatz von 3% verzinst.

Die KNN wurden mit dem Netzwerk-Compiler *Snns2C* erzeugt und in die RSL eingebunden. Dabei wurde die optimale Struktur des KNN[4] eingefroren und in ein eigenständiges Modul verwandelt. Für den außenstehenden Betrachter kann das KNN nun als Black Box aufgefaßt werden. Es werden aktuelle Daten an das KNN geleitet, die ausgewertet werden, und als Ergebnis wird ein Kauf- bzw. Verkaufssignal für eine entsprechende Aktie zurückgegeben. Vereinfacht kann man das KNN als eine Funktion betrachten, die zu bestimmten Argumenten einen Funktionswert in Form eines Kauf- oder Verkaufssignals liefert. Der Funktion, die das KNN abbildet, werden die erforderlichen Inputs und der aktuelle Kurs der Aktie übergeben. Ist der aus den Inputs errechnete Kurs höher (niedriger) als der aktuelle Kurs, wird ein Kaufsignal (Verkaufssignal) generiert. Ist der KNN-errechnete Kurs gleich dem aktuellen Kurs, wird nichts unternommen. Da das KNN nicht mehr trainiert werden muß, ist das Ergebnis seiner Auswertung relativ schnell zugänglich. Die Daten, die an das KNN als Input gegeben werden, müssen umgewandelt und durch ein Pre-Processing geleitet werden. Main- und Post-Processing entfallen.

Die untersuchten Modelle werden sowohl für die DAX- als auch für die MDAX-Werte getrennt untersucht. Eine gemeinsame Untersuchung erscheint wegen der fehlenden Bereinigungsfaktoren in den Zeitreihen der MDAX-Aktien nicht angebracht. Die Untersuchungsperioden erstrecken sich sowohl für die DAX- als auch für die MDAX-Werte über die in Abschnitt 7.3.1 festgelegten Zeitabschnitte.

7.3.5 Ergebnisse der Buy&Hold-Strategie

Die Ergebnisse der Buy&Hold-Strategie sind weniger wegen ihrer Praxisrelevanz von Bedeutung. Vielmehr soll mit diesem passiven Anlageverfahren die EMH geprüft werden, nach deren Gültigkeit es keine aktive Anlagestrategie geben kann, die besser abschneidet als die Buy&Hold-Strategie.

Über die Untersuchungsperiode A_{DAX} schneidet die Buy&Hold-Strategie ähnlich wie der DAX ab und endet bei einem Schlußstand von DM 121.088,80 bei einem Anfangskapital von DM 50.000. Das entspricht einer jährlichen Wertsteigerung von $5,68\%$. Im

---

[3]Direktbanken sind mittlerweile in der Lage, Spesensätze von 0,5% und weniger auch für Kleinanleger anzubieten. Trotzdem werden gerade Kleinanleger mit Transaktionsregeln konfrontiert, die ihnen eine Teilnahme an bestimmten Marktsegmenten unmöglich machen. Dazu sei auf die Mindestmenge und daraus resultierend den Mindestanlagebetrag einer Transaktion im Xetra-Handel hingewiesen.

[4]Siehe dazu Kapitel 6.

7.3. EIGENE UNTERSUCHUNGEN 217

Tabelle 7.8: Ergebnisse der Buy&Hold-Strategie in der Periode B_{DAX}

	Buy&Hold	
	DAX	MDAX
Schlußstand (DM)	41.416,09	42066,75
Monatsrendite (%)	-0,51	-0,42
Nettorendite p.a. (%)	-6,09	-5,59
Min (DM)	32.990,10	36.341,89
Max (DM)	49.579,09	57.205,58
R/V-Ratio	1,2818	2,2618
Zinsen (DM)	588,13	490,18

Vergleich zum DAX sind das 4,25% pro Jahr weniger. Die Gründe dafür sind darin zu sehen, daß der DAX die für die Berechnung zugrundeliegenden Aktien gemäß ihrer Marktkapitalisierung gewichtet. Die Buy&Hold-Strategie hingegen kauft alle Aktien zu gleichen Anteilen. Somit würden die gleichen Aktien, die den DAX bilden, als Titel einer Buy&Hold-Strategie anders[5] als der Index abschneiden. Weiterhin ist zu berücksichtigen, daß der DAX sich in seiner Zusammensetzung sowie Gewichtung im Laufe der Jahre seit seiner Einführung geändert hat. Von diesen Änderungen bleibt die Buy&Hold-Strategie unberührt.

In der Untersuchungsperiode A_{MDAX} wird mit der Buy&Hold-Strategie ein jährlicher Gewinn von 8,2% erzielt und mit dem ursprünglichen Kapital wird ein Schlußstand von DM 109.857,66 erreicht. Der höchste Stand des Depots liegt bei DM 142.502,55, der niedrigste bei DM 41.431,84

7.3.6 Ergebnisse der isolierten KNN

Aus den in Kapitel 6 gemachten Erfahrungen wurden KNN mit 20 Input- und einem Output-Neuron eingesetzt, die aus einer verdeckten Schicht mit 10 Neuronen bestanden. Als Lernregeln wurden Bp, RProp, BPerc und QProp verwendet. Im Pre-Processing wurden die Input-Vektoren normalisiert und auf der Basis einer Trainingsmenge wurden die optimalen KNN-Parameter ermittelt. Dabei kamen das *optimal brain damage* und das *optimal brain surgeon* zum Einsatz, um die Netzdurchlaufzeiten zu reduzieren[6].

Der Erfolg einer Aktienanlage beruht nicht nur auf der Selektion und dem Timing sondern auch auf der Kontinuität eines disziplinierten Anlegerverhaltens. Durch eine Vielzahl

---

[5] Man kann a priori nicht sagen, ob die Buy&Hold-Strategie besser oder schlechter abschneiden würde.
[6] Auf eine Hauptkomponentenanalyse wurde verzichtet, da die Anzahl der Inputs für eine solche Datenreduktionstechnik zu gering war.

von Transaktionssignalen, die von den KNN verursacht wurden, war die Kontinuität einer getroffenen Anlageentscheidung nicht möglich. Die Kauf- und Verkaufssignale für eine Aktie änderten sich von einem Handelstag auf den anderen und verursachten ein hektisches Agieren, das mit Verlusten verbunden war.

Um die Anzahl der Transaktionssignale zu reduzieren, wurden Filterregeln aufgestellt. Demnach wurde ein Verkaufsignal erst dann als relevant eingestuft, wenn es einen Verlust von mindestens 5% prognostizierte. Dies hatte zur Folge, daß die Anzahl der Transaktionen sank. Eine weitere Reduktion der Transaktionssignale konnte durch das wöchentliche Nachtrainieren des Netzes erreicht werden. Jedoch verhinderten alle eingeleiteten Maßnahmen nicht, daß Verluste generiert wurden. Obwohl keine Transaktionskosten berücksichtigt wurden, konnten nur wenige Untersuchungsdurchläufe am Ende einen Gewinn verzeichnen.

Die Auswahl der unterschiedlichen Lernregeln scheint keinen Einfluß auf die erzielten Ergebnisse zu haben. Obwohl die einzelnen Lernregeln teilweise sehr unterschiedlich sind, kommen sie zum gleichen Ergebnis. Sie unterscheiden sich lediglich in der Trainingsphase und hier insbesondere in der Reduktion des Netzfehlers. RProp ist beispielsweise eine Lernregel, die den Netzfehler in der Trainingsmenge am schnellsten von allen untersuchten Lernregeln reduziert. Jedoch steigt der Netzfehler in der Validierungsmenge ebenso schnell an. Damit kommt ein optimal trainiertes RProp-KNN mit einer geringeren Anzahl von Epochen zum gleichen Ergebnis wie die KNN mit anderen Lernregeln.

7.3.7 Ergebnisse der Untersuchung mit der RSL

7.3.7.1 Ergebnisse der Portefeuilles A, B und C ohne KNN

Zunächst wurden die Portfoliomodelle von Levy in ihrer ursprünglichen Form untersucht. Die Ergebnisse sind in Tabelle 7.9 zusammengefaßt, in der die Schlußstände und die erzielten Renditen der einzelnen Modelle dokumentiert sind. Weiterhin sind die Höchst- und Tiefststände des Depots angegeben, um die Wertschwankungen zu dokumentieren. Im Untersuchungszeitraum B_{DAX} wurde trotz der negativen Marktentwicklung mit dem Portfolio B sowohl bei den DAX- als auch bei den MDAX-Aktien ein positives Ergebnis erzielt. Zugleich wurde mit den MDAX-Aktien die höchste jährliche Rendite dieses Untersuchungszeitraums erzielt. Sowohl dieses Ergebnis als auch die hohe Nettorendite des Portfolios A mit DAX-Aktien wurde nicht erwartet, da die Marktentwicklung im betrachteten Zeitraum eine fallende Tendenz aufweist. Nur das Portfolio A mit MDAX-Titeln und B mit DAX-Titeln schließt mit Verlusten ab. Alle anderen Portefeuilles sind in der Lage, trotz der schlechten Marktverfassung positive Erträge zu erzielen. Die Tabellen 7.9 und 7.10 zeigen, daß die Ergebnisse unabhängig von den untersuchten Aktien sind, da DAX- und MDAX-Portefeuilles sowohl positive als auch negative Renditen erzielen. Die Tabel-

7.3. EIGENE UNTERSUCHUNGEN

len zeigen jedoch auch, daß die mit einem Modell erzielten Ergebnisse nicht konstant sind. Abhängig von den Aktien, die das Portfolio bilden, können sehr unterschiedliche Resultate erzielt werden und dies obwohl dem Portfolio der gleiche Anlageplan zugrundeliegt. So erreicht Portfolio A mit den DAX-Aktien einen Schlußstand von DM 85.073,00, während bei Anwendung des gleichen Anlageplans mit DAX-Aktien ein Schlußstand von DM 46.646,80 und damit ein Verlust von jährlich -2,29% erreicht wird.

Tabelle 7.9: Ergebnisse der Modelle A und B in der Subperiode B_{DAX}

	Modell A		Modell B	
	DAX	MDAX	DAX	MDAX
Schlußstand (DM)	85.073,00	46.646,80	52.674,01	98.600,35
Monatsrendite (%)	0,04	-0,50	-0,38	0,19
Nettorendite p.a. (%)	19,38	-2,29	1,75	25,40
Min (DM)	49.045,71	38.820,19	44.264,91	48.921,05
Max (DM)	99.820,60	65.753,38	69.681,86	113.147,08
Zinsen (DM)	3,59	34,52	41,46	8,94

Auch die Schwankungen der Portefeuilles sind unterschiedlich. Sie fallen bei den Modellen B und C am stärksten aus. Dies läßt sich damit erklären, daß beide Portefeuilles risikofreudiger sind als Portfolio A. Jedoch müßte man die höchste Wertschwankung bei Portfolio C erwarten, da dort zusätzlich volatilere Aktien selektiert werden. Mit Ausnahme von Portfolio A mit MDAX-Aktien und C mit DAX-Aktien liegen die niedrigsten Depotstände der technischen Portefeuilles immer noch deutlich über den Schlußständen der Buy&Hold-Portefeuilles, wobei bei der Buy&Hold-Strategie die niedrigsten Portefeuillestände überhaupt erzielt wurden. D.h. unabhängig von der Wahl der Untersuchungsperiode lassen sich mit den technischen Portefeuilles höhere Renditen erzielen als mit der Buy&Hold-Strategie.

Tabelle 7.10: Ergebnisse des Modells C in der Subperiode B_{DAX}

	Modell C	
	DAX	MDAX
Schlußstand (DM)	49.191,79	62.558,56
Monatsrendite (%)	-0,54	0,22
Nettorendite p.a. (%)	-0,54	7,75
Min (DM)	39.860,62	48.379,04
Max (DM)	58.611,77	113.825,50
Zinsen (DM)	104,26	17,23

Diese vorläufigen Ergebnisse müssen jedoch ihrem zugrundeliegenden Risiko gegenübergestellt werden. Dazu wird zu allen Renditen das R/V-Ratio einbezogen. In diesem Zu-

KAPITEL 7. EMPIRISCHE EVIDENZ DER UNTERSUCHUNG

sammenhang ist jedoch die Verteilung der Renditen zu berücksichtigen. Es wird deshalb geprüft, ob die wöchentlichen Renditen der Portefeuilles normalverteilt sind, wie in DOMKE (1987) behauptet wird. Dazu wird ein Hypothesentest durchgeführt, bei dem die höheren Momente der empirischen Verteilung Schiefe und Exzess berechnet werden und ihren theoretischen Werten gegenübergestellt werden. Für die Normalverteilung gilt, daß die Schiefe 0 und der Exzess 3 ist. Demnach müssen Gleichungen (7.1) und (7.2) bei einer Zufallsgröße gelten, sofern sie normalverteilt ist.

$$\gamma_1 = \frac{\frac{1}{n}\sum_{i=1}^{n}(x_i - \bar{x})^3}{\left(\sqrt{\frac{1}{n}\sum_{i=1}^{n}(x_i - \bar{x})^2}\right)^3} = 0 \tag{7.1}$$

$$\gamma_2 = \frac{\frac{1}{n}\sum_{i=1}^{n}(x_i - \bar{x})^4}{\left(\sqrt{\frac{1}{n}\sum_{i=1}^{n}(x_i - \bar{x})^2}\right)^2} = 3 \tag{7.2}$$

Beim Hypothesentest werden nun die folgenden Hypothesen getestet:

$$-H_{01}: \gamma_1 = 0$$
$$-H_{11}: \gamma_1 \neq 0$$

und

$$-H_{02}: \gamma_2 = 3$$
$$-H_{12}: \gamma_2 \neq 3$$

Die Nullhypothesen H_{01} und H_{02} werden zum Niveau α verworfen, falls

$$|\gamma_1| > g_{1;\alpha/2}$$

bzw.

$$\gamma_2 > g_{2;\alpha/2} \text{ oder } \gamma_2 < g_{2;(1-\alpha)/2}$$

gilt. Die Normalverteilungshypothese muß aufgegeben werden, wenn entweder H_{01} oder H_{02} verworfen wird. Von 12 getesteten Portefeuilles wird die Normalverteilungshypothese für zwei Portefeuilles jeweils einmal zum Niveau 0,1 und 0,15 angenommen. Für die übrigen Portefeuilles muß die Annahme der Normalverteilung der Renditen abgelehnt werden. Dieses Resultat soll die Betrachtung des R/V-Ratio nicht verhindern, jedoch ist die Aussage dieses Risikomaßes vor dem Hintergrund dieses Tests entsprechend einzuordnen. Zu den gleichen Erkenntnissen bezüglich der Normalverteilung von Renditen kommt MARX (1996), S. 190. Man kann also lediglich davon ausgehen, daß die Normalverteilung die Renditen der Depots am ehesten approximiert. Zudem bietet die Betrachtung des R/V-Ratios die Möglichkeit, die Ergebnisse mit denen bisherigen Untersuchungen zu vergleichen.

7.3. EIGENE UNTERSUCHUNGEN

Tabelle 7.11: R/V-Ratio in der Subperiode B_{DAX}

| | Modell A || Modell B || Modell C ||
	DAX	MDAX	DAX	MDAX	DAX	MDAX
R/V-Ratio	5,5184	0,7981	1,1311	-5,82	1,3624	-7,9708

Tabelle 7.12: R/V der Buy&Hold-Strategie in der Periode B_{DAX}

| | Buy&Hold ||
	DAX	MDAX
R/V-Ratio	1,2818	2,2618

Bei Betrachtung des R/V-Ratio relativiert sich die Überlegenheit der technischen Portefeuilles. Mit diesem Kriterium ist die Buy&Hold-Strategie vier von insgesamt sechs RSL-Portefeuilles überlegen. Dies ist vorrangig darauf zurückzuführen, daß die technischen Portefeuilles einer viel größeren Wertschwankung unterliegen als die maximal gestreuten Buy&Hold-Portefeuilles. Ebenfalls positiv für die passive Strategie wirkt sich die höhere Kassenhaltung aus, die daraus resultiert, daß nicht das komplette Budget investiert werden kann und dadurch Zinseinnahmen aus den Barreserven erzielt werden. Die Überlegenheit der technischen Portefeuilles läßt sich anhand der Abbildung 7.3 erkennen, die die Entwicklung des Portfolios A der Buy&Hold-Strategie gegenübergestellt[7]. Über die komplette Subperiode bleibt der Wert des Buy&Hold-Portfolios unter dem des RSL-Portfolios. Bei Betrachtung des R/V-Ratios zwischen dem Modell C und der Buy&Hold-Strategie in der Periode B_{DAX} scheint die passive Strategie stark überlegen zu sein. Jedoch wird dies von der Wertentwicklung der zwei Portefeuilles nicht bestätigt. Angesichts der in Abbildung 7.4 aufzeigten Wertentwicklung der beiden Portefeuilles ist es fraglich, ob mit dem R/V eine sinnvolle Einstufung zweier Portefeuilles möglich ist. Abbildung 7.4 zeigt eine deutliche Überlegenheit des RSL-Portfolios über die gesamte Laufzeit. Jedoch ist die Volatilität bzw. Wertschankung des Portfolios ebenfalls höher. Durch die aktive Umschichtung können zwar unterschiedliche Börsenphasen besser ausgenutzt werden, jedoch

---

[7]In der Abbildung beginnt die Kurve des Buy&Hold-Portfolios unterhalb der RSL-Portfolios. Dies liegt daran, daß die Buy&Hold-Strategie in alle Aktien gleichmäßig investiert und die Anzahl der Aktien immer ganzzahlig sein muß. Dadurch verbleibt ein Rest, der meist höher ist als der des RSL-Portfolios, das im Vergleich weniger Aktien kauft. Dieser anfängliche vertikale Abstand der zwei Kurven könnte theoretisch zu dem Verlauf der Buy&Hold-Kurve hinzugefügt werden, um die Wertentwicklung des gesamten Kapitals zu verfolgen. Bei der deutlichen Überlegenheit der technischen Portefeuilles würde diese Verbesserung der Buy&Hold-Kurve nichts ändern, zumal aus den gleichen Überlegungen heraus die technischen Portefeuilles ebenfalls geringfügig korrigiert werden müßten.

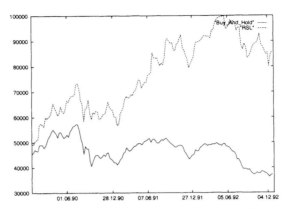

Abbildung 7.3: Buy&Hold vs RSL (Modell A) mit DAX-Portfolio in der Subperiode

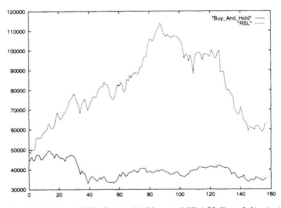

Abbildung 7.4: Buy&Hold vs RSL (Modell C) mit MDAX-Portfolio in der Subperiode

7.3. EIGENE UNTERSUCHUNGEN

konzentriert sich das Vermögen auf wenige Aktien, die unter Umständen der gleichen Branche angehören. Der Konkurs einer Aktiengesellschaft kann damit im RSL-Portfolio einen höheren Verlust bewirken als in dem weit gestreuten Buy&Hold-Portfolio. Die Wahrscheinlichkeit eines Totalverlusts ist gegeben und höher als bei der Buy&Hold-Strategie, auch wenn dieser Fall nicht beobachtet werden konnte.

In der anschließenden Betrachtung wurden die Portfoliomodelle von Levy für die Periode A_{DAX} und A_{MDAX} untersucht. Erwartungsgemäß wurden mit allen Modellen positive Ergebnisse erzielt, wie Tabelle 7.13 zeigt. Durch die Länge der Untersuchungsperiode haben

Tabelle 7.13: Ergebnisse der Modelle A, B und C in der Periode A_{DAX}

	Modell A	Modell B	Modell C
Schlußstand in DM	324.591,30	798.847,84	198.416,93
Nettorendite p.a. (%)	12,40	18,91	8,99
Min in DM	44.758,17	43.822,47	42.007,11
Max in DM	51.0544,84	85.4332,10	221.400,70

die Höchst- und Tiefststände der Depots keine große Aussagekraft.

Mit Modell B wird der höchste Endstand erreicht. Die Wertsteigerung entspricht einer jährlichen Verzinsung von $18,91\%$. Der Crash vom Oktober 1987 wirkt sich über den gesamten Zeitraum nicht aus. Würde jedoch der Endzeitpunkt der Untersuchung in dieser Crashphase liegen, würden die erzielten Ergebnisse nicht so gut ausfallen. Auch die nominale Höhe der Endstände der Depots sollte nicht darüber hinwegtäuschen, daß sie inflationsbereinigt einer geringere Realverzinsung entsprechen.

Ähnlich positive Ergebnisse werden in der Untersuchungsperiode A_{MDAX} erzielt. Diese werden in Tabelle 7.14 zusammengefaßt. Es ist nun interessant zu erfahren, wie sich diese

Tabelle 7.14: Ergebnisse der Modelle A, B und C in der Periode A_{MDAX}

	Modell A	Modell B	Modell C
Schlußstand in DM	173.975,80	141.774,25	204.019,20
Nettorendite p.a. (%)	14,86	12,28	16,9
Min	43.656,85	46.253,40	43.702,23
Max	210.227,68	201.524,39	225.340,92

Ergebnisse mit dem Einsatz von KNN verändern.

7.3.7.2 Ergebnisse der Portefeuilles A, B und C mit KNN

Es wurde bereits in Abschnitt 7.3.3 darauf hingewiesen, daß ein direkter Vergleich von technischen Portefeuilles mit und ohne KNN nicht möglich ist. Deshalb werden in diesem Abschnitt die Ergebnisse der Portefeuilles mit KNN-Erweiterung isoliert betrachtet.

Die Ergebnisse der Portefeuilles A, B und C gleichen sich bei Verwendung von BpM und BPerc stark. Der Zeitpunkt ihrer Transaktionssignale unterscheidet sich nur um wenige Tage, so daß die Portefeuilles, die mit diesen KNN-Modellen simuliert wurden, vorrangig durch die Selektionsentscheidung geprägt sind. Anders hingegen verhielt sich das RProp. Hier wurden sehr lange Wartezeiten für die Transaktionsentscheidung registriert. Sehr oft wurden Aktien auf der Kaufliste nicht gekauft und Käufe sehr lange verzögert, so daß das Portfolio zeitweise nur einen Bargeldbestand hielt. Dies konnte bei den anderen beiden KNN-Modellen kein einziges Mal festgestellt werden. Obwohl die RProp-erweiterten Portefeuilles teilweise nicht investiert waren, schwankte ihre Wertentwicklung im Zeitverlauf unerwartet stark.

Nimmt man eine Klassifizierung der drei Portefeuilles vor, so kann Portfolio A als konservativ und Portfolio C als spekulativ bezeichnet werden, während Portfolio B dazwischen liegt. Diese Klassifizierung spiegelt sich auch in den Ergebnissen wider.

Betrachtet man nur die erzielten Nettorenditen, dann läßt sich feststellen, daß Portfolio A mit einer jährlichen Rendite von 9,8% am schlechtesten unter den drei Portefeuilles der Formelanlageplanung abschneidet. Portfolio B liegt mit 10,3% nur knapp darüber, während Portfolio C mit 15,8% ein beachtliches Ergebnis erzielt. Diese Nettorenditen müssen jedoch näher analysiert werden.

Beim RProp wurde über den Zeitraum A_{DAX} mit Portfolio A eine jährliche Nettorendite von 5,4% erreicht. Berücksichtigt man die langen Perioden der Kassenhaltung, die mit 3 % verzinst wurden, läßt sich dieses Ergebnis eher durch den risikolosen Zins erklären.

Tabelle 7.15: Renditen und R/V-Ratio der Portefeuilles A, B und C über die A_{DAX}-Periode

		Modell A	Modell B	Modell C	B&H
Nettorendite p.a. (%)	BpM	9,8	10,3	15,8	5,68
	BPerc	9,1	13,2	17,2	
	RProp	5,4	3,2	12,3	
R/V-Ratio	BpM	0,450	0,602	0,592	4,509
	BPerc	0,424	0,474	0,491	
	RProp	0,230	0,190	0,462	

Portfolio B schließt mit 3,2 % schlechter ab. Der Grund für dieses im Vergleich zu den

7.3. EIGENE UNTERSUCHUNGEN

anderen Portefeuilles schlechtere Abschneiden liegt darin, daß durch die Cast-Out-Regel zwar Aktien verkauft wurden, aber entsprechende Reinvestitionen lange ausblieben. Das schlechte Timing von Portfolio A und B scheint im Portfolio C durch die Selektion der volatileren Werte über die Zeit kompensiert zu werden. Hier liegt die jährliche Rendite bei 12,3%.

Vergleicht man das R/V-Ratio der einzelnen Portefeuilles mit dem der Buy&Hold-Strategie, so läßt sich keine allgemeine Überlegenheit eines Portfolios erkennen. Zwar liegen die Renditen der meisten Portefeuilles über der Rendite der Buy&Hold-Strategie, aber bei Berücksichtigung des R/V-Ratios muß man konstatieren, daß die Buy&Hold-Strategie vielen Portefeuilles überlegen ist.

Im Gegensatz dazu sind in der Periode B_{DAX} eindeutigere Ergebnisse zu verzeichnen. Tabelle 7.16 belegt den extremen Nachteil einer passiven Strategie, die recht deutlich von den aktiven Strategien übertroffen wird. Die Marktbewegung wird stets nachvollzogen, so daß auch die Auswahl der untersuchten Subperiode bereits entscheidend für die Performance der Buy&Hold-Strategie ist. Es zeigt sich, daß es dem aktiv verwalte-

Tabelle 7.16: Renditen und R/V-Ratio der Portefeuilles A, B und C über die B_{DAX}

		Modell A	Modell B	Modell C	B&H
Nettorendite p.a. (%)	BpM	3,2	1,0	4,7	-6,97
	BPerc	2,9	0,8	4,5	
	RProp	3,2	1,3	4,7	
R/V-Ratio	BpM	0,152	-0,121	0,172	-7,1342
	BPerc	-0,191	-0,199	0,153	
	RProp	0,202	-0,180	0,170	

ten Portefeuilles über die komplette Periode B_{DAX} gelingt, bessere Renditen zu erzielen, obwohl die Marktkonstitution schwach ist. Dies ändert sich nicht, wenn man die Renditen der technischen Portefeuilles nach dem ersten Drittel bis zum 02.01.1991 der Periode B_{DAX} ermittelt. Alle Portefeuilles sind voll investiert und erleiden, wie Tabelle 7.17 zeigt, große Buchverluste. Die Verluste der aktiv verwalteten Portefeuilles sind jedoch geringer als die der Buy&Hold-Strategie. In der Folge können alle Portefeuilles aus der positiven Marktentwicklung profitieren, so daß sie am Ende positive Renditen erreichen. Sicherlich wird die Entwicklung dadurch unterstützt, daß der Bargeldbestand, sofern vorhanden, stets positive Erträge erbringt. Betrachtet man über den gleichen Zeitraum die Renditen der gleichen Portefeuilles ohne Timing-Erweiterung, werden ebenfalls positive Renditen erzielt.

Tabelle 7.17: Renditen der Portefeuilles A, B und C im ersten Drittel der Periode B_{DAX}

		Modell A	Modell B	Modell C	B&H
Nettorendite p.a. (%)	BpM	-13,9	-15,6	-19,2	
	BPerc	-13,4	-13,2	-22,1	-25,89
	RProp	-13,4	-14,5	-20,4	

7.4 Implikation für die EMH

Nach FAMA (1972) ist ein Markt effizient, wenn alle zur Verfügung stehenden Informationen vollkommen in den Preisen reflektiert werden. Dabei unterscheidet er abhängig von den zur Verfügung stehenden Informationen drei Formen des effizienten Marktes:

1. Die schwache EMH ist ein Spezialfall der Random-Walk-Hypothese [vgl. STÖTTNER (1989), S. 84] und besagt, daß der betreffende Markt Informationen, die in der Marktpreisentwicklung der Vergangenheit enthalten sind, sofort verarbeitet. Dies bedeutet zugleich, daß eine Buy&Hold-Strategie genauso effizient ist, wie eine komplizierte auf technischen Regeln basierende Strategie. Bei Validität der EMH ist sowohl die technische als auch fundamentale Aktienanalyse sinnlos [STÖTTNER (1989), S. 76].

2. Die semistarke EMH verlangt, daß alle öffentlich bekannten Informationen sofort verarbeitet werden. Somit ist nur Insidern vorbehalten, überdurchschnittliche Renditen zu erzielen.

3. Die starke EMH behauptet, daß alle Informationen sich sofort in den Aktienkursen niederschlagen, und damit wird auch die Existenz von Insidern ausgeschlossen.

Die Informationseffizienz, wie sie von Fama definiert wird, abstrahiert von Informations- und Transaktionskosten. Die fehlende Informationseffizienz ist eine hinreichende aber nicht notwendige Bedingung für die Gültigkeit der EMH [vgl. FAMA (1972)]. GROSSMAN & STIGLITZ (1980), S. 393, erweitern die EMH von Fama und bezeichnen einen Markt dann als effizient, wenn im Gleichgewicht kein Investor, nach Abzug von Informations- und Transaktionskosten, Überrenditen erzielen kann. Ohne auf die EMH vertiefend einzugehen[8], kann vereinfachend festgehalten werden, daß keine Handelsstrategien möglich sind, die Überrenditen ermöglichen. Damit reduziert sich die Überprüfung der EMH auf einen Vergleich einer beliebigen Handelsstrategie mit der Buy&Hold-Strategie. Ist es einem Portfoliomanager möglich, anhand von Marktinformationen höhere Renditen als mit

---

[8]Zu diesem Thema gibt es in der Literatur eine große kontroverse Diskussion.

7.4. IMPLIKATION FÜR DIE EMH

der Buy&Hold-Strategie zu erzielen, muß davon ausgegangen werden, daß der Aktienmarkt nicht effizient ist. Die vorliegenden Ergebnisse spiegeln die kontroverse Diskussion um die EMH wider. Es gibt verschiedene Lösungsansätze, die empirisch getestet zu dem Schluß kommen, daß der Aktienmarkt effizient ist und es demnach nicht möglich ist, mit mechanisch angewendeten Strategien überdurchschnittliche Renditen zu erzielen. Der Einsatz von KNN als Portfoliomanager, die nur Marktdaten auswerten und daraus Transaktionsentscheidungen treffen, bestätigt jene Kritiker, die alle technische Anlagestrategien wegen der EMH ablehnen. Mit dieser Variante der technischen Aktienanalyse ist es nicht möglich, die Buy&Hold-Strategie zu schlagen. Die heute verfügbare Rechnerkapazität und die daraus entstehenden Möglichkeiten zeigen jedoch, daß es auch vereinzelt Verfahren gibt, die empirisch genau das Gegenteil zeigen. Nun kann man für eine Seite Position beziehen und empirische Resultate vorlegen, die diese Position bestätigen. Dies wird in der Literatur seit Anfang der Diskussion der EMH auch beobachtet. Diese einseitige Untersuchungen haben lediglich dazu geführt, zwei Lager zu bilden, nämlich die Befürworter und die Gegner der EMH. Die Praktiker am Aktienmarkt lassen sich durch die divergierenden Meinungen nicht beeinflussen und bedienen sich willkürlicher Handelsregeln, die zu einem Marktverhalten führen, das sowohl die EMH stützt wie auch widerlegt. Es kommt auf das ausgewählte Anlageverfahren an, ob die EMH widerlegt wird oder nicht. Aber gerade diese Feststellung bestätigt, daß es möglich ist mit aufgestellten Regeln Gewinne zu erzielen, die die Buy&Hold-Strategie nicht erreicht, ungeachtet der oft in der Literatur untersuchten Verfahren, die die EMH stützen und bestätigen[9]. Wenn von n getesteten Verfahren $n-1$ die EMH bestätigen und nur eines sie widerlegt, dann ist die EMH abzulehnen. Auch dieses eine Verfahren, wird, sofern es publiziert und angewendet wird irgendwann ebenfalls die EMH bestätigen. Jedoch lassen sich mit Sicherheit weitere Verfahren finden, die überdurchschnittliche Gewinne erzielen. Zusammenfassend kann anhand der vorliegenden Ergebnisse der Schluß gezogen werden, daß die EMH in der schwachen Form abgelehnt werden muß. Es ist möglich, durch alleinige Auswertungen von Marktinformationen eine Handelsstrategie aufzubauen, die höhere Renditen als die Buy&Hold-Strategie erzielt. Daraus muß resultieren, daß der Aktienmarkt nicht in der Lage ist, alle zur Verfügung stehenden Informationen sofort auszuwerten und gewinnbringend einzusetzen. Damit ist der Aktienmarkt nicht informationseffizient. Allerdings muß eingeräumt werden, daß jede gewinnbringende Handelsstrategie ebenfalls als Information verstanden werden muß. Sobald dem Markt diese Information bekannt wird, ist diese Handelsstrategie nicht mehr, wie zuvor, gewinnbringend einsetzbar. Damit kann ein Verfahren, daß die EMH widerlegt, nur solange Gültigkeit besitzen, wie es unbekannt bleibt.

---

[9]Man könnte auch behaupten, daß diese Regeln nicht gut ausgewählt sind, um die Buy&Hold-Strategie zu schlagen

7.4.1 Probleme des Buy&Hold-Portfolios

Die Verwendung des Buy&Hold-Portfolios als Vergleichsmaßstab für die aktiv verwalteten Portefeuilles ist nicht frei von Nachteilen, obwohl sich in der Literatur die Meinung durchgesetzt hat, daß dieses Referenzportfolio ausreichend sei um die Random-Walk-Hypothese zu beweisen. Es wird vernachlässigt, daß ein Buy&Hold-Portfolio keine praktische Relevanz besitzt und nur ein theoretisches Konstrukt ist. Für einen privaten Kleinanleger ist es in der Praxis nicht möglich, den gesamten Markt zu kaufen, in dem man alle auf dem Markt erhältlichen Aktien zu gleichen Anteilen kauft. Hätte man beispielsweise am 31. Juli 1997 jeweils nur eine Aktie aus dem DAX und MDAX gekauft, wäre dazu bereits ein Kapital von ca. DM 42.000 notwendig gewesen. Dieser Betrag erhöht sich um ein Vielfaches von 50 bzw. 100, wenn man berücksichtigt, daß auf bestimmten Märkten Aktien nur mit einer gewissen Mindestzahl gehandelt werden können. Zudem werden in diesem Beispiel Märkte wie der geregelte Markt oder der Freiverkehr nicht berücksichtigt. Buy&Hold-Strategien können nur von institutionellen Anlegern betrieben werden, sofern sie keinen politischen bzw. gesetzlichen Restriktionen unterliegen, die diese Strategie verhindern. So wird beispielsweise durch Vorschriften des deutschen Gesetzes über die Kapitalanlagegesellschaften (KAGG) die vollständige Nachbildung des DAX erschwert, weil nicht mehr als 10% des Portfolios in einem Wert investiert sein dürfen. Einzelne Aktien[10], deren Anteil am DAX diese Grenze überschreiten, machen die Nachbildung des Index auch für institutionelle Anleger unmöglich.

Eine weitere große Schwäche des Buy&Hold-Portfolios ist seine Investitionsstrategie. Es ist nicht sinnvoll, das gesamte Investitionskapital auf einmal in Aktien anzulegen. Die Gefahr, dadurch schlechte Einstiegskurse zu erhalten, ist zu groß. Um Portfoliopositionen aufzubauen, wäre es strategisch angeraten, von einem *Cost Average Effect* zu profitieren, in dem Aktien sukzessiv über einen größeren Zeitraum mit konstanten Geldanteilen gekauft werden. Dadurch wird ein antizyklisches Verhalten praktiziert, denn bei niedrigen Kursen werden viele und bei hohen Kursen wenige Aktien gekauft. Das Ergebnis ist ein optimierter Einstandskurs. Nach Ansicht des Verfassers kann auch bei kontinuierlichen Käufen der Buy&Hold-Strategie von einer passiven Strategie gesprochen werden, da Aktienpositionen aufgebaut werden und kein Trading stattfindet. Lediglich der Einstiegszeitpunkt wird von einem längeren Zeitraum bestimmt. Dies würde auch dazu führen, daß die Buy&Hold-Performance nicht nur von den gewählten Ein- bzw. Ausstiegspunkten der Untersuchungsperiode abhängt.

Geht man davon aus, daß das Buy&Hold-Portfolio eine gleichmäßige Investition in den

---

[10] Die Allianz AG ist mit mehr als 10% im DAX gewichtet.

7.5. IMPLIKATION FÜR DIE PRAXIS

Gesamtmarkt anstrebt, ist es fraglich, ob alle am Markt erhältlichen Aktien zu gleichen Anteilen gekauft werden dürfen. Dies würde voraussetzen, daß alle Branchen gleichstark auf dem Markt vertreten sind. Dies darf wohl bezweifelt werden. Demnach würde die gleichmäßige Investition in alle Aktien bestimmte Branchen über- oder untergewichten. Um dies zu verhindern, müßten Aktien gemäß dem Anteil ihrer Branche am Gesamtmarkt gewichtet werden. Dies erschwert die Realisierung des Buy&Hold-Portfolios umso mehr, da durch die teilweise sehr starke Diversifizierung der Unternehmen diese nicht ohne weiteres einer bestimmten Branche zugewiesen werden können.

Es ist davon auszugehen, daß ein Investor, der sich an einer Buy&Hold-Strategie orientiert, zwar den Gesamtmarkt in seinem Portfolio abbilden wird, dennoch wird er bestimmte Aktien je nach Marktlage über- bzw. untergewichten. Dies würde jedoch zu einem aktiven Portfoliomanagement führen, was nicht im Sinne der Buy&Hold-Idee ist. Es bleibt also festzuhalten, daß die Buy&Hold-Strategie durchaus modifiziert werden kann, ohne sie in ihrem Grundprinzip, nämlich der Passivität, zu verändern.

7.5 Implikation für die Praxis

Die bisherigen Ergebnisse zeigen auf, das die Entwicklung neuer Handelsstrategien zu Tradingsystemen führen kann, die überdurchschnittliche Renditenerzielungen ermöglichen. Research-Aktivitäten von Finanzinstituten belegen diese Erkenntnis. Die neuentwickelten Verfahren sind, solange sie nicht publiziert werden, den anderen Verfahren der übrigen Marktteilnehmer überlegen. Finanzinstitute sind daher gezwungen alle neuen Instrumente, wie KNN oder neue Chartverfahren wie die *Candle Sticks*, einzusetzen bzw. auf Tauglichkeit zu prüfen. Der Einsatz der neuen Verfahren ist daher immer nur zeitlich begrenzt.

7.6 Zusammenfassung

Die vorliegende Untersuchung konnte zeigen, daß es möglich ist, Portfoliomanager zu simulieren. Dabei standen den virtuellen Managern nur die Marktdaten als Informationsquelle zur Verfügung. Die Portfoliomanager sind in der Lage, autonom zu handeln und treffen Selektions- und Timingentscheidungen selbst. Sie können daher auch als Agenten bezeichnet werden, mit denen es durchaus möglich ist, einen Markt zu simulieren, in dem mehrere solcher Agenten einen Markt bilden und sie simultan auf Reaktionen anderer Marktteilnehmer reagieren. In der Untersuchung konnte gezeigt werden, daß Agenten, die einen Formelanlageplan verfolgen, eine bessere Performance erzielen als ein vergleichbarer Marktindex oder eine passive Strategie wie Buy&Hold.

Die EMH ist auf der Basis der vorliegenden Untersuchung abzulehnen. Ergebnisse vorhergehender Untersuchungen, wonach es möglich ist, mit Formelanlageplänen die Performance der Buy&Hold-Strategie zu überbieten, konnten bestätigt werden. Damit ist es möglich, Marktdaten so auszuwerten, daß man sie gewinnbringend einsetzen kann. Ein Random-Walk-Verhalten bei Aktienkursen kann vollständig ausgeschlossen werden. Es wurde jedoch in diesem Kapitel in Frage gestellt, ob die Buy&Hold-Strategie ein adäquates Meßinstrument ist, um die Markteffizienz zu prüfen. Mit einem Average-Cost-Verhalten, läßt sich langfristig jede Buy&Hold-Strategie schlagen.

Je nach Festlegung der Untersuchung lassen sich auch Ergebnisse erzielen, die die Gültigkeit der EMH belegen können. Bei partieller Betrachtung der vorgelegten Untersuchung könnte man ebenfalls zu diesem Schluß kommen. Dies liegt daran, daß die teilweise sehr guten Ergebnisse, die über KNN in der Literatur berichtet werden, nicht bestätigt werden konnten. Bei isolierter Betrachtung ihrer Leistung im Rahmen des Portfoliomanagements mußte festgestellt werden, daß sich KNN in der untersuchten Form nicht für einen Einsatz zur Simulation eines Portfoliomanagers eignen. Nur in Verbindung mit anderen Portfoliostrategien konnten die erzielten Ergebnisse als positiv gewertet werden. In der Untersuchung konnte nachgewiesen werden, daß KNN einen Formelanlageplan wie den von Levy durchaus ergänzen können. Man kann jedoch nicht zum Schluß gelangen, daß die KNN die Formelanlagepläne verbessern würden. Vielmehr stellen sie eine weitere Alternative dar, einen Formelanlageplan zu bilden. Betrachtet man den Aufwand, der notwendig ist, um die RSL mit KNN zu erweitern, muß man zu dem Schluß kommen, daß KNN nicht empfohlen werden können, um sie in der hier eingesetzten Form zu nutzen. Zudem sind die teilweise sehr zeitintensiven Trainingsdurchläufe in der Praxis ein Knock-Out-Kriterium für die KNN. Nicht zuletzt deshalb ist nach der Euphorie, die mit dem Einsatz von KNN verbunden war, etwas Ernüchterung eingetreten.

Es bleibt abschließend festzuhalten, daß ein KNN zwar ein interessantes Prognoseinstrument sein kann, der jedoch nur mit sehr großem Aufwand zum Einsatz gebracht werden kann. Damit KNN sich im Portfoliomanagement gleichberechtigt mit anderen technischen Anlageverfahren etablieren können, müssen sie in der Anwendung stark vereinfacht werden. Die Lösung dieser Aufgabe mag zwar noch einfach sein. Fraglich ist jedoch weiterhin, ob sich dieser Aufwand lohnt, da die im Portfoliomanagement erzielbaren Ergebnisse in dieser Untersuchung nicht systematisch besser sind als die anderer Verfahren. Die vorteilhaften Eigenschaften der KNN sind nach Ansicht des Verfassers nur bedingt für den Einsatz auf dem Kapitalmarkt einsetzbar. In der Bildverarbeitung oder Mustererkennung ist möglicherweise ein weitaus größeres Nutzenpotential der KNN enthalten als auf dem untersuchten Kapitalmarkt.

Anhang A

Datenbasis

Tabelle A.1: Untersuchte Aktien des DAX

Wertpapiernummer	Name der Aktie
503800	AEG AG
515100	BASF AG
519000	Bayerische Motoren Werke AG
543900	Continental AG
550000	Daimler - Benz AG
575200	Bayer AG
575800	Hoechst AG
593700	MAN AG
620000	Hoesch AG
627500	Karstadt AG
630500	Kloeckner - Humboldt - Deutz AG
648300	Linde AG
656000	Mannesmann AG
678000	Kloeckner - Werke AG
695200	Preussag AG
703700	RWE AG
716200	Kali und Salz AG
723600	Siemens AG
748500	Thyssen AG VM A. Thyssen - Huette
781900	Kaufhof Holding AG
802000	Bayerische Hyphoteken u. Wechselbank AG
802200	Bayerische Vereinsbank AG
803200	Commerzbank AG
804010	Deutsche Bank AG
804610	Dresdner Bank AG
529100	Asea Brown Boveri
550700	Deutsche Babcock AG

Tabelle A.2: Untersuchte Aktien des MDAX

Wertpapiernummer	Name der Aktie
500100	Varta
502820	Agiv
508850	AVA
520000	Beiersdorf
527800	Buderus
530300	Bekula (Bewag)
543900	Continental
550700	Deutsche Babcock StA
555030	Brau und Brunnen
559103	Dyckerhoff
575470	FAG Kugelfischer StA
585800	Gehe
587300	Gerresheimer Glas
590900	Bilfinger&Berger
604700	Heidelberger Zement StA
605630	Lahmayer
607000	Hochtief
608200	Holzmann
609900	Douglas Holding
620440	IWKA
626910	Kampa-Haus
630500	Deutz
632030	Kolbenschmidt
633503	Krones VA
660200	Metallgesellschaft
678000	Klöckner Werke
688980	PWA
693773	Porsche VA
696960	Puma
703000	Rheinmetall StA
719230	Schmalbach Lubeca
728300	Strabag StA
760080	Altana
776563	Wella VA
802322	Bankgesellschaft Berlin
802500	BHF-Bank
806330	IKB

Anhang B

Ergebnisse der Untersuchung zur KNN-Selektion

234　ANHANG B. ERGEBNISSE DER UNTERSUCHUNG ZUR KNN-SELEKTION

Tabelle B.1: Resilient Propagation 20→10→1

Sample	Trefferquote			Nettoertrag		Häufigkeiten			
						Trefferquote		Nettoertrag	
	min	max	durchschn.	min	max	> 50%	< 50%	> 0	< 0
$S^1_{(1000,300,100)}$	0.40	0.63	0.49	-141.96	209.53	10	16	15	11
$S^1_{(1000,300,50)}$	0.38	0.67	0.48	-34.05	141.99	10	16	15	11
$S^1_{(1000,200,100)}$	0.36	0.62	0.53	-60.02	361.47	20	6	23	3
$S^1_{(1000,200,50)}$	0.36	0.69	0.53	-40.00	196.99	19	7	22	4
$S^1_{(1000,100,100)}$	0.34	0.59	0.47	-60.41	163.31	7	19	16	10
$S^1_{(1000,100,50)}$	0.33	0.53	0.46	-23.83	80.50	7	19	16	10
$S^1_{(700,300,100)}$	0.37	0.56	0.40	-51.80	78.95	8	18	17	9
$S^1_{(700,300,50)}$	0.20	0.53	0.46	-45.40	16.91	3	23	6	20
$S^1_{(700,200,100)}$	0.32	0.58	0.41	-39.49	45.31	6	20	10	16
$S^1_{(700,200,50)}$	0.27	0.58	0.45	-53.00	7.03	4	22	2	24
$S^1_{(700,100,100)}$	0.32	0.55	0.49	-61.71	50.40	6	20	10	16
$S^2_{(700,100,100)}$	0.32	0.55	0.48	-250.73	151.19	6	20	10	16
$S^1_{(700,100,50)}$	0.38	0.58	0.45	-75.04	44.60	11	15	20	6
$S^2_{(700,100,50)}$	0.38	0.58	0.46	-117.18	87.29	11	15	20	6
$S^1_{(500,300,100)}$	0.32	0.55	0.49	-61.71	50.40	6	20	10	16
$S^2_{(500,300,100)}$	0.32	0.55	0.49	-241.12	222.76	6	20	10	16
$S^1_{(500,300,50)}$	0.38	0.58	0.48	-75.04	44.60	8	18	20	6
$S^2_{(500,300,50)}$	0.38	0.58	0.47	-244.79	177.13	8	18	20	6
$S^1_{(500,200,100)}$	0.31	0.64	0.47	-63.28	129.49	6	20	14	12
$S^2_{(500,200,100)}$	0.32	0.64	0.48	-283.27	325.84	6	20	14	12
$S^1_{(500,200,50)}$	0.29	0.69	0.48	-30.29	31.00	6	20	15	11
$S^2_{(500,200,50)}$	0.29	0.69	0.46	-42.72	145.63	6	20	15	11
$S^1_{(500,100,100)}$	0.39	0.58	0.49	-60.60	90.05	12	14	16	10
$S^2_{(500,100,100)}$	0.39	0.59	0.48	-118.24	196.70	12	14	16	10

Tabelle B.2: Backpercolation 20→10→1

Sample	Trefferquote		Nettoertrag		Häufigkeiten			
					Trefferquote		Nettoertrag	
	min	max	min	max	> 50%	< 50%	> 0	< 0
$S^1_{(1000,300,100)}$	0.40	0.63	-84.74	609.87	10	16	14	12
$S^1_{(1000,300,50)}$	0.38	0.60	-100.58	336.05	10	16	14	12
$S^1_{(1000,200,100)}$	0.35	0.64	-66.71	315.90	21	5	23	3
$S^1_{(1000,200,50)}$	0.36	0.69	-94.99	342.75	20	6	22	4
$S^1_{(1000,100,100)}$	0.36	0.60	-58.97	155.36	8	18	14	12
$S^1_{(1000,100,50)}$	0.31	0.53	-72.35	95.72	6	20	15	11
$S^1_{(700,300,100)}$	0.37	0.56	-154.34	74.79	8	18	17	9
$S^1_{(700,300,50)}$	0.20	0.53	-189.82	38.42	3	23	5	21
$S^1_{(700,200,100)}$	0.32	0.58	-65.74	41.81	7	19	10	16
$S^1_{(700,200,50)}$	0.27	0.58	-89.51	11.39	6	20	2	24
$S^1_{(700,100,100)}$	0.29	0.54	-224.89	83.93	0	26	0	26
$S^2_{(700,100,100)}$	0.29	0.54	-281.44	59.08	0	26	0	26
$S^1_{(700,100,50)}$	0.38	0.58	-104.82	70.63	10	16	20	6
$S^2_{(700,100,50)}$	0.38	0.60	-276.02	169.51	10	16	20	6
$S^1_{(500,300,100)}$	0.29	0.55	-246.79	131.24	4	22	7	19
$S^2_{(500,300,100)}$	0.29	0.55	-457.95	413.28	4	22	7	19
$S^1_{(500,300,50)}$	0.38	0.58	-302.90	122.96	10	16	20	6
$S^2_{(500,300,50)}$	0.38	0.58	-562.07	360.10	10	16	20	6
$S^1_{(500,200,100)}$	0.31	0.64	-198.04	225.82	6	20	12	14
$S^2_{(500,200,100)}$	0.31	0.64	-175.00	287.07	6	20	12	14
$S^1_{(500,200,50)}$	0.31	0.69	-124.30	185.15	8	18	18	8
$S^2_{(500,200,50)}$	0.31	0.69	-130.75	191.96	8	18	18	8
$S^1_{(500,100,100)}$	0.39	0.56	-19.51	96.01	11	15	19	7
$S^2_{(500,100,100)}$	0.39	0.56	-32.44	51.86	11	15	19	7

Tabelle B.3: Backpropagation Momentum 20→10→1

Sample	Trefferquote		Nettoertrag		Häufigkeiten			
					Trefferquote		Nettoertrag	
	min	max	min	max	> 50%	< 50%	> 0	< 0
$S^1_{(1000,300,100)}$	0.40	0.63	-84.74	609.87	11	15	15	11
$S^1_{(1000,300,50)}$	0.38	0.67	-68.11	336.05	10	16	15	11
$S^1_{(1000,200,100)}$	0.35	0.64	-66.71	315.90	21	5	23	3
$S^1_{(1000,200,50)}$	0.36	0.69	-94.99	342.75	20	6	22	4
$S^1_{(1000,100,100)}$	0.36	0.61	-58.97	155.36	10	16	16	10
$S^1_{(1000,100,50)}$	0.31	0.53	-52.22	95.72	6	20	15	11
$S^1_{(700,300,100)}$	0.37	0.56	-154.34	74.79	8	18	17	9
$S^1_{(700,300,50)}$	0.20	0.53	-189.82	38.42	3	23	6	20
$S^1_{(700,200,100)}$	0.32	0.58	-65.74	41.81	7	19	9	17
$S^1_{(700,200,50)}$	0.27	0.58	-89.51	11.39	5	21	2	24
$S^1_{(700,100,100)}$	0.29	0.54	-224.89	83.93	4	22	0	26
$S^2_{(700,100,100)}$	0.29	0.54	-281.44	59.08	4	22	0	26
$S^1_{(700,100,50)}$	0.38	0.58	-104.82	70.63	8	18	18	8
$S^2_{(700,100,50)}$	0.38	0.58	-276.02	169.51	8	18	18	8
$S^1_{(500,300,100)}$	0.29	0.55	-246.79	131.24	2	24	7	19
$S^2_{(500,300,100)}$	0.29	0.55	-457.95	413.28	2	24	7	19
$S^1_{(500,300,50)}$	0.38	0.58	-302.90	122.96	8	18	20	6
$S^2_{(500,300,50)}$	0.38	0.58	-562.07	360.10	8	18	20	6
$S^1_{(500,200,100)}$	0.31	0.64	-198.04	225.82	6	20	12	14
$S^2_{(500,200,100)}$	0.31	0.64	-175.00	287.07	6	20	12	14
$S^1_{(500,200,50)}$	0.31	0.69	-124.30	185.15	6	20	16	10
$S^2_{(500,200,50)}$	0.31	0.69	-130.75	191.96	6	20	16	10
$S^1_{(500,100,100)}$	0.39	0.56	-15.28	51.86	10	16	22	4
$S^2_{(500,100,100)}$	0.39	0.56	-11.89	96.01	10	16	22	4
$S^1_{(500,100,50)}$	0.33	0.58	-19.23	90.72	11	15	24	2
$S^2_{(500,100,50)}$	0.33	0.58	-43.21	90.27	11	15	24	2

Anhang C

Shell-Skripte für die Untersuchungen

```
PATHDATA= '/home/be/SNNS_DATA/'
PATHPROG='/home/be/CProg/C++Prg/'
SNNS='/home/be/SNNSv4.0/batchman'
BATCHFILE=$PATHDATA'BatchFileEmpirie'
PREPROCESS=$PATHPROG'PreProcess'
POSTPROCESS=$PATHPROG'PostProcess'
a=1
for T in 1000 700 500 #Trainingsmenge
do

  for V in 300 200 100 #Validierungsmenge
  do
    for G in 100 50 #Generalisierungsmenge
    do
      for L in 1 #Lags der Zeitfenster
      do
        $PREPROCESS $1 -i 02040609 -f 5 -l $L -t $T -v $V -g $G -r $1 -s 3
        echo $SNNS -f $BATCHFILE
        $SNNS -f $BATCHFILE
        echo "PreProcess $1 -i 02040609 -f 5 -l $L -t $T -v $V -g $G -r $1
        -s 3" > $PATHDATA$a.tex
        grep -w $LernRegel $PATHPROGLearnParam.ini >> $PATHDATA$a.tex
        $POSTPROCESS MSE $PATHDATA$a.tex
        $POSTPROCESS MAE $PATHDATA$a.tex
        $POSTPROCESS DIRCH $PATHDATA$a.tex
        $POSTPROCESS NR $PATHDATA$a.tex
        $PATHDATA'clean_dir' "$PATHDATA"
        mv $PATHPROG'snnsbat.log' $PATHDATA$a.log
        a=`expr $a + 1`
      done
    done
  done

done
```

Abbildung C.1: Sub-Shell für empirische Untersuchung

```
if [ $# = 0 ]
then

  clear
  echo   " falscher Aufruf von $0 "
  echo   ' Empirie DatenListe Lernregel'
  echo   ' '
  echo   'Datenliste: AktienListe, DevisenListe'
  echo   ' '
  echo   'Lernregeln: Bp, BpM, RProp, BPerc, QckPr, CC'
  echo   ' '
         exit 1
fi
case $2 in

  all)    echo "Es werden alle Lernregeln getestet";;
  Bp)     echo "Backpropagation";;
  BpM)    echo "Backpropagation Momentum";;
  BpWD)   echo "Backpropagation Momentum";;
  BPerc)  echo "Backpercolation";;
  RProp)  echo "RProp";;
  QckPr)  echo "Quickpropagation";;
  CC)     echo "Cascade Correlation";;
  *)      echo "Lernregel" $2 "nicht gefunden"
          exit 1 ;;

esac

if [ $LR = 'all' ]
then

  for LernRegel in Bp BpM BpWD BPerc RProp QckPr CC
  do
    LR=$LernRegel
    Untersuchung $LR
    tar cvf $PATHDATA$LernRegel.tar $PATHDATA*.tex
    gzip $PATHDATA$LernRegel.tar
    rm $PATHDATA*.tex
  done

else

    LR=$2
    Untersuchung $LR

fi
```

Abbildung C.2: Shell-Script für empirische Untersuchung

Anhang D

TCL-Hauptskript: Portfolio

```
#!/usr/X11R6/bin/wish -f
lappend auto_path /home/be/TclTk/Portfolio
UpdateIndex /home/be/TclTk/Portfolio
set DataDir /home/be/TclTk/Portfolio/Depot
set homeDir /home/be
set progDir $homeDir/CProg/C++Prg
set scriptName $progDir/Empirie

##########################################
# ALLGEMEINES ZUM HAUPTENSTER
##########################################
wm title . 'KNN im Portfoliomanagement'
wm minsize . 450 300
wm iconname . 'KNN-Portfolio'
catch {image delete portrait}
image create photo emblem -file /home/be/TclTk/Portfolio/Images/DissEmblem.gif
label .emblem -image emblem
place .emblem -in . -relx 0.5 -rely 0.5 -anchor center
##########################################
# GLOBALE VARIABLEN
##########################################
# Initialisierung des KNN-Designs

set hiddenLayer(NLayer) 1
set inputLayer(NLayer) 1
set inputLayer(NUnits) 20
set outputLayer(NLayer) 1
set outputLayer(NUnits) 1
set pruningSelection 2
set dirBrowserFileName ''
# Initialisierung ES
set populationSize 4
```

```
set generationSize 4
set scaleOfMutation 0.1
set elitistNum 1
# heiratsSchema = 1 ==> Ein-Punkt-Crossover
# heiratsSchema = 2 ==> Roulette Wheel
set heiratsSchema 1
# Initialisierung der Lernregel
set lr Bp
# Initialisierung der Lernparameter
set learningrate 0.2
set knnMomentum 0.3
set weightDecay 0.0001
set r1 0.1
set r2 40
# Initialisierung der Datenmengegröße
set epoch 500
set trainingsmenge 1000
set validierungsmenge 500
set generalisierungsmenge 100
# Initialisierung des Kommandozeilenbefehls
set input 02040609
set lag 1
set fenster 5
# Initialisierung der technischen Indikatoren
set rsi(name) {RSI nach Wilder}
set rsi(auswahl) 1
set rsi(lag) 14
set ma(name) {Moving Average}
set ma(auswahl) 1
set momentum(lag) 10
set momentum(auswahl) 1
set momentum(name) {Momentum}
set ma(lag) 200
set oszi(lag) 20
set macd(lag) 19
set signal(lag) 10
set kodierung 1
#########################################
# BEGIN MENU-DEFINITION
#########################################

MenuSetup .pf
#----------------------------------------------------------------------
#Hier werden die einzelnen Menüpunkte gesetzt.Es handelt sich dabei um
#Pulldown-Menüs deren Unterpunkte auch direkt spezifiziert werden.
```

```
#----------------------------------------------------------------------
#----------
Menu Datei left 1
#----------
MenuCommand Datei 'Datei Öffnen ...' MenuFileOpen
MenuCommand Datei 'Neu' MenuFileNew
#{ list [ MenuFileNew $dirBrowserFileName ] }
MenuCommand Datei 'Speichern' MenuFileSave
MenuCommand Datei 'Speichern unter ...' MenuFileSaveAs
MenuSeparator Datei
MenuCommand Datei 'Drucken ...' {MenuFilePrint $DataDir/$dirBrowserFileName}
MenuCommand Datei 'Druckereinstellung ...' MenuFilePrinterSetup
MenuSeparator Datei
MenuCommand Datei 'Beenden' {destroy .}
#----------
Menu KNN left 0
#----------
#----------
MenuCascade KNN Inputvariablen
MenuCascade Inputvariablen 'Techn. Indikatoren'
MenuCascade 'Techn. Indikatoren' Auswahl
MenuCheck Auswahl RSI-Wilder rsi(auswahl)
MenuCheck Auswahl Momentum momentum(auswahl)
MenuCheck Auswahl 'Moving Average' ma(auswahl)
MenuCheck Auswahl Oszillator oszi(auswahl)
MenuCheck Auswahl MACD macd(auswahl)
MenuCheck Auswahl Signal signal(auswahl)
MenuSeparator Auswahl
MenuCommand Auswahl 'aktuelle Auswahl' 'ShowVariables .pf.knn
rsi(auswahl) momentum(auswahl) ma(auswahl) oszi(auswahl) macd(auswahl)
signal(auswahl)'
MenuCascade 'Techn. Indikatoren' Lags
MenuRadio Lags 'RSI 14' rsi(lag) 14
MenuRadio Lags 'RSI 9' rsi(lag) 9
MenuSeparator Lags
MenuRadio Lags 'Momentum 10' momentum(lag) 10
MenuRadio Lags 'Momentum 5' momentum(lag) 5
#MenuCommand Lags 'Benutzerdefiniert ...' {list [GetParameter
'$momentum(name)' momentum(lag) ]}
MenuCommand Lags 'Benutzerdefiniert ...' {list [GetMom
'$momentum(name)'
momentum(lag) ]}
MenuSeparator Lags
MenuRadio Lags 'Moving Average 200' ma(lag) 200
MenuRadio Lags 'Moving Average 100' ma(lag) 100
```

```
MenuRadio Lags 'Moving Average 38' ma(lag) 38
#MenuCommand Lags 'Benutzerdefiniert ...' {list [GetParameter
'$ma(name)' ma(lag) ]}
MenuCommand Lags 'Benutzerdefiniert ...' {list [GetMa '$ma(name)'
ma(lag) ]}
MenuSeparator Lags
MenuRadio Lags 'Oszillator 20/10' oszi(lag) 20
MenuRadio Lags 'Oszillator 19/20' oszi(lag) 19
MenuSeparator Lags
MenuRadio Lags 'MACD 19' macd(lag) 19
MenuRadio Lags 'MACD 20' macd(lag) 20
MenuSeparator Lags
MenuRadio Lags 'Signal 10/20/20' signal(lag) 10
MenuSeparator Lags
MenuCommand Lags 'aktuelle Auswahl' 'ShowVariables .pf.knn rsi(lag)
ma(lag) momentum(lag) macd(lag) oszi(lag) signal(lag)'
MenuCommand Inputvariablen 'weitere Inputvariablen' WeitereVariablen
#----------
MenuSeparator KNN
MenuCascade KNN Lernregel
MenuRadio Lernregel Backpropagation lr Bp
MenuRadio Lernregel 'Backpropagation Momentum' lr BpM
MenuRadio Lernregel Backpercolation lr BPerc
MenuRadio Lernregel RProp lr RProp
MenuRadio Lernregel QuickPropagation lr QckPr
MenuSeparator Lernregel
MenuCommand Lernregel 'aktuelle Auswahl' 'ShowVariables .pf.knn lr'
#----------
MenuCascade KNN Lernparameter
MenuCascade Lernparameter Lernrate
for {set i 1} {$i < 10} {incr i 1} {
MenuRadio Lernrate ' [expr $i / 10.0] ' learningrate [expr $i / 10.0]
}
MenuSeparator Lernrate
MenuCommand Lernrate 'Benutzerdefiniert ...' {list [GetParameter
'Learningrate' learningrate ]}
MenuSeparator Lernrate
MenuCommand Lernrate 'aktuelle Auswahl' 'ShowVariables .pf.knn learningrate'
MenuCascade Lernparameter Momentum
for {set i 1} {$i < 10} {incr i 1} {
MenuRadio Momentum ' [expr $i / 10.0] ' knnMomentum [expr $i / 10.0]
}
MenuSeparator Momentum
MenuCommand Momentum 'Benutzerdefiniert ...'{list [GetParameter
'Momenutm Bp' knnMomentum ]}
```

```
MenuSeparator Momentum
MenuCommand Momentum 'aktuelle Auswahl' 'ShowVariables .pf.knn knnMomentum'
MenuCascade Lernparameter 'RProp'
MenuCascade RProp 'RProp eins'
MenuRadio 'RProp eins' 0.1 r1 0.1
MenuRadio 'RProp eins' 40 r1 40
MenuSeparator 'RProp eins'
MenuCommand 'RProp eins' 'Benutzerdefiniert ...'{list [GetParameter
'RProp1' r1]}
MenuSeparator 'RProp eins'
MenuCommand 'RProp eins' 'aktuelle Auswahl' 'ShowVariables .pf.knn r1'
MenuCascade RProp 'RProp zwei'
MenuRadio 'RProp zwei' 40 r2 40
MenuRadio 'RProp zwei' 50 r2 50
MenuSeparator 'RProp zwei'
MenuCommand 'RProp zwei' 'Benutzerdefiniert ...'{list [GetParameter
'RProp2' r1 ]}
MenuSeparator 'RProp zwei'
MenuCommand 'RProp zwei' 'aktuelle Auswahl' 'ShowVariables .pf.knn r2'
MenuCascade Lernparameter 'Weight Decay'
MenuRadio 'Weight Decay' 0.0000 weightDecay 0.0000
MenuRadio 'Weight Decay' 0.0001 weightDecay 0.0001
MenuSeparator 'Weight Decay'
MenuCommand 'Weight Decay' 'Benutzerdefiniert ...' { list
MenuSeparator 'Weight Decay'
MenuCommand 'Weight Decay' 'aktuelle Auswahl' 'ShowVariables .pf.knn weightDecay'
#----------
MenuSeparator KNN
MenuCascade KNN 'Epochen'
MenuRadio Epochen 100 epoch 100
MenuRadio Epochen 500 epoch 500
MenuRadio Epochen 1000 epoch 1000
MenuSeparator Epochen
MenuCommand Epochen 'Benutzerdefiniert ...' {list [GetParameter 'Epochen' epoch ]}
MenuSeparator Epochen
MenuCommand Epochen 'aktuelle Auswahl' 'ShowVariables .pf.knn epoch'
#----------
MenuSeparator KNN
MenuCascade KNN 'Datenmengen'
MenuCascade Datenmengen 'Training'
MenuRadio Training 1000 trainingsmenge 1000
MenuRadio Training 700 trainingsmenge 700
MenuRadio Training 500 trainingsmenge 500
MenuSeparator Training
MenuCommand Training 'Benutzerdefiniert ...'
```

```
{list [GetParameter 'Trainingsmenge' trainingsmenge ]}
MenuCascade Datenmengen 'Validierung'
MenuRadio Validierung 500 validierungsmenge 500
MenuRadio Validierung 300 validierungsmenge 300
MenuRadio Validierung 100 validierungsmenge 100
MenuSeparator Validierung
MenuCommand Validierung 'Benutzerdefiniert ...'
{list [GetParameter 'Validierungsmenge' validierungsmenge ]}
MenuCascade Datenmengen 'Generalisierung'
MenuRadio Generalisierung 100 generalisierungsmenge 100
MenuRadio Generalisierung 50 generalisierungsmenge 50
MenuSeparator Generalisierung
MenuCommand Generalisierung 'Benutzerdefiniert ...'
{list [GetParameter 'Generalisierungsmenge' generalisierungsmenge ]}
#----------
MenuSeparator KNN
MenuCascade KNN 'Kodierung'
MenuRadio Kodierung Refenes kodierung 1
MenuRadio Kodierung Grino kodierung 2
#----------
MenuSeparator KNN
MenuCascade KNN 'Design'
MenuCascade Design 'Input Layer'
MenuCommand 'Input Layer' 'Anzahl Neuronen' {list [ GetNumInputUnits 'Input Units']}
MenuCascade Design 'Hidden Layer'
MenuCommand 'Hidden Layer' 'Anzahl Schichten' {list [ GetNumHiddenLayer 'Hidden Layer']}
MenuCommand 'Hidden Layer' 'Anzahl Units' {list [ GetNumHiddenUnits 'Hidden Units']}
MenuCascade Design 'Output Layer'
MenuCommand 'Output Layer' 'Anzahl Neuronen' OutputUnitsRemark
MenuSeparator Design
#$m add command -label 'Benutzerdefiniert ...' -command {list [GetMa $ma(name) ]}
MenuCommand Design 'akt. Netzdesign' NDesign
#----------
MenuCascade KNN Pruning
MenuRadio Pruning 'Weight Pruning' pruningSelection 1
MenuRadio Pruning 'Input Pruning' pruningSelection 2
MenuRadio Pruning 'Hidden Layer Pruning' pruningSelection 3
#----------
Menu Portfolio left 0
#----------
#MenuCascade Portfolio Bestandsliste
#MenuCommand Bestandsliste 'Depot-Auszug' {ShowPortfolio .pf.depot
$DataDir/$dirBrowserFileName}
MenuCascade Portfolio Upgrading
MenuCascade Upgrading Individuell
```

```
MenuCommand Individuell 'Kaufen' {BuyStock $DataDir/$dirBrowserFileName }
MenuCommand Individuell 'Verkaufen' {SellStock $DataDir/$dirBrowserFileName }
MenuSeparator Upgrading
MenuSeparator Portfolio
MenuCommand Portfolio Bestandsliste {ShowPortfolio .pf.depot
$DataDir/$dirBrowserFileName}
MenuCascade Upgrading Levy
MenuCommand Levy 'Uprading Vorschlag'
UpgraPf}
MenuSeparator Upgrading
MenuCascade Upgrading 'Levy & techn. Indikatoren'
MenuCommand 'Levy & techn. Indikatoren' 'Uprading Vorschlag' {UpgraLevy}
MenuSeparator Upgrading
MenuCascade Upgrading KNN
#MenuCascade Portfolio Performance
MenuSeparator Portfolio
MenuCascade Portfolio Performance
MenuCascade Performance Rendite
MenuCascade Performance Risiko
MenuSeparator Portfolio
MenuCascade Portfolio Einstellungen
MenuCascade Einstellungen Levy
MenuCascade Einstellungen 'Levy & techn. Indikatoren'
MenuCascade Einstellungen KNN
#----------
Menu Empirie left 1
MenuCascade Empirie 'Ausführen mit ...'
MenuCommand 'Ausführen mit ...' '... aktuellen Parametern' {
StartEmpirie -i $input -f $fenster -l $lag -t $trainingsmenge -v
$validierungsmenge -g $generalisierungsmenge -i $inputLayer(NUnits)
$lr $learningrate}
MenuCommand 'Ausführen mit ...' '... Empirie-Skript' {
StartEmpirieSkript $scriptName }
MenuCommand 'Ausführen mit ...' '... Evolutionsstrategie'
{ Evs ListParamES}
#----------


#----------
Menu Daten left 0
#----------
MenuCascade Daten Aktualisieren
MenuCascade Daten Plotten
#MenuCommand Plotten Aktie {exec xterm -e gnuplot
/home/be/Diss/Figures/regression.gplot}
```

```
MenuCommand Plotten Aktie {PlotSimpleStock $DataDir/$dirBrowserFileName}
MenuCascade Daten Fonds
#----------
Menu Evolution left 1
#----------
MenuCascade Evolution Population
MenuCascade Population Groesse
for {set i 2} {$i < 7} {incr i 2} {
  MenuRadio Groesse ' [expr $i ] ' populationSize [expr $i ]
}
MenuCascade Evolution Generation
MenuCascade Generation Groesse
for {set i 1} {$i < 5} {incr i 1} {
  MenuRadio Groesse ' [expr $i ] ' generationSize [expr $i ]
}
MenuCascade Evolution Mutation
MenuCascade Mutation 'Skalierungsfaktor Metamutation'
for {set i 1} {$i < 9} {incr i 1} {
  MenuRadio 'Skalierungsfaktor Metamutation' ' [expr $i / 10.0 ] '
  scaleOfMutation [expr $i / 10.0 ]
}
MenuCascade Evolution Selektion
MenuCascade Selektion 'Anzahl Elitisten'
for {set i 1} {$i < 5} {incr i 1} {
  MenuRadio 'Anzahl Elitisten' ' [expr $i ] ' elitistNum [expr $i ]
}
MenuCascade Selektion Fortpflanzung
MenuRadio Fortpflanzung '1-Punkt Crossover' heiratsSchema 1
MenuRadio Fortpflanzung 'Roulette Wheel' heiratsSchema 2

#----------
Menu Etc left 0
#----------
MenuCascade Etc Optionspreisbewertung
MenuCommand Optionspreisbewertung Black&Scholes { BlackScholes .pf.bs }
MenuSeparator Etc
MenuCommand Etc Debug { InsertStockInDepot /home/be/TclTk/Portfolio/Data/test.dat }
MenuSeparator Etc
```

```
MenuCommand Etc Taschenrechner { exec wish -f calc.tk &}
#----------
Menu Hilfe right 0
#----------
MenuCommand Hilfe Bedienungsanleitung Anleitung
MenuCommand Hilfe Version Version
MenuCommand Hilfe Copyright Copyright
MenuCommand Hilfe '?' InternetAdressen
MenuSeparator Hilfe
MenuCommand Hilfe Autor Autor


##########################################
# END MENU-DEFINITION
##########################################



##########################################
# TASTENBINDUNGEN
##########################################
MenuBind . <t> Hilfe Autor
#MenuBind .Datei <a> Datei 'Datei Öffnen ...'
#Statuszeile
label .status
-relief sunken
-foreground blue
-borderwidth 2
-text 'Kuenstliche Neuronale Netze im Portfoliomanagement'
pack .status -fill x -anchor w -side bottom
```

Literaturverzeichnis

Auckenthaler, C. (1991). *Mathematische Grundlagen des modernen Portfolio-Management.* Bern, Stuttgart: Verlag Paul Haupt.

Azoff, E. M. (1994). *Neural Network Time Series Forecasting of Financial Markets.* John Wiley And Sons.

Backhaus, K., Erichson, B., P., Wulff, Weiber, R. (1994). *Multivariate Analysemethoden.* Springer Verlag.

Bauer, C. (1992). *Das Risiko von Aktienanlagen. Die fundamentale Analyse und Schätzung von Aktienrisiken.* Müller Botermann, Reihe: Finanzierung, Steuern, Wirtschaftsprüfung.

Baum, E., Haussler, D. (1994). What Size Net Gives Valid Generalization. *Neural Computation, Vol. 1*, 151–160.

Baun, S. (1994). *Neuronale Netze in der Aktienkursprognose.* Heinz Rehkugler und H.G. Zimmermann Hrsg., 131 - 207.

Bawa, V. (1982). Stochastic Dominance: A Research Bibliography. *Management Science*, 28(6), 698–712.

Benenati, I., Fahrion, R. (1993). Kopplung einer Selektionsstrategie mit quantitativ-technischen Indikatoren. Eine empirische Untersuchung zur technischen Aktienanalyse. *Diskussionsschriften, Universität Heidelberg.*

Benischek, E. (1974). *Technische Aktienanalyse. Eine Untersuchung zur theoretischen Fundierung und empirischen Überprüfung ausgewählter Methoden der technischen Aktienanalyse.* Diss., Universität München.

Berns, K., Kolb, T. (1994). *Neuronale Netze für technische Anwendungen.* Springer Verlag.

Bey, R. P., Howe, K. M. (1984). Gini's Mean Difference & Portfolio Selection: An empirical Evaluation. *Journal of Financial and Quantitative Analysis*, Jg. 19, 329–338.

Bharath, R., Drosen, J. (1994). *Neural Network Computing.* Windcrest, McGraw-Hill.

Black, F., Scholes, M. (1973). The Pricing of Potions and Corporate Liabilities. *Journal of Political Economy*, 81, 637–654.

Blake, D. (1990). *Financial Market Analysis.* McGraw-Hill book Company (UK) Limited.

Blume. (1971). On the Assessment of Risk. *Journal of Finance Vol. 26*, 1–10.

Bollerslev, T. (1986). Generalized Autoregressive Conditional Heteroscedasticity. *Journal of Econometrics*, 307–327.

Bornhold, S., Graudenz, D. (1992). General Asymmetric Neural Networks and Structure Design by Genetic Algorithms. *Neural Networks*, Band 5, 727–334.

Bower, R. S., Wippern, R. F. (1969). Risk-Return Measurement in Portfolio Selection and Performance Appraisal Models: Progres Report. *Journal of Financial and Quantitative Analysis*, 4, 417–447.

Braun, H., Riedmüller, M. (1993). Rprop A Fast and Robust Backpropagation Learning Strategy. *Proc. of the ACNN, 1993*, 586–591.

Brown, C. (1993). Neural Networks with Learning Disabilities. *Technical Analysis of Stocks and Commodities, Mai 1993*, 50 ff.

Bruns, C., Meyer-Bullerdiek, F. (1996). *Professionelles Portfoliomanagement: Aufbau, Umsetzung und Erfolgskontrollen strukturierter Anlagestrategien unter Einsatz von Derivaten.* Stuttgart: Schäffer-Poeschel Verlag.

Bühler. (1994). *Erfolgsmessung und Erfolgsanalyse im Portfoliomanagement.* Frankfurt: Fritz Knapp Verlag.

Caroll, C., Thistle, P. D., Wei, K. C. (1992). The Robustness of Risk-Return Nonlinearities to the Normality Assumption. *Journal of Financial and Quantitative Analysis*, Jg. 27, 419–435.

Cauchy, A. (1847). *Méthode Général pour la Résolution des Systéms d' Équations Simulationées.* Comp. rend. Acad. Sci. 536-538.

Chiu, W. C., Hines, E. L. (1991). A Rule Based Dynamic Back-Propagation (DBP) Network. *IEEE 2nd International Conference on Artificial Neural Networks, Conference Publication Number 349, 18-20 November, 1991*, 170–174.

LITERATURVERZEICHNIS

Chopra, V. K., Ziembra, W. T. (1993). The Effect of Errors in Means, Variances and Covariances on Optimal Portfolio Choise. *Journal of Portfolio Management*, No. 2, 6-11.

Corhay, A., Rad, T. (1994). Statistical Properties of Daily Returns: Evidence from European Stock Markets. *Journal of Business, Finance and Accounting*, 21, 271-282.

Cornell, B. (1979). Asymmetric Information and Portfolio Performance Measurement. *Journal of Financial Economics*, 10, 381-390.

Domke, H.-M. (1987). *Rendite und Risiko von Aktien kleiner Börsengesellschaften.*

Elton, E., Gruber, M. (1981). *Modern Portfolio Theory and Investment Analysis.* John Wiley & Sons.

Eubank, R. L. (1988). *Spline Smoothing and Nonparametric Regression.* Marcel Dekker Inc.

Fahlman, E. S. (1989). *An Empirical Study Of Learning Speed in Back-Propagation Networks.* in D. S. Touretzky, G. Hinton, T. Sejnowski (Eds.) Proc. of the 1988 Connectionist Models Summer School, June 17-26, 1988, Carnegie Mellon University, Morgan Kaufmann, 1988.

Fahlman, E. S., Lebière, C. (1990). The Cascade-Correlation Learning Architecture. *Aufsatz.*

Fama, E. F. (1965). The Behavior of Stock Market Prices. *Journal of Business*, 38.

Fama, E. F. (1972). Components of Investment Performance. *Journal of Finance*, 27(3), 551-568.

Finnof, W., Zimmermann, H.-G. (1991). *Detecting Structure In Small Data Sets By Network Fitting Under Complexity Constraints.* in Proceedings of the 2nd Annual Workshop Computational Learning Theory and Natural Learning Systems, Berkley, 1991.

Fisher, L. (1966). An Algorithm for Finding Exact Rates of Return. *Journal of Finance*, 39, 111-118.

Franke, G., Hax, H. (1990). *Finazwirtschaft des Unternehmens und Kapitalmarkt.* 2 Auflage.

Frantzmann, H. J. (1990). Zur Messung des Marktrisikos deutscher Aktien. *Zeitschrift für Betriebswirtschaftliche Forschung 42 Jg.*, 67-83.

Füser, K. (1995). *Neuronale Netze in der Finanzwirtschaft. Innovative Konzepte und Einsatzmöglichkeiten.* Gabler Verlag.

Gately, J. E. (1996). *Neural Networks For Financial Forecasting.* John Wiley & Sons, Inc.

Geisser, S. (1975). The Predictive Sample Reuse Method With Applications. *Journal of The American Statistical Association 70,* 70.

Goldberg, D. (1989). *Genetic Algorithm in Search, Optimization and Machine Learning.* Addison Wesley, Reading.

Gorman, R. P., Sejenowski, T. P. (1988). Analysis of hidden units in layered network trained to classify sonar targets. *Neural Networks, 1,* 75–89.

Gorse, D., Shepard, A. (1993). A Classical Algorithm For Avoiding Local Minima. *Unveröffentlichter Aufsatz.*

Gothein, W. (1995). *Evaluation von Anlagestrategien.* Gabler Verlag.

Graf, J. (1991). *Stock Market Prediction with Neural Networks.* in: Operations Research 91, extended Abstracts on the 16th Symposium on Operations Research in Trier. Hrsg. Gritzmann, Heidelberg, 496-499.

Grandin, J. F., Braban, B., Ledoux, C., Halioua, A. (1993). Comparing Parameters Selection Methods And Weight Rounding Techniques To Optimize The Learning In Neural Networks. *3rd International Conference on Artificial Neural Networks, Conference Publication Number 372, 25-27 May, 1993.*

Grino, R. (1992). Neural Networks For Univariate Time Series Forecasting And Their Application To Water Demand Prediction. *unveröffentlichte Studie.*

Grossman, S. J., Stiglitz, J. E. (1980). On the impossibility of informationally efficient markets. *American Economic Review,* 70(3), 393–408.

Gügi, P. (1995). *Einsatz der Portfoliooptimierung im Asset Allocation-Prozess.* Bern: Verlag Paul Haupt.

Hampshire, J. B. (1992). *A Differential Theory Of Learning For Statistical Pattern Recognition With Connectionist Models.* Diss., School of Computer Science, Carnegie Mellon University.

LITERATURVERZEICHNIS

Hanson, S. J., Pratt, L. Y. (1989). *Comparing Biases For Minimal Network Construction With Back-Propagation.* in D. S. Touretzky (Ed.), Advances in Neural Information Processing Systems 1, 177-185. Morgan Kaufman, 1989.

Hartung, J., Elpelt, B. (1989). *Multivariate Statistik. Lehr- und Handbuch der angewandten Statistik.* Oldenbourg Verlag.

Hebb, D. (1949). *The Organisation of Behavior.* Wiley.

Heistermann, J. (1994). *Genetische Algorithmen: Theorie und Praxis evolutionärer Optimierung.* B.G. Teubner Verlagsgesellschaft.

Hertz, J., Krogh, A., Palmer, R. (1991). *Introduction To The Theory Of Neural Computation.* Addison Wesley.

Heuer, J. (1997). *Neuronale Netze in der Industrie. Einführung, Analyse, Einsatzmöglichkeiten.* Wiesbaden: Deutscher Universitätsverlag, Gabler, Vieweg, Westdeutscher Verlag.

Hillmer, H., Graf, J. (1994). *Aktienkursprognose mit statistischen Verfahren und Neuronalen Netzen: Ein Systemvergleich.* in G. Bol, G. Nakhaeizadeh, K.-H. Vollmer (Hrsg.), 149-182.

Hinton, G. E. (1992). Wie Neuronale Netze aus Erfahrung lernen. *Spektrum der Wissenschaft, 11/1992,*, 134–143.

Hockmann, H. 1979. *Prognose von Aktienkursen durch Point and Figure-Analyse.* Schriftreihe des Instituts für Kredit- und Finanzwirtschaft, Band 7, Wiesbaden.

Hoffmeister, F., Bäck, T. (1992). *Genetic Algorithms and Evolution Strategies: Similarities and Differences.* Tech. rept. Report Sys-1/92. Universität Dortmund.

Hofmann, H. W. (1973). *Empirische Untersuchung verschiedener Anlagestrategien der technischen Aktienanalyse anhand von 100 deutschen Standardaktien über einen Zeitraum von 5 Jahren (1967-1972) und Vergleich mit einer durch Simulation ermittelten Zufallsauswahl bzw. einer Kauf- Haltestrategie.* Diss., Universität München.

Holland, J. (1975). *Adaptation in Natural and Artificial Systems: An Introductury Analysis with Application to Biology, Control and Artificial Systems.* The University of Michigan Press.

Hrushka, H. (1991). Einsatz künstlicher Neuronaler Netzwerke zur Datenanalyse. *Marketing, ZFP, Heft 4, IV Quartal 1991*, 217–225.

Jensen, M. C. (1968). The Performance of Mutual Funds in the Period of 1945-1964. *Journal of Finance*, Mai, 389-416.

Jensen, M. C., Bennington, G. A. (1970). Random Walk and Technical Theories: Some Additional Evidence. *Journal of Finance, 25,* 469-482.

Jobson, J. D., Korkie, B. (1982). Potential Performance and Tests of Portfolio Efficiency. *Journal of Financial Economics,* 433-466.

Jobson, J. O., Korkie, B. (1981). Putting Markowitz Theory to Work. *Journal of Portfoliomanagement,* No. 4(July), 70-74.

Johnson, E. F. (1996). *Graphical Applications With Tcl and Tk.* New York: M&T Books.

Jurik, M. (1992). Going Fishing With a Neural Network. *Futures,* September, 38-92.

Kandel, E. R., Schwartz, J. H., Jessel, T. M. (1993). *Principles of Neural Science.* 4. Auflage. Elsevier.

Kaufman, P. (1978). *Commodity Trading Systems and Methods.*

Kimoto, T., Asakawa, K., Yoda, M., Takeoka, M. (1990). Stock-Market Prediction System with Modular Neural Networks. *in IEEE 1990, Vol. I,* 1-6.

Kinnebrock, Werner. (1994). *Neuronale Netze. Grundlagen, Anwendungen, Beispiele.* Oldenbourg Verlag.

Klatte, R., Kulisch, U., Wiethoff, A., Lawo, C., Rauch, M. (1993). *C-XSC. A C++ Class Library for Extended Scientific Computing.* Berlin: Springer-Verlag.

Kratzer, K. P. (1991). *Neuronale Netze, Grundlagen und Anwendungen.* Hanser.

Kühn, M. (1991). Gewagte Geschäfte. Neuronale Netze an der Börse.

LeCun, Y. (1986). *Learning Processes in an asymmetric threshold network.* E. Bienestock, F.Fogelman-Souli, G. Weisbuch (Eds.): Disordered Systems and Biological Orgnization, Springer Verlag.

LeCun, Y., Denker, J. S., Solla, S. A. (1990). *Optimal Brain Damage.* in D. S. Touretzky (Eds.) Advances in Neural Processing Systems 2 (NIPS-2), 1990, 598-605.

Lerbinger, P. (1984a). *Aktienkursprognose durch Linienchart-Formationen und Trendlinien. Eine praxeologische und empirische Analyse der Effizienz von Linienchart-Formationen und Trenlinien als Bewertungsregeln für Entscheidungen bei Aktientransaktionen.* München: Angelika Aurbach Verlag.

LITERATURVERZEICHNIS

Lerbinger, P. (1984b). Beta-Faktoren und Beta Fonds in der Aktienanalyse. *Die Aktiengesellschaft 29 Jg.*, 287–294.

Levy, H., Kroll, Y. (1979). Efficiency Analysis with borrowing and lending: Criteria and their Effectiveness. *Review of Economics and Statistics*, 61(1), 125–130.

Levy, H., Sarnat, M. (1984). *Portfolio and Investment Selection Theory and Practice.* Prentice Hall International, Inc.

Levy, R. A. (1967). The Principle of Portolfio Upgrading. *Industrial Management Review*, 82–91.

Levy, R. A. (1968). *Relative Strenght Concept of Common Stock Price Forecasting.* Investors Intelligence, Inc.

Lintner, J. (1965). The Valuation of Risk Assets ant the Selection of Risky Investments. *The Review of Economics and Statistics*, 47 Jg.

Lippmann, R.P. (1987). An introduction to computing with neural nets. *IEEE ASSP Magazine, April 1987*, 4–22.

Loistl, O. (1992). *Computergestütztes Wertpapiermanagement.* 4. Auflage. Oldenbourg.

Mandischer, M. (ed). (1993). *Representation and Evolution of Neural Networks.* Wien: Springer-Verlag, for IEEE, Proceedings of the International Conference on Artificial Neural Networks and Genetic Algorithms.

Markowitz, H. (1952). Portfolio Selection. *Journal of Finance*, Vol. 7(No. 1), 77–91.

Markowitz, H. (1976). Investment for the Long-Run: New Evidence for an Old Rule. *Journal of Finance XXXI, No. 5, Dez. 1976*, 1273–1286.

Markowitz, H. (1990). *Mean-Variance Analysis in Portfolio Choice and Capital Markets.* Cambridge, Massachusetts: Basil Blackwell Inc.

Marx, S. (1996). *Aktienprognosen zur Portfoliooptimierung.* Wiesbaden: Gabler Verlag.

Maurer, R. (1996). *HTML und CGI-Programmierung.* Heidelberg: Verlag für Digitale Technologie.

Metropolis, N., Rosenbluth, A., Rosenbluth, M., A.Teller, Teller, E. (1953). *Equation of State Calculation for fast Computing Machines.* Journal of Chemical Physiscs, Vol. 21, S 1087-1092.

Meyer, F. (1994). *Hedging mit Zins- und Aktienindex-Futures: Eine Theoretische und empirische Analyse des deutschen Marktes.* Steiner, M. ist der Herausgeber.

Mills, H. D. (1970). On the Measurement of Fund Performance. *Journal of Finance,* 25(5), 1125–1131.

Möller, H. P. (1986). Das Capital Market Asset Pricing Model. *Die Betriebswirtschaft,* 707–719.

Møller, M. (1993). *Efficient Training Of Feed-Forward Neural Networks.*

Montana, D., Davis, L. (eds). 1989. *Training Feedforward Networks Using Genetic Algorithms.* IJCAI-89. Band I, 762-767.

Moody, J. (1994). Prediction Risk and Architecture Selection for Neural Networks. *Aufsatz.*

Moody, J., Utans, J. (1995). *Application To Corporate Bond Rating Prediction.* in Refenes (Eds.) Neural Networks In The Capital, Wiley And Sons, London.

Morgan, N., Hervé, B. (1990). Generalization and Parameter Estimation in Feedforward Nets.

Mossin, J. (1966). Equilibrium in a Capital Asset Market. *Econometrica,* 34 Jg., 768–783.

Mosteller, F., Tukey, J. W. (1968). *Data Analysis, Including Statistics.* G. Lindzey and E. Aronson, 'Handbook of Social Psychology', Addison-Wesley.

Murphy, J. (1986). *Technical Analysis of the Futures Markets. A Comprehensive Guide to Trading Methods and Applications.* New York: New York Institute of Finance, Prentice Hall Company.

Murray, D. (1994). Tuning Neural Networks with Genetic Algorithms. *AI Expert,* Juni, 27–32.

Nagler, F. (1979). *Timing-Probleme am Aktienmarkt.* Köln: Kölner Bankwissenschaftliche Studien, Band 2.

o. V. 1988 (Oktober). *Informationsblatt der Deutschen Girozentrale, Dax ein Aktienindex mit Zukunft.* Deutsche Kommunalbank.

Oja, E. (1982). A Simplified Neuron Model As A Principal Computer Analyser. *Journal of Mathematical Biology 15,* 267–273.

Opitz, O. (1992). *Mathematik.* 4. Auflage. Oldenbourg Verlag, München.

LITERATURVERZEICHNIS

o.V. 1995. *Basisinformationen für Vermögensanlagen in Wertpapieren. Grundlagen, wirtschaftliche Zusammenhänge, Möglichkeiten und Risiken.* Bank 24, Bonn.

Parker, D. (1985). *Learning Logic.* Technical Report TR-87, Center for Computational Research in Economics and Management Science, MIT Cambridge.

Patterson, D. (1997). *Künstliche Neuronale Netze: Das Lehrbuch.* Prentice Hall Verlag GmbH, München.

Perridon, L., Steiner, M. (1995). *Finanzwirtschaft der Unternehmung.* Verlag Franz Vahlen GmbH.

Phillips, H., Ritchie, J. (1983). *Investment Analysis and Portfolio Selection.* South Western Publishing Co., Cincinnati, Ohio.

Poston, T., Lee, C., Choie, Y., Kwon, Y. (1991). *Local Minima and BP.* in IEEE 1991 international Joint Conference on Neural Networks Vol. II, 173-176 Seattle Juli.

Rechenberg, I. (1973). *Evolutionstrategie.* Stuttgart: Friedrich Frommann Verlag.

Refenes, A.-P. N. (1995). *Neural Networks In The Capital Markets.* Wiley And Sons, London.

Refenes, A.-P. N., Zapranis, A.D., Bentz, Y. (1993). Modeling Stock Returns With Neural Networks. *Proceedings of the first International Workshop on Neural Networks in the Capital Markets.*

Rehkugler, H., Zimmermann, H.-G. (1994). *Neuronale Netze in der Ökonomie.* Verlag Vahlen.

Reilly, Frank K. (1989). *Investment Analysis And Portfoliomanagement.* 3 Auflage. The Dryden Press.

Reiß, W., Mühlbradt, F. (1979). Empirische Überprüfung der Validität des 'market' und des 'capital asset pricing'-Modells für den deutschen Aktienmarkt. *Zeitschrift für die gesamte Staatswissenschaft, 135 Jg.,* 41-68.

Richardson, M., Smith, T. (1993). A Test for Multivariate Normality in Stock Returns. *Journal of Business,* April, 295-321.

Riedmüller, M., Braun, H. (1993). A Direct Adaptive Method For Faster Backpropagation Learning: The Rprop Algorithm. *Proc. of the IEEE International Conference on Neural Networks, San Francisco, CA, 1993,* 586-591.

Rieß, M. (1994). *Theoretische und empirische Aspekte der Eignung Neuronaler Netzwerke zur Wirtschaftsprognose.* Diss., Ruprecht-Karl Universität, Heidelberg.

Rojas, R. (1993). *Theorie Neuronaler Netze.* Springer-Verlag.

Roll, R. (1977). A Critique Of The Asset Pricing Theory's Test. *Journal of Financial Economics, Vol. 4*, 129–176.

Ross, S. (1976). The Arbitrage Theory of Capital Asset Pricing. *Journal of Economic Theory*, 13(3), 341–360.

Rossbach, P. (1991). *Methoden und Probleme der Performance-Messung von Aktienportefeuilles.* Frankfurt: Fritz Knapp Verlag.

Rudolph, B. (1993). Aktuelle Entwicklungen der Portfoliotheorie. *Seite 83–94 aus: Investmentfonds-Management: Anlagestrategie-Performanceanalyse-Marketing.* Frankfurt: Fred Zeyer, FAZ Verl.-Bereich Wirtschaftbücher.

Ruggiero, M. A. (1994). Training Neural Nets For International Analysis. *Futures, August 1994*, 42–44.

Rumelhart, E.D., McClelland, J. L. (1986). *Parallel Distributed Processing: Exploration in the Microstructure of Cognition.* MIT Press.

Schmidt, R., May, A. (1993). Erklärung von Aktienindizes durch Pressemeldungen. *Zeitschrift für Betriebswirtschaft, Heft 1, 63. Jg.,*, 61–68.

Schmitter, E. D. (1991). *Neuronale Netze. Einführung, Programmierbeispiele, praktische Anwendungen.* Hofacker.

Schöneburg, E. (1993). *Industrielle Anwendung Neuronaler Netze.* Addison Wesley Reading.

Schöneburg, E., Heinzmann, F., Feddersen, S. (1994). *Genetische Algorithmen und Evolutionstrategien.* Addison-Wesley Publishing Company.

Schwefel, Hans-Peter. (1977). *Numerische Optimierung von Computer-Modellen mittels der Evolutionsstrategie.* Birkhäuser Basel und Stuttgart 1977.

Sejnowski, T. J., Rosenberg, C. R. (1988). *NETtalk a parallel network that learns to read aloud.* in Anderson, J.A. und Rosenfeld, E. (Eds.): Neurocomputing: Foundation of Research, Kap. 40, 663-672, MIT Press, 1988.

Shalit, H., Yitzhaki, S. (1984). Mean-Gini Portfolio Theory, and Pricing if risky Assets. *Journal of Finance*, 1449–1468.

LITERATURVERZEICHNIS

Sharpe, W. (1966). Mutual Fund Performance. *Journal of Business*, 39, 119–138.

Sharpe, W. (1977). *Adjusting for Risk in Portfolio Performance Measurement.* aus: Bernstein, P.C. (ed), *Portfolio Management and Efficient Markets*, New York. Seite 113–127.

Sharpe, W.. F. (1964). Capital Asset Prices. A Theory of Equilibrium Under Condition of Risk. *Journal of Finance*, 19 Jg., 425–442.

Shih, Y. L. (1991). Neural Nets in Technical Analysis. *Technical Analysis of Stocks and Commodities*, Februar 1991, 62 ff.

Solnik, B. (1988). *International Investments.* Addison Wesley, Reading, Mento Park.

Steiner, Manfred, Bruns, Christoph. (1995). *Wertpapiermanagement.* Schäffer-Poeschel Verlag.

Stöttner, R. (1989). *Finanzanalyse: Grundlagen der merkttechnischen Analyse.* München: Oldenbourg Verlag.

Stucki, Edouard. (1988). *Beschreibende Methoden zur Messung der Performance von Aktienportfolios.* Diss., Hochschule St. Gallen.

Tapley, M. (1986). Accounting and Performance Measurement. *International Portfolio Management*, 147–166.

Tobin, J. (1958). Liquidity Preference as Behavior Towards Risk. *Review of Economic Studies*, 25(1), 65–86.

Tobin, J. (1965). *Portfolio Selection.* London: St. Martin Press, Macmillan & Co. Ltd.

Treynor, J. L. (1966). How to Rate Management of Investment Funds. *Harvard Business Review*, Januar, 131–136.

Tsibouris, G., Zeidenberg, M. (1992). Back Propagation As A Test Of The Efficient Markets Hypothesis. *International Conference on System Sciences, Vol. 4, Jan. 1992*, 523–532.

Uhlir, H. (1981). *Portefeuillemanagement und Anlageerfolgsbeurteilung.* Management und kontrolle Auflage. Berlin: Duncker und Humbold. Seite 529–569.

Uhlir, H. (1994). Grundsätze Ordnungsgemässiger Performancemessung. *In: Erfolgmessung und Erfolgsanalyse im Portfolio-Management.* Frankfurt am Main: Fritz Knapp Verlag.

Ulschmid, C. (1994). *Empirische Validierung von Kapitalmarktmodellen. Untersuchungen zum CAPM und zur APT für der deutschen Aktienmarkt.* Frankfurt: Peter Lang Europäischer Verlag der Wissenschaften.

Wahba, G., Wold, S. (1975). A Completely Automatic French Curve: Fitting spline Functions by Cross-Validation. *Communications in Statistics, 4, 1, 1-17.*, 1–17.

Warfsmann, J. (1993). *Das Capital Asset Pricing Model in Deutschland.*

Waschkowsky, H. (1971). *Prognose von Aktienkursen.* Frankfurt am Main: Fritz Knapp Verlag.

Welch, B. (1996). *Praktisches Programmieren in Tcl und Tk.* München: Prentice Hall.

Werbos, P. J. (1974). *Beyond Regression: New Tools for Prediction and Analysis in the Behavioral Sciences.* Ph. D Thesis, Harvard University.

Werbos, P. J. (1988). *Backpropagation: Past and future, Proc. of the International Conference on Neural Networks.* I, 343-253, IEEE Press, NewYork, July 1988.

White, H. (1988). Economic Prediction Using Neural Networks: The Case of IBM Daily Stock Returns. *IEEE Proceedings of the 2nd Annual ICNN, San Diego, 24.-27.7.1988, Band II,* 451–458.

Whitley, D. S., Dominic, S., Das, R. (eds). (1991). *Genetic Reinforcement Learning with Multilayer Neuronal Networks.* San Mateo, CA: Morgan Kaufmann, for Preceeding of the 4th International Conference on Genetic Algorithms.

Widrow, B. (1987). ADALINE MADALINE. *IEEEC*, I, 145–157.

Winkelmann, M. (1984). *Aktienbewertung in Deutschland.* Diss., Universität Karlsruhe, Königstein/Ts.: Antin Hain.

Winkelmann, M. (1985). *Testing ATP for the German stock market.* Tech. rept. Universität Karlsruhe, Institut für Entscheidungstheorie und Unternehmensforschung.

Wittrock, C. (1996). *Messung und Analyse der Performance von Wertpapierportfolios.* 2. Auflage. Bad Soden/Ts.: Uhlenbruch Verlag.

Wolter, H-J. (1993). Shortfall-Risiko und Zeithorizonteffekte. *FuPM*, Jg. 7, 330–338.

Yoda, M. (1994). *Predicting The Tokyo Stock Market.* G. J. Deboeck (Hrsg.),66-79.

Zell, A. (1994). *Simulation Neuronaler Netze.* Addison Wesley.

LITERATURVERZEICHNIS

Zell, A., Mache, N., Sommer, T., Korb, T. (1994). *Stuttgart Neural Networks Simulator, SNNS User Manual, Version 4.0*. Universität Stuttgart, Fakultät Informatik, Report No 3/94.

Zenger, C. (1992). Zeithorizont, Ausfallwahrscheinlichkeit und Risiko: Einige Bemerkungen aus Sicht des Praktikers. *FuPM*, Jg. 6, 104–113.

Zimmermann, H. (1991). Zeithorizont, Risiko und Performance. *Finanzmarkt und Portfolio Management*, 5. Jg, 164–181.

Zimmermann, H. (1992a). Replik zum Thema: Ausfallrisiko und Zeithorizont. *FuPM*, 6. Jg., 114–117.

Zimmermann, H. (1992b). Zeithorizont, Risiko und Performance: Eine Übersicht. *FuPM*, 164–181.

Zimmermann, H., Rudolph, M., Jäger, S., Zogg-Wetter, Claudia. (1996). *Moderne Performance Messung: Ein Handbuch für die Praxis*. Bern: Verlag Paul Haupt.

ZurVerth, O. (1994). *Aktienkurstheorie und ihre Bekanntheit und Anwendung im Trust Banking*. Bern: Bank- und finanzwirtschaftliche Forschung Institut für Schweizerisches Bankwesen der Universität Zürich.

Printed in Poland
by Amazon Fulfillment
Poland Sp. z o.o., Wrocław